강준만 지음

갑과
을의
나라

갑을관계는
대한민국을
어떻게
지배해왔는가

인물과
사상사

갑을관계는
한국인의
숙명인가

사례 1 한 대기업 임원의 항공기 여승무원 폭행 사건이 커다란 사회적 파장을 일으켰다. (중략) 네티즌들의 댓글 한두 개를 보자. "좀 더 잘사는 것들은 좀 나을까 했는데 이건 완전 쓰레기들. 포스코 상무 해봐야 50대에 연봉 한 3억? 그래 봐야 몇 년 더 버티지도 못하면서 마치 신이라도 된 듯이 유치스러운 권력을 흔든다. 나머지들은 어떨까?" "돈 많은 대부분의 사람들은 모두 비슷한 듯하군요. (비즈니스 석에 탑승해서) 발 닦아달라는 요구도 한다지요. 돈은 일단 많이 벌고 봐야 할 듯!!"[1]

사례 2 5대 그룹에서 대관對官 업무를 담당하는 A씨는 세종시로 근무지를 옮긴 공무원에게서 얼마 전 전화를 받았다. "업무 때문에 서울에 왔는데 저녁이나 한 끼 하자"는 전화였다. A씨는 선약이 있었지만 호출에 응하지 않을 수 없었다. 이 공무원은 약속 장소에서 한창 분위기가 무르익던 순간

황당한 부탁을 했다. "내일도 서울에서 업무를 봐야 하는데 잘 곳이 없다"며 숙소를 잡아달라고 했다. A씨는 "세종시로 근무지를 옮긴 이후 서울에 출장 오는 공무원에게 잠자리를 마련해주는 것이 새 접대 코스가 됐다"고 말했다.[2]

사례 3 대형 증권사의 50대 영업 담당 임원은 금융 프로젝트를 따내기 위해 공기업 40대 팀장과 저녁 약속을 잡았다. 이 임원은 약속 당일 30대 정부 사무관이 온다는 사실을 뒤늦게 알게 됐다. 공기업 팀장이 "식사를 한 번 모시겠다"며 사무관을 부른 것이었다. 졸지에 저녁 약속은 50대 대기업 임원이 40대 공기업 팀장을 접대하고, 40대 공기업 팀장이 30대 사무관을 접대하는 자리가 됐다.[3]

사례 4 지난 3일 동영상 사이트 유튜브에는 '남양유업 싸가지 없는 직원'이라는 제목의 음성 파일이 올라왔다. 남양유업 영업관리소 A팀장과 대리점주 B씨의 3년 전 통화를 녹음한 것으로, 게시자는 "전화에서 욕지거리하는 놈은 34세 남양유업 소장, 하청 대리점주는 아버지뻘"이란 글을 덧붙였다. 녹음 파일에서 B씨가 "(물건을) 못 받겠다"고 하소연하자 A팀장은 "죽기 싫으면 받으라고요. (물건) 받아요. 알아서 해"라고 말했다. B씨가 본사가 떠넘기기 한 물건을 다른 물류 창고에 맡긴 것을 두고 A팀장은 "한 번만 더 (타 물류 창고에) 맡긴다는 얘기하면 죽여버릴 거야"라고 말하기도 했다. B씨가 "못 받겠다"고 거듭 말하자 A팀장은 욕설과 함께 "그럼 (물건을) 버

려. 망해. 망하라고요"라는 폭언을 해댔다.[4]

사례 5 소재를 생산하는 중소기업 C대표는 최근 대기업 직원의 결혼식에 가면서 봉투 열 개를 준비해 갔다. 최근 이 대기업이 내부적으로 부조금을 5만 원 이상 받지 못하도록 임직원 윤리 규정을 강화하자 봉투 열 개에 직원 이름을 쓰고 5만 원씩을 넣은 것이다. C대표는 "부조금을 달랑 5만 원만 내면 이상하게 생각할 것 같아 '부조금 쪼개기'를 했다"고 밝혔다.[5]

사례 6 30대 직장인 장한이 씨는 최근 회사와 계약한 하청업체와 통화하는 후배 목소리를 듣다가 깜짝 놀랐다. "저희가 돈 드리잖아요. 그냥 시키는 대로 하세요." 장 씨는 "사회 초년병이 입사 20년차 직원처럼 갑을관계로 하청업체를 대하는 게 민망했다"고 말했다.[6]

사례 7 수도권의 한 중견 건설업체 D대표는 얼마 전 핀란드에서 사우나 시설을 수입해 들여왔다. 이 사우나가 설치된 곳은 거래하는 대기업 임원의 집이었다. D대표는 "그 임원이 최근 이사를 한 뒤 술자리에서 부인이 '사우나를 좋아한다'는 이야기를 여러 차례 강조했다"면서 "이 정도 말귀도 못 알아들으면 이 바닥에서 사업하기 어렵다"고 말했다.[7]

사례 8 대구에서 섬유 업체를 운영하는 박 아무개 사장은 50개 거래처에 납품하고 있다. 모든 업체는 아니지만 상당수 업체의 구매 담당 직원이 접대 대상이다. 밥을 사주고 룸살롱도 데려간다. 명절과 휴가철에는 거래 규모에 따라 A · B · C로 나눠 100만 원 · 50만 원 · 30만 원짜리 상품권을 나눠 준다. "20대 후반, 30대 초반 대리가 '자, 한잔하라' 며 반말을 쓴다. 내 여자 파트너(접객원)가 예쁘다며 파트너를 바꾸기도 한다. 하룻밤 100만 원이 넘는 술자리에서 왕 노릇 하지만 그 대리 연봉은 3000만 원이다." 그들을 보면서 "돈을 못 버니까 접대라도 받으려고 하지. 저 위치에서 내려오면 나락으로 떨어질 텐데" 하며 측은해한다고 그는 말했다. "그렇게 밑바닥에서 빡빡 기는 내 모습을 보면서 앞으로 내가 훨씬 잘 살 것이라고 다짐한다. 실제로 그럴 것이고." **8**

사례 9 열정적인 사업가이긴 하지만 문학도의 이미지를 가진 지인이 있다. 처음 만났을 때 옥스퍼드 드레스 셔츠에 감청색 벨벳 재킷을 걸친 그의 모습이 너무도 멋스러워 그날 이후 패션의 롤모델로 삼고 유심히 옷차림을 살피곤 했다. 그는 대규모 개발 사업의 하청을 수행하다가 섬기던 '갑' 의 부조리가 드러나 사업이 중지됐고 갑이 검찰 조사를 받는 동안 참고인으로 불려 다니며 고초를 겪었다. 사업을 진행할 때에는 갑의 무리한 스케줄에 자신의 일정을 억지로 맞추며 동분서주 수행하던 분이 또 다른 무서운 갑인 검사 앞에 난생처음 앉게 되니 그냥 죄인이 돼버린 것 같았다고 한다. 그런데 어느 순간 희한한 발심이 생겼다고 한다. 처음에는 이런 갑이 어렵고 무섭다가 나중에는 갑의 행태를 보면서 갑자기 그들이 불쌍하다는 생각을 했다는 것이다. 사줄 돈이 있는 갑, 구속할 권한이 있는 갑이 자신보다 우월적 위치에 있지만 그러한 힘이 사라져버린다면 느끼게 될 갑의 상실감과 멘털을 떠올리게 됐다는 것이다. '갑의 저주'라는 말은 그에게서 처음 들었다.[9]

사례 10 작은 마케팅 회사에서 대기업의 하도급을 따내고 그들이 요구하는 사소한 업무 처리까지 떠맡았던 김신영 씨(31 · 여)는 재계약과 신규 계약을 위해 담당자 비위를 맞추던 3년여 직장 생활을 접었다. 새로운 길을 모색하려고 시도했지만 피곤한 '을'의 입장이 조금도 나아지지 않았고 회의감이 한계에 다다랐기 때문이다. 퇴사 후 그녀는 유명 전자 회사 마케팅팀에 들어갔고 드디어 '갑'이 됐다. 누구보다 을의 사정을 잘 알고 있어 웬만하면 하도급 업체 직원들에게 부담을 주지 않고 살갑게 대하려고 애쓴다. 하지만 문제는 다른 데 있었다. 권위적이고 수직적인 조직에서 재정 관리를 담당하는 총무 부서에서는 결재안이 수지타산에 맞지 않으면 면박을 주기 일쑤였고 팀 내에서도 상사의 비위를 맞춰야 하는 을의 처지가 반복되는 것이다.[10]

이상 소개한 열 가지 사례가 잘 보여주듯이 이른바 '갑을관계甲乙關係'에서 을에 속하는 사람들은 갑의 횡포를 감내해야만 한다. '갑'과 '을'은 원래 계약서를 쓸 때 계약 당사자를 순서대로 지칭하는 법률 용어일 뿐이지만 대한민국에서는 상하관계上下關係나 주종관계主從關係로 왜곡돼 있다.[11] 관官은 민民에 군림하려 들고, 민民 사이에선 대기업이 중소기업에, 한 조직

내에선 힘 있는 부서가 힘없는 부서에 군림하려 든다. 아니, 갑을관계는 한국인의 모든 일상적 삶에 전 방위적으로 깊숙이 침투했다고 보는 게 옳을 것이다. 갑의 횡포를 '갑질'이라고 하는데 대략 다음과 같은 짓들이다.

"개인 역량과 조직의 힘을 혼동한다. 한마디로 자신이 잘난 줄 안다. 조직의 이익보다는 사사로운 개인의 이익을 도모한다. 을을 하인 부리듯이 대하며 을이라면 손윗사람에게도 반말을 한다. 자신의 과오를 을에게 떠넘긴다. 배경에 대한 설명 없이 무조건 따르기만을 강제한다. 부탁할 때는 비굴하게 굴기도 하지만 도와줄 때는 끊는다."[12]

갑질이라는 더러운 꼴을 당하지 않으려면 크게 출세를 하는 게 가장 좋겠지만 그게 여의치 않으면 우선 인맥이라도 갖춰야 한다. 인맥이 없으면 될 일도 안 되고 인맥이 있으면 안 될 일도 되는 게 한국 사회다. 어쩔 수 없이 더러운 꼴을 당하더라도 인맥이 있으면 덜 당한다는 게 경험자들의 한결같은 증언이다. 연세대 의대 정신과 교수 고경봉은 〈인맥 없으면 물먹는 사회〉라는 칼럼에서 자신의 경험담을 다음과 같이 토로했다.

"우리는 아는 사람과 모르는 사람에 대해 대하는 태도가 180도 다르다. 병원에 찾아오는 사람들은 어떻게 해서라도 아는 사람의 이름을 대고 찾아오는 경우가 많다. 그렇지 않으면 무슨 큰 손해를 볼 것 같다는 두려움이 있기 때문이다. 아들 녀석이 다리를 다쳐 내가 있는 병원의 자매 병원 응급실 문을 노크했을 때의 일이다. 응급실을 찾는 환자치고는 그다지 급한 것 같지 않아 굳이 이름을 밝히지 않고 그냥 순서대로 봐줄 때까지 기다리기로 마음먹었다. 그런데 정말 내버려두니까 그야말로 간호사들이 복지부동이었다. '이럴 수 있을까' 하면서도 이왕 기다리기로 작정한 이상 더 기다리기로 했다. (중략) 속에서 뜨거운 열이 받치는 것을 참느라 무진 애를 썼던 것이 아직도 기억에 새롭다. (중략) 이때 나는 '아는 사람을 내세우지 않다가는 이렇게 무자비하게 당할 수 있구나'라는 것을 뼈저리게 느꼈다."[13]

요소요소에 아는 사람을 많이 만들어두려면 평소 자신의 연고를 잘 관리해야 한다. 물론 연고가 없으면 어떻게 해서든 다른 방식으로 끈을 만들어내야 한다. 웬만큼 부지런하지 않고선 어림도 없는 일이다. 그건 치열한 전투성을 요구한다. 출세한 사람들도 뒤처지지 않기 위해선 그런 전투성을 고수해야 한다. 한 고급 공무원의 전투성을 음미해보자.

"정부 중앙 부처 A국장은 한 달 평균 일고여덟 차례 저녁 모임에 참석한다. 초·중·고교·대학·대학원 총동문회가 1년에 한두 차례씩 열리고 동기 모임도 분기별로 한 차례씩 있다. 향우회도 군과 도 단위 모임이 별도로 있고, 공무원만의 모임에다 민·관·군 합동 모임이 따로 있다. 과거 같은 부서에 근무했던 사람들끼리 하는 비정기 모임도 서너 개나 있다."

A국장은 "일단 '인연의 고리'를 엮어두면 언젠가는 쓸모가 있다. 최고급 정보는 대개 이런 사적인 모임에서 나온다. 돈이 많이 들고 몸이 피곤한 것은 사실이지만 분명 투자 가치가 있다"고 말한다.[14]

대학은 바로 그런 투자 가치를 결정하는 인맥 만들기의 보고寶庫다. 그래서 치열한 입시 전쟁이 벌어지는 것이다. 대학이라고 해서 다 같은 대학이 아니다. 명문대일수록 투자 가치가 높아진다. 세대 차이가 심각하다고? 헛소리다. 이 중요한 사안에 관한 한 세대 차이는 전혀 없다. 오히려 젊은 사람들이 "인서울"이니 "지잡대"니 하면서 더 열성을 보인다. "억울하면 출세하라"는 비법을 일찌감치 깨달은 탓이다.

"억울하면 출세하라"는 말이 사회적 차원의 슬로건이 된 건 1964년이다. 경제개발이 본격적으로 이루어지기 시작하던 이 해에 나온 대중가요 〈회전의자〉(신봉승 작사·하기송 작곡·김용만 노래)는 다음과 같은 메시지를 풍자적으로 전파했다.

"빙글빙글 도는 의자 회전의자에/임자가 따로 있나 앉으면 주인인데/사람 없이 비워둔 의자는 없더라/사랑도 젊음도 마음까지도/가는 길이 험하다고 밟아버렸다/아 억울하면 출세하라 출세를 하라//돌아가는 의자야 회전의자야/과장이 따로 있나 앉으면 과장인데/올 때마다 앉을 자리 비어 있더라/잃어버린 사랑을 찾아보자고/밟아버린 젊음을 즐겨보자고/아 억울해서 출세를 했다 출세를 했다"

출세하지 않으면 억울한 일을 당해야 하며 그 전통은 오늘날까지도 살아 있다. 사실 갑을관계적 착취가 사라지지 않는 이유도 바로 여기에 있다. 앞에서 든 사례들에서 보았듯이 을에 속하는 사람들은 "그렇게 밑바닥에서 빡빡 기는 내 모습을 보면서 앞으로 내가 훨씬 잘 살 것이라고 다짐한다"는 자기 결의를 개인적 위로와 더불어 대안으로 삼는다. 갑을관계를 목격한 제3자도 "돈은 일단 많이 벌고 봐야 할 듯"이라는 결론을 내린다.

이는 을 또는 을의 입장이 곧 정의는 아니라는 점을 시사한다. 사회적 정의는 "약자들의 원한과 분노가 창조적으로 인정되면서 새로 태어난 권리"로 볼 수 있지만,[15] '약자의 원한'은 창조적 결실을 어느 정도 맺은 뒤엔 어김없이 타락하고 만다. 왜 그럴까? 김진석의 다음과 같은 말에서 답의 실마리를 찾을 수 있을 것 같다.

"현대 사회의 개인들은 자신의 약점은 결함이 아니라고 주장하면서 거기에서 생기는 차별을 비판하지만, 동시에 자신의 강점에서 오는 이로움이나 명예는 그대로 누리면서 차별을 인정하는 이중적 태도를 보인다." [16]

어디 그뿐인가? 갑을관계가 삶의 기본적인 문법으로까지 자리 잡은 풍토에선 개인적 차원에서 갑을관계적 착취를 하지 않고 을을 대등한 파트너로 대할 경우 실패할 가능성이 매우 높다. 장악력이 떨어진다거나 리더십이 없다는 말을 듣기 십상이기 때문이다. 바로 이런 이유 때문에 갑을관계는 우리의 무의식 세계에까지 파고들어 일상적인 행동 패턴으로 내면화됐다고 보는 것이 옳을 것이다.

이 책은 "억울하면 출세하라"는 슬로건으로 대변되는, 한국 갑을관계의 역사를 다루고 있다. "'갑'은 군림하고 '을'은 비위를 맞추는 '갑을' 문화는 개발 경제 시대를 거치면서 나온 뿌리 깊은 병폐다. 기업이 고도성장 과정에서 과실을 따 먹기 위해 대기업은 관청에 청탁하고 중소기업은 대기업 납품에 매달리는 구조가 정착됐기 때문이다"는 견해가 있지만,[17] 이 책은 그 기원을 조선 시대로까지 거슬러 올라간다.

갑을관계는 동서고금東西古今을 막론하고 사람 사는 곳이면 어디에서건 나타나는 현상이다. 그러나 한국이 유독 더 심할 수밖에 없는 건 100년이 넘는 특별한 역사적 배경이 있기 때문이다. 그렇다면 갑을관계는 한국인의 숙명인가? 그렇게 말하긴 어려우나 갑을관계의 청산이 쉽지 않다는 것 또한 분명한 사실이다. 갑을관계에서 갑이 되고자 하는 열망과 한恨이 한국 발전의 동력으로 작용해온 점도 있기 때문이다.

이 책《갑과 을의 나라》는《월간 인물과 사상》에 연재한 글을 손봐 묶어낸 것으로, 각 장의 핵심 내용을 요약하자면 다음과 같다.

1장〈왜 한국인은 갑을관계에 중독됐나: 갑을관계의 역사〉한국인이 중독돼 있는 서열주의의 다른 이름이 바로 갑을관계다. 갑을관계의 원형인 관존민비官尊民卑는 오늘날에도 건재하며 전관예우前官禮遇 관행은 날이 갈수록 기승을 부리고 있다. 관존민비는 하나의 이데올로기 체계로 굳어져 사회 전 분야로 확산되었는바, 그 핵심은 적자생존適者生存·약육강식弱肉强食·우승열패優勝劣敗로 대변되는 사회진화론이다. 이는 강대국들의 끊임없는 위협과 강탈의 역사 속에서 시달려온 한국의 국가적 운명이 한국민 개개인에게까지 내면화된 결과이기도 하다.

2장〈갑을관계 문화가 낳은 사생아, 브로커: 브로커의 역사〉브로커는 갑을관계 문화가 낳은 사생아다. 브로커가 갑과 을을 연결해주는 과정에서 온갖 비리가 난무한다. 범법 행위가 적발돼 언론에 보도된 브로커 유형만 해도 수십 종류다. 끼지 않는 곳이 없다. 전 방위적으로 편재해 있다. 브로커를 전문 직업화한 이들도 있지만, 누구건 이익이 생길 것 같다 싶으면 브로커로 변신한다. '전 국민의 브로커화'라고 해도 좋을 정도다. 브로커 문화엔 대다수 한국인들이 아름답게 여기는 '형님 문화'가 자리 잡고 있다. 형과 아우 사이에 주고받는 인정과 의리 속에 무엇이 꽃피는지는 모르겠지만 그만큼 사회정의를 세우고 기회 균등이라는 원칙을 실현하는 게 더 어려워진다.

3장 〈선물은 '가면 쓴 뇌물'인가: 선물의 역사〉 한국인의 선물 관행은 갑을관계를 고스란히 반영하고 있다. 선물은 을이 갑에게 주는 것이란 정의가 상식으로 통용되고 있기 때문이다. '가면 쓴 뇌물'이거나 '합법적인 뇌물'로 전락한 선물은 먹고 먹히는 사슬 관계를 형성하고 있다. 그러나 뇌물이 된 선물을 두고 단지 "썩었다"라고만 말하기엔 미진한 감이 있다. 한국의 특유한 '정情 문화'와 '공짜 문화'를 근간으로 삼는 선물 문화가 일상의 습속으로 자리 잡고 있기 때문이다. 다만 한 가지 분명한 건 갑을관계를 반영하는 선물 유통에서는 '을에서 갑으로'라는 일방성이 두드러진다는 점이다.

4장 〈권력자들의 갑질에 시달려온 을의 반란: 시위의 역사〉 한국은 국제적으로 늘 을의 위치에서 수많은 시련과 고난을 겪은 나라이며 국내적으로도 오랫동안 권력자들의 갑질에 시달려온 나라다. 시위는 감성의 추동을 받은 '을의 반란'이다. 한국이 '시위 공화국'이 된 최대 이유는 법에 대한 불신과 더불어 이성적인 소통을 거부하거나 폄하하는 문화적 관행이다. 평화적으로 말하면 아무도 듣지 않는다. 평화적으로 시위하면 언론도 기사 한 줄 안 써준다. 폭력이 난무해야 부정적일망정 비로소 주목의 대상이 된다. 같은 이치로 '편 가르기'를 해야 힘이 생긴다. 계속 악순환하는 셈이다.

이 글 네 편엔 내 주장이 적잖이 들어가 있긴 했지만 이 책은 주장을 하기 위한 책은 아니다. 과거에, 그때 그 시절에 우리가 어떻게 살았는지를 네 가지 주제를 통해 음미해보자는 뜻이 강하다. 오직 현재에만 매몰되다 보면 부당하게 갑질을 하는 사람들은 그 어떤 죄책감이나 부끄러움도 느끼지 못한 채 "억울하면 출세하라"는 슬로건을 심리적 면죄부로 삼을 가능성이 높다. 갑질을 당하는 사람들도 마찬가지다. 모두 힘을 합해 들고일어나면 얼마든지 바꿀 수 있는데도 우선 나부터 살고 보자는 '체념의 지혜'를 터득한 나머지 기존 질서를 확대재생산하는 데 일조하고 있다. 모든 환경과 조건이 달라져 새로운 삶의 문법이 필요한 시대에 성찰 없는 관성이나 타성으로 과거를 반복하는 건 결코 좋은 일이 아니다. 이 책이 역사를 재미있게 즐기면서 성찰할 수 있는 기회 또한 제공한다면 더는 바랄 게 없겠다.

2013년 5월

강준만

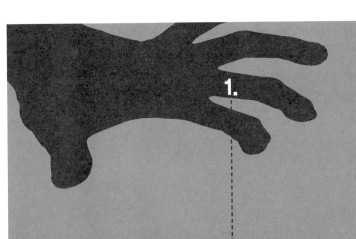

1.

왜 한국인은
갑을관계에 중독됐나
갑을관계의 역사

서열주의 · 갑을관계 · 관존민비

사례 1 미국의 알링턴 국립묘지엔 이등병과 장군이 똑같이 1.36평 크기 무덤에 안장돼 있는 반면, 한국의 국립묘지는 애국지사, 국가유공자, 장군급 장교 및 이와 동등한 대우를 받는 자는 8평 그리고 영관급 이하 군인과 군무원 등 이와 동등한 대우를 받는 사람은 1평 이상 넘지 못하도록 규정돼 있다. 계급에 따라 비석 · 상석 · 봉분 · 묘두름돌 등 모든 점에서 차별이 있다.[1]

사례 2 국보 1호를 바꾸자는 논의는 새삼 한국인과 한국 문화의 본성을 유감없이 들춰주고 있어 흥미롭다. 국보 1호를 문화재적 가치에 따라 재지정해야 한다는 발상에는 등재 번호 '1호'를 '1등'이라 생각하는 우리들의

'서열' 의식이 꿈틀대고 있다. (중략) 어떤 정권에서건 (국민 대량 학살의 쿠데타로 집권한 정통성 없는 정권이라도) 일단 장차관 벼슬만 하면, 어떻게 벼슬했나(탐관오리가 됐나, 복지부동의 예스맨이 됐나)는 상관없이 족보에 크게 관작이 기록돼서 가문의 영광이라 생각하는 사람들, 대학에서조차 학문 연구보다 학장, 총장 선거에 열을 올리는 사람들, 옷만 갈아입었지 왕조시대의 감투지상주의와 달라진 것이 없다. 벼슬이 다다. 높은 자리에만 있으면 무소불위無所不爲라는 분별없는 생각이 이번 국보 1호 논의에는 깔려 있다.[2]

사례 3 국내 항공사의 비즈니스·퍼스트 클래스는 잘난 척, 있는 척, 높은 척의 상징이다. 압권이 자리다. 좁은 공간, 한 뼘에 몇만 원, 몇십만 원이 왔다 갔다 하다보니 신경전이 가히 상상불허다. 항공사도 좌석 배치에 가장 신경 쓴다. 국회의원 몇 사람이 같은 날 지방 출장이라도 갈라치면 항공사엔 초비상이 걸린다. 내가 누군데, 감히 나를 B보다 나쁜 자리에 앉혀? 이런 생각이 들게 하면 끝장이다. 우선 각 의원님들 힘을 정확히 재야 한다. 힘센 순으로 1A석, 2B석 식으로 앉힌다. 만석이 아니면 옆자리를 비워놓는 건 기본. 물론 이것도 힘센 순이다. 자칫 서열 파악에 실수하면 끝장이다. 하지만 그놈의 서열이란 게 학창 시절 성적표처럼 어디 딱 떨어지느냔 말이다. 하노라 해도 불만이 나온다. 자리를 박차고 나가 다음 비행기 내놓으라고 떼쓰는 건 물론 "너희가 나를 무시하고도 영업 계속할 수 있을 거 같아" 으름장도 놓는단다. 단골 메뉴는 "높은 분 바꿔"다. 이게 또 직원들에겐 죽음이다. 당장 높은 분으로부터 "제발 나한테 이런 전화 좀 오지 않게 하라"며 불호령이 떨어지기 일쑤다.[3]

이 정 재 논설위원·경제연구소 연구위원

일러스트=김회룡 기자

라면 상무는 왜
높은 분들 자리싸움
그대로 흉내 냈을까

'라면 상무'. 그가 내 머릿속 기억 한 자락을 꺼냈다. 몇 년 전 A항공사 직원과 나눈 대화다. 적자에 비행기 사고에, 항공사가 한창 어려울 때였다. 요즘 뭐가 제일 힘드냐고 물었다. 기름값, 안전사고, 회장님… 뭐 이런 대답을 기대했건만, 돌아온 건 엉뚱했다. "자리요. 자리." 웬 자리? 그의 설명을 재구성해보면 이랬다.

국내 항공사의 비즈니스·퍼스트 클래스는 잘난 척, 있는 척, 높은 척의 상징이다. 암권이 자리다. 좁은 공간, 한 뼘에 몇만원, 몇십만원이 왔다 갔다 하다 보니 신경전이 가히 상상불허다. 항공사도 좌석 배치에 가장 신경 쓴다. 국회의원 몇 사람이 같은 날 지방 출장이라도 갈라치면 항공사에 초비상이 걸린다. 내가 누군데, 감히 나를 B보다 나쁜 자리에 앉혀? 이런 생각이 들게 하면 끝장이다. 우선 각 의원님들 힘을 정확히 재야 한다. 힘센 순으로 1A석, 2B석 식으로 앉힌다. 만석이 아니면 옆자리를 비워놓는 건 기본. 물론 이것도 힘센 순이다. 자칫 서열 파악에 실수하면 끝장이다. 하지만 그놈의 서열이란 게 학창시절 성적표처럼 어디 딱 떨어지느냐 말이다. 하나라 해도 불만이 나온다. 자리를 박차고 나가 다음 비행기 내놓으라고 떼쓰는 건 물론, "너희가 나를 무시하고도 영업 계속할 수 있을 거 같아" 으름장도 놓는단다. 단골 메뉴는 "높은 분 바꿔"다. 이게 또 직원들에겐 죽음

이다. 당장 높은 분으로부터 "제발 나한테 이런 전화 좀 오지 않게 하라"며 불호령이 떨어지기 일쑤다. 이러니 자리가 가장 힘들다는 대답이 나올 수밖에.

라면 상무도 이런 풍경을 자주 봤던 모양이다. 승무원 항공일지에 따르면 그의 불만은 '왜 내 옆자리를 안 비웠느냐'로 시작했다. 일반석 승객이야 옆자리가 비면 "횡재다"라며 발 뻗고 가면 그만. 그게 '대접'인 줄 알 턱이 없다. 라면 상무도 처음부터 비즈니스 탄 건 아닐 테니 틀림없이 높은 분들 하는 걸 보고 배웠으리라.

어디 비행기뿐이랴. 자리싸움은 나라 곳곳에 있다. 고위직일수록 심하다. 조찬·만찬에 장관을 지낸 인사를 두 명 이상 초청했다면, 그 주최 측은 자리 문제에 도통했거나 겁이 없나니다. 몇 년 전 한 세미나에 전직 경제부처 장관 두 사람이 초청됐다. 누가 상석에 앉느냐를 놓고 실랑이 끝에 두 사람 다 불참했다. 지금껏 세종로 관가에 전설(?)처럼 회자되는 얘기다. 심지어 공짜 티켓도 시빗거리다. VIP 초대권을 받고도 "나는 S석인데 왜 저 친구는 R석이냐"며 볼멘소리가 많다는 것이다. 이쯤에서 떠오르는 말이 있다. 전직 프로구단 사장의 말이다. "프로야구 성공 비결이 뭔지 아느냐? 초대권을 만들지 않은 것이다." 야구는 그렇다 치고 비행기는 어쩌나. 이참에 아예 비즈니스석을 없애?

갑을관계는 서열 파악이 중요하다. 고위직으로 올라갈수록 자리싸움은 심해지기 마련이다.
2013년 4월 29일자 〈중앙일보〉 칼럼.

사례 4 어디 비행기뿐이랴. 자리싸움은 나라 곳곳에 있다. 고위직일수록 심하다. 조찬·만찬에 장관을 지낸 인사를 두 명 이상 초청했다면 그 주최 측은 자리 문제에 도통했거나 겁이 없거나다. 몇 년 전 한 세미나에 전직 경제 부처 장관 두 사람이 초청됐다. 누가 상석에 앉느냐를 놓고 실랑이 끝에 두 사람 다 불참했다. 지금껏 세종시 관가에 전설(?)처럼 회자하는 얘기다. 심지어 공짜 티켓도 시빗거리다. VIP 초대권을 받고도 "나는 S석인데 왜 저 친구는 R석이냐"며 볼멘소리가 많다는 것이다.[4]

사례 5 수영을 좋아해 교내 수영장을 즐겨 간다. 수영장의 레인은 상급·중급·초급으로 구분돼 있어 입수 때마다 내 수영 실력의 상중하上中下를 고민하곤 한다. 그러다 대만으로 교환학생을 간 뒤 수영장을 갔던 날이었다. 거기선 어떤 레인을 써야 하나 고민하던 나는 이내 무안해지고 말았다. 레인이 상중하가 아닌 만속慢速, 쾌속快速으로 구분돼 있었기 때문이다. 그 날 수영을 하는 내내 우리가 모든 것을 상중하로 나누는 것에 얼마나 많이 길들여져 있는지 깊이 깨달았다.[5]

이 다섯 가지 사례들이 잘 보여주듯이 한국인은 서열주의에 중독돼 있다. 인간 커뮤니케이션에서 나타나는 서열주의의 다른 이름이 바로 갑을 관계다. 갑을관계는 절대적 개념이 아니다. 서열에 따라 먹고 먹히는 먹이 사슬 관계를 형성하는 상대적 개념이다. 나는 누군가에겐 갑이지만 누군가에겐 을이다. 갑이 을을 공정하고 정중하게 대하면서 상호 이익을 도모하면 안 되겠느냐는 생각은 실현되기 어렵다. 한국인 다수에게 갑을관계는 이익 차원의 개념일 뿐만 아니라 '을 위에 군림하는 맛'이라고 하는 인정욕구를 충족하는, 삶의 기본 문법이 됐기 때문이다.

왜 한국인은 이런 갑을관계에 중독됐을까? 갑을관계의 역사를 살펴볼 필요가 있겠다. 그 출발점은 관존민비官尊民卑다. 관존민비는 결코 옛날이야기가 아니다. 오늘날의 갑을관계에서도 관官은 여전히 민民을 지배하는 갑 위치에 있기 때문이다. 이들 사이에서 형성된 갑을관계가 사회 전 분야로 확산해 한국을 '갑을관계 공화국'으로 만들었는바, 갑을관계의 역사는 곧 공직자의 역사라고 해도 과언이 아니다.

조선 말기의 공직

일반 민중의 입장에서 볼 때에 조선은 썩은 나라였다. 어느 정도로 썩었던가? 조선 왕조의 청백리는 500년 동안에 157명뿐이었다는 주장도 있지만[6] 여기선 조선 말기에 대해서만 이야기하자. 매관매직賣官賣職이라는 한마디로 족할 것 같다. 과거제도는 19세기 들어 엉망진창이 됐다. 과거 시험 가운데 소과(생원, 진사) 급제엔 3만 냥, 대과大科 급제엔 10만 냥이 필요했다. 물론 뇌물이었다. 과거에 합격하고 수령이 돼 임지에 부임할 때 또 돈을 바쳐야 했는데 그 가격이 1만 냥에서 100만 냥까지에 이르렀다.[7]

국호를 대한제국으로 바꾼 1897년께에 이르러선 매관매직은 국가 시책이 돼버렸다. 1894년 갑오개혁으로 과거제도를 폐지한 탓도 있었지만 황실은 세원稅源이 없어 벼슬을 팔아서라도 국고國庫를 충당해야 했기 때문이다. 그 결과 탐관오리貪官汚吏들만 득실거리게 됐다.[8] 버슬을 돈 주고 샀으니 본전 뽑고 이익까지 남겨야 하지 않겠는가? 백성을 착취하는 것 이외에 무슨 방법이 있겠는가? 오죽하면 백성들의 입에서 '가난이 보호막'이라는 말까지 나왔겠는가?[9]

1896년 만 20세 나이에 "왜놈에게 시해당한 국모 명성왕후의 원수를 갚는다"는 뜻에서 일본 육군 중위 쓰치다를 죽여 사형선고를 받은 김구의 증언도 있다. 김구는 1898년에 탈옥해 도망자의 처지로 삼남 지방(경상도·전라도·충청도)을 여행했는데, 상놈이 된 한이 골수에 사무친 김구조차 가장 놀랐던 것은 양반이 농민을 학대하는 것이었다.

"양반의 낙원은 삼남이요, 상놈의 낙원은 서북이다. 그나마 내가 해서海西 상놈으로 난 것이 큰 행복이다. 만일 삼남 상놈이 됐다면 얼마나 불행했을까?"[10]

자, 그렇게 살았으니 일반 백성들이 그런 서열 구조에 한恨이 맺히지 않았겠는가? 그래서 생겨난 게 바로 가짜 양반이다. 역사학자 이덕일이 조사한 바로는, 대구 지역의 경우 1690년(숙종 16년)에는 양반이 9.2퍼센트, 양민이 53.7퍼센트, 노비가 37.1퍼센트였다. 약 100년 뒤인 1783년(정조 13년)에는 양반이 37.5퍼센트, 양민은 57.5퍼센트, 노비는 5.0퍼센트였다. 그 75년 뒤인 1858년(철종 9년)에는 양반이 70.3퍼센트, 양민이 28.2퍼센트, 노비는 1.5퍼센트로 변한다. 조선 말기에 이르러서는 양반이 80퍼센트에서 90퍼센트에 달했다고 한다. 양반 족보를 사서라도 양반 시늉을 내지 않으면 살 수가 없었기 때문이다.[11]

윤치호는 조선 말기 공직의 타락을 유교 탓으로 돌렸다. 그가 남긴

1904년 5월 27일자 일기를 보면 공자가 "사람은 관직에서 군주를 섬기는 것이 최고의 의무"라 가르쳤고 자기 스스로 "상가지구喪家之狗"처럼 관직을 추구했던 사실을 지적하면서 유교적 조선 사회의 이기적 관직 추구열을 신랄하게 비판했다.[12]

그러나 유교가 공직자의 민중 착취를 잘하는 일이라고 가르치진 않았을 것이다. 이미 오래전에 무너졌어야 할 왕조가 무너지지 않고 버틸 수 있었던 건 상층 귀족 세력의 총체적 부패 덕분이었을 거라고 본다면, 조선의 이기적 관직 추구열은 그런 부패에서 비롯됐다고 보는 게 옳을 것이다.

공직자들의 민중 착취를 더욱 악화시킨 건 초강력 중앙집권 구조였다. 이와 관련해 김용운은 "조선 시대의 한국은 각 지방마다 흩어져 있는 입자粒子적인 동족 부락들로 이루어졌으며, 각 부락 사이에는 횡적 교류가 전혀 없었다. 따라서 각 부락과 직접 이어지는 곳은 권력과 부가 집중되는 서울뿐이었다"며 다음과 같이 말한다.

"서울은 지방민에게는 두 가지 의미밖에 없었다. 그 하나는 자신들을 억압하고 착취하는 불필요한 존재였고 둘째로는 신분 상승을 위한 간절한 동경의 대상이었다. 그러나 각 부락은 서울이라는 상층부에 대해 예속감 내지는 연대감 같은 것을 전혀 느끼지 않는다. 권력의 중추에 자기 사람이 있을 때는 서울은 내 편이지만 그런 '줄'이 없을 때의 서울은 나와 무관한 곳이었다. 강화도에 상륙한 프랑스군이 왕가의 묘를 파헤치는 것은 잠자코 지켜보고 있던 농민들이었지만 송아지 한 마리를 잡아가려 하자 벌떼같이 일어나 무서운 기세로 프랑스군에 덤볐던 것이다. 이 같은 한국인의 심성은 지금도 여전한 것 같다. 왕가든 무엇이든 요컨대 나와 직접 연관이 있는지 없는지가 문제라는 자기중심적인 사고, 즉 '세계의 멸망보다도 내 탁자 위의 빵 부스러기가 나에게는 더 큰 문제다' 라고 말한 어떤 철학자의 말을 그대로 실천하는 것 같은 행동 양식과 다를 바 없다." [13]

나와 직접 연관이 있는지 없는지가 문제라는 자기중심적인 사고는 훗날 자기 노력에 정당한 보상이 돌아오는 체제에서 무서운 근면과 노력으로 나타나기 때문에 꼭 부정적으로만 볼 것은 아니지만 그렇지 못한 상황에선 망국亡國을 거드는 한 요인이 됐다.

망국亡國의 위기가 고조되면서 자강自强이 생존 문제로 부각된 1900년대에 전성기를 맞고 일제강점기까지 지속된 사회진화론은 적자생존適者生存 · 약육강식弱肉强食 · 우승열패優勝劣敗를 긍정했기에 오늘날 갑을관계의 이념적 원형으로서 중요한 의미를 지닌다. 박노자는 1900년대의 지식인들에 대해 "제국주의를 떠받치는 주요 담론인 사회진화론의 내면화를 필수 조건으로 내걸었던 그들의 독립운동은, 더 넓은 의미에서 제국주의에 대한 일종의 지적知的 항복이기도 했다"고 주장했지만, [14] 그들의 사회진화론 수용을 지금 잣대로 평가하기는 어려울 것이다.

을사늑약 이후 국력이 약한 탓에 사실상 국권을 빼앗긴 것에 대해 당시의 애국적인 지식인들이 느꼈을 한恨에 공감하긴 쉽지 않다 하더라도, 그들이 처해 있던 현실에서 약한 걸 죄악으로 본 건 이해할 수 있는 일이 아닐까? 오히려 문제는 국제 관계를 전제로 해서 내면화한 사회진화론이 국내 질서에까지 작동했고, 이것이 훗날 갑을관계를 공고히 하는 데 미친 영향일 것이다.

일제 치하의 공직

일제 치하에서는 공직이 친일親日을 전제로 해야 하는 것이었기 때문에 개인과 가족 차원의 입신출세立身出世 이상의 의미는 없는 것이었다. 3·1운동 후 일제가 만든 〈조선 민족운동에 대한 대책〉이라는 비밀문서는 이렇게 말하고 있다.

"일본에 충성을 다하는 자로 관리를 삼고 친일 지식인을 장기적 안목에서 양성한다. 친일 분자를 귀족, 양반, 부호, 실업가, 교육가, 종교가 등에 침투시켜 각종 친일 단체를 조직케 한다." [15]

일제의 '포섭 전략'은 조선왕조 상층부 관직 점유의 지속성을 보장하는 것으로 나타났다. 일제는 "구한국 시대의 지배계급이었던 양반 관료층을 그대로 보호해주"었을 뿐만 아니라 "심지어는 토지조사사업을 통해 이전 지배계급에 대한 경제적 기반으로서 토지 자산을 법적으로 확보해주는 등 세습적 상류 계층의 보호를" 도모했던 것이다. [16]

이는 조선 내부의 저항을 원천 봉쇄하기 위한 내부 분열책에 지나지 않았다. 심지어 일제는 공산주의 사상을 억압하는 동시에 그것까지 조선의 민족해방운동을 분열시키고 내부 갈등을 부추기는 데 이용했다. 똑같이 독립운동을 하더라도 좌익 독립운동 세력에 혹독한 탄압을 집중시킴으로써 독립운동 세력 내부의 좌우左右 반목을 조장했던 것이다. 이뿐만 아니라 일제의 반공주의는 혹독한 탄압으로 식민지 민중의 사회적 활동을 비교적 안전이 보장되는 연고주의에 의존케 하는 결과를 초래함으로써 이후 한국 사회의 공공 영역이 발달하는 데 심대한 악영향을 끼쳤다. [17]

그처럼 집요한 분열 공작으로, 저어도 관료 문화에 관한 한, 일제 치하에서 근대적 진보는 전무했으며 오히려 퇴보만 있었다. 공직을 민중에 군림하면서 출세를 위한 도구로 인식하는 의식과 문화는 일제 35년간에 걸쳐 지속되는 동시에 식민 체제의 성격으로 인해 더욱 악화한 것이다.

출세出世라는 개념이 지금과 같은 의미를 띠게 된 것도 일제가 친일파 지식인들을 적극 육성한 1920년대 중반부터였다. 최봉영은 "일본 문화의 유입과 함께 '출세'라는 일본식 용어가 수입되어 재가자在家者가 스님이 되기 위해 집을 떠난다는 의미의 출세라는 단어에 이와는 정반대인 의미, 즉 세속적 성공으로서의 출세라는 의미가 새롭게 첨가되었다"며 다음과 같이 말했다.

"어느 날 갑자기 새로운 모습으로 등장해 다른 사람의 이목과 관심을 집중시키면서 일시에 성공을 거두는 '출세작'이라는 일본어는 타협적 신문화 운동에 참여하고 있던 지식인들의 요구와 잘 부합했다. 왜냐하면 조선 시대에 추구된 입신양명立身揚名은 국가라는 무대가 전제되어야 하기 때문에 국가를 잃은 식민지에서는 불가능했다. 따라서 식민지 백성이 추구하는 것은 양명이 아니라 출세였다."[18]

우리는 일제 35년의 유산을 '잔재'라는 말로 가볍게 넘기려 들지만 과연 그것이 잔재에 지나지 않는 것일까? 혹 그것은 잔재 수준을 넘어선 '현재를 재생산하는 실질적 원리'[19]로서 여전히 해방 후의 삶에도 막대한 영향을 끼쳤던 건 아닐까?

김진균과 정근식은 "식민지적 근대의 경험은 지배자였던 일본 제국주의에 '대립하면서 닮는' 과정이었다. 따라서 식민지 체제의 극복은 신체에

각인된 근대적 식민지 권력의 해체를 수반해야 한다"고 말한다.[20]

그러나 해방은 일제강점기 때 형성된 의식과 문화에 아무런 변화를 주지 못했다. 미군정 치하에서 다시 입신출세의 길을 걸은 건 친일 세력이었기 때문에 더욱 그랬다. 게다가 원래 일본에 종속적이었던 조선의 경제 구조가 해방과 함께 와해되고 남북 분단으로 또 한 번 치명타를 맞았다. 거기에 해방 정국의 혼란까지 가세했으니 경제 사정은 일제강점기 때보다 더욱 어려워질 수밖에 없었고 이는 착취와 부정부패를 심화시켰다.

미군정 치하의 공직

스물세 살 먹은 한 청년 학생이 미군정에 통역관으로 취직했다. 하루는 고향에서 세도를 자랑하던 어느 문중의 대표 세 사람이 그를 찾아왔다.

"일제시대 그 어마어마한 총독실 부속실에 자리 잡고 일하는 나에 대해서 질린 표정으로 경의를 표하며 '우리 고향에서 인걸이 나왔다' 고 진심으로 기쁨을 표하는 것이었다. 그러면서 떠날 때에는 무슨 일이든 심부름을 시켜주면 정성껏 하겠다고 했다." [21]

그는 통역관으로서 자신이 누릴 수 있는 권력을 이용하면 엄청난 돈을 벌 수도 있었지만 그렇게 하지 않았다. 그러나 이 학생의 경우는 지극히 예외적인 것이었고 예전 조선총독부와 다를 바 없는 권능을 행사하는 미군정에 취직한 많은 한국인들이 '관官' 의 위대함을 원 없이 만끽했다.

찢어질 정도로 가난한 나라에서의 관존민비는 부정부패의 창궐을 가져오게 돼 있는바, 이게 바로 미군정 치하에서 일어난 일이었다. 뇌물이나 매수 등을 뜻하는 속어인 '사바사바'라는 말도 바로 이때 생겨났는데,[22] '사바사바'를 위한 방법으로 '요정 정치'가 난무했다.

미군정이 장악한 이른바 귀속업체는 미군정에서부터 경찰, 심지어 실업난 때문에 반공전사反共戰士를 직업으로 삼게 된 우익 청년 단체에 이르기까지 뜯어먹을 대상으로 간주됐다. 해방 후 귀속업체였던 면방직 대공장에서 후생조합 관리인으로 일한 어느 인사의 증언이다.

"보통 하루에 형사가 이삼십 명씩 회사에 와요. 돈 뜯으려고. '우리가 살 수 없으니까 보태주시오' 하는 거지. 매일. 당시 공장이 유일하게 돈 나오는 데여. 생산 기관이니까. 어느 기관에서건 생산 기관에 손을 벌렸어. 월급이 작아서 그렇게 하지 않으면 먹고살 수가 없었어. 경찰서장 월급으로는 한 달 용돈밖에 못 써. (중략) 그중에서 절반은 군정청으로 들어가. 회사에서는 상공부에 와이로를 올려 보내야지. 다른 여러 기관, 군대 상무단, 경찰서, 철도 경찰서, 서청(서북청년단)이니 대동청년단이니 그런 것들이 전부 손 벌려." [23]

해방 정국은 '뜯어먹기 경연대회'라고 해도 좋을 만큼 착취가 난무했고 여기엔 공직자들도 대거 가세했다. 미군정 치하에서는 공직이 반공反共의 도구 그 이상은 아니었으며 그 목표만 완수하는 한 무슨 일을 해도 괜찮았다. 이에 대해 박찬표는 다음과 같이 말한다.

"점령 당국은 반공 블럭 형성이라는 자신들의 정치적·군사전략적 이해를 점령지에서 관철시키기 위해 우선적으로 강력한 치안·행정 조직을 구축했다. 좌파 세력이 시민사회의 헤게모니를 장악하고 있는 상황에서 우선 강력한 국가기구를 구축하고 이를 이용해 특정 사회질서와 이념을 위로부터 부과하고자 했던 것이다. 이는 곧 시민사회에 비해 엄청나게 과대 성장한 국가기구의 수립을 가져왔다." [24]

이승만 정권 치하의 공직

대한민국 정부의 수립은 '국민 위에 군림하는 공직'이라는 성격을 더욱 강화시켰다. 반공을 앞세운 과대성장국가overdeveloped state는 외생적 과정을 거쳐 형성된 것인 데다 시민사회에서 나오지 않고 오히려 시민사회를 억압하면서 위로부터 형성된 것이었기에[25] 기존 관존민비를 더욱 강고하게 제도화하는 결과를 초래했다.

이승만의 국가는 과대 성장한 국가기구를 시민사회와 비교해서 평가할 수 없는 묘한 특성이 있었다. '한국형 과대성장국가'라 해도 좋을 그것은 우익 청년 단체들을 포함한 모든 유사 국가기구를 권력 유지와 지지 기반 수단으로 삼음으로써 시민사회마저 국가기구화하는, 그러면서도 국민 위에 군림하는 왕조적 성격을 강하게 드러냈다. 이는 곧 '이승만 우상화'로 나타나는데, 흥미롭고도 비극적인 건 남북南北이 모두 같은 길을 걸었다는 점이다.

이승만 우상화는 관존민비의 다른 얼굴이었으며 이는 아래로까지 파급됐다. 새로운 공직자들마저 업자들에게 요정에서 접대를 받으면서 관존민비의 이치를 체화해갔다. 서른세 살 때 대한민국 문교부 초대 예술과장을 지낸 서정주의 증언이다.

"초대받은 방에 들어가 보면 거기엔 거의 어디서나 꼭 옛날의 영감, 대감들 사랑방같이 두껍고 깨끗한 보료에 안석까지가 받쳐져서 깔리고, 옛 관기 그대로의 접대부라는 젊은 여인들이 사이사이 나붓나붓 끼여 앉아서 젓가락, 숟가락에 음식 담아 입으로 나르는 것까지 시중을 들고, 거기다가 또 '영감님', '대감님' 으로만 공손하기만 한 음성으로 떠받들어 불러대니 조금만 실없는 구멍이 마음속에 뚫려 있는 사내라도 이게 되풀이되는 동안에는 잘 얻어먹어 번지르르해진 얼굴이 어깨 위에서 바짝 뒤로 젖혀지긴 쉬운 일이다. 그래, 이런 자리에 이 비슷한 자리의 일들이 거듭 쌓이고 쌓이는 동안에 우리나라의 일부 고급 관리들의 그 유들유들한 고자세라는 것은 터무니없이도 공으로 생긴 것이 아닌가 생각한다." [26]

이승만은 대통령 취임사에서 "부패한 백성으로 신성한 국가를 이루지 못하나니"라고 말했지만 이승만 정권은 '부패정권' 이라 해도 좋을 정도로 수많은 부패 사건을 양산해냈다. [27] 게다가 이승만 정권과 국회의 갈등은 공무원을 정치적 도구로 삼는 데 더욱 일조했다. [28]

이승만 정권 때 뿌리를 내린 관료 조직의 정치화는 이후 수십 년 동안 지속됐으며 바로 이것이 관료 조직의 개혁을 가장 어렵게 만든 이유다. 관료 조직은 정권에 충성을 다 하거나 정권이 내세운 어떤 목표에만 충실하면 그만인 도구적 성격을 띠게 됐기 때문에 민중에 군림하는 성격만큼은 전혀 문제시되지 않았던 것이다.

동빙고동은 '도둑 마을'

5·16쿠데타로 집권한 박정희 정권에서의 공무원은 양면성을 갖고 있었다. 먼 훗날(1998년) 박정희에 대해 비판적인 신문인《한겨레》조차 관료 사회를 질타하면서 "지난 70년대 고도성장을 이끌었던 명성은 간 데 없고"라는 말을 할 정도로[29] 박정희 정권 시절 관료 조직은 경제개발의 견인차 구실을 잘해냈다.

그러나 그런 역할조차 정권의 수족으로 기능한 결과였기 때문에 관료 집단의 성격 자체엔 아무런 변화를 가져오지 못했다. 부정부패도 여전했다. 박정희의 경제개발을 아무리 긍정적으로 평가한다 하더라도 그건 관료 조직의 타락을 밑거름 삼아 이루어진 것이라는 사실을 부인하기 어렵다.

박정희가 이끄는 국가재건최고회의는 '부정축재자처리법'을 제정하는 등 '부패와의 전쟁'을 벌였지만, 그건 어느 정권이든 집권 초기에 벌이는 '쇼'에 지나지 않았다는 것이 곧 분명해졌다. 나의 부정부패는 애국愛國을 위한 것이고 너의 부정부패는 매국賣國이라는 이중 잣대를 구사했기 때문이다.

김성곤은 1965년부터 공화당 재정위원장을 맡은 이후로 재벌들에게 돈을 거둬 박정희에게 갖다 바치는 역할을 했다. 김성곤이 거둬들인 자금 명세서는 박정희가 직접 결재를 했다. 정부가 발주하는 사업에선 무조건 10퍼센트를 정치자금으로 떼는 방식으로 이루어졌다. 정부 발주 공사가 워낙 남는 장사기 때문에 재벌은 10퍼센트를 떼이면서도 서로 하겠다고 경쟁을 벌였고 박정희의 대리인인 김성곤에게 10퍼센트를 바치면서도 "앞으로 이런 기회를 자주 달라"는 식으로 고마워했다. 그래서 기업들로부터 돈을 뜯었다고 말썽이 날 일도 없었다. 그런 관행은 장려됐고 전 관료 체제에 확산했다. 대통령과 직거래를 하는 관료 체제는 안하무인眼下無人이었고 국회마저 깔봤다.[30]

1967년 7월 1일 박정희는 제6대 대통령 취임사에서 '빈곤과 부정부패와 공산주의'를 '3대 공적'으로 지목하면서 부정부패 척결을 유난히 강조했다.[31] 그러나 박정희는 자신과 자신에게 충성을 바치는 고위 공직자들의 부정부패에 대해선 관대했다.

1960년대 관료 체제의 상층부가 얼마나 썩었는가 하는 건 정부의 고관들이 살고 있는 신흥 주택가인 동빙고동 일대가 "도둑 마을"로 불렸다는 것으로도 잘 알 수 있다. 《사상계》 1970년 2월 호는 '도둑 마을'의 실태에 대해 다음과 같이 말했다.

"이들 주택의 건축비는 최저 5천 내지 6천만 원에서 최고는 3억 원. 그런데 그곳 주인공들은 한 달에 몇만 원 봉급밖에 받지 못하는 전·현직 각료나 대통령 비서실을 중심으로 한 고급 관료이다. (중략) 건축 자재는 외국 수입품이 사용되고 사치품의 수입을 규제하는 법률은 마이동풍, 건물의 유지비만도 매월 10만 원은 들며, 승용차 두 대, 옥내 엘리베이터, 응접실의 열대어 등 사치스럽기 그지없다. 개중에는 매달 수백만 원의 경비를 지출하는 경우도 있다고 하는데 이들 주택이 계속 범죄행위에 의해 유지된다는 결론을 내리지 않을 수 없다."[32]

병역 부정도 매우 심각한 수준이었다. 특히 1970년 3월에는 전국 병무청 11개소 중에서 청장 여섯 명과 부청장 두 명 그리고 사무관 등 24명이 해임되고 민간인 476명, 군인과 군무원 71명이 군의 수사를 받은 사건이 벌어졌다.[33] 국가 안보를 신앙으로 내세운 박정희 정권에서 이런 병역 부정이 발생했다는 것은 과연 무엇을 말하는 것이었을까?

김지하의 〈오적〉

이즈음에 부정부패가 얼마나 심각했는가 하는 것은 《사상계》 1970년 5월호에 발표된 김지하의 시 〈오적五賊〉을 통해서도 음미할 수 있다. 〈오적〉은 재벌, 국회의원, 고급 공무원, 장성, 장차관을 도둑에 비유해 통렬하게 비판한 풍자 담시다. 이 담시는 고급 공무원에 대해 이렇게 꼬집었다.

"어허 저놈 뒤 좀 봐라 낯짝 하나 더 붙었다 / 유들유들 숫기도 좋거니와 / 산같이 높은 책상 바다 같이 깊은 의자 우뚝나직 걸터앉아 / 쥐뿔도 공 없는 놈이 하늘같이 높이 앉아 / 한손은 노땡큐 다른 손은 땡큐땡큐 / 되는 것도 절대 안 돼 안 될 것도 문제없어 / 책상 위엔 서류 뭉치, 책상 밑엔 돈 뭉치 / 높은 놈껜 삽살개 낮은 놈엔 사냥개라 / 공금은 잘라먹고 뇌물은 청해 먹고……"[34]

당시 5·16쿠데타 주체 세력 중 한 명으로 청와대 비서관이었던 김종신은 박정희 정권의 부패상을 참다못해 박정희에게 다음과 같은 고언을 했다고 한다.

"혁명 주체들이 정신을 차려야 되겠습니다. 5·16혁명을 할 당시 그들의 생활과 지금의 생활을 비교 점검해보셨습니까? 서울 시내를 걸으면 사람들이 높은 빌딩을 가리키며 '이것은 누구 것, 저것은 누구 것'이라 합니다. 시골에 가면 '저 산은 누구 것, 저 들은 누구 것' 하며 권력층 사람들의 이름이 오르내리고 있습니다. 저도 남자로서 충분히 이해는 합니다만 지도층 사람들의 여자관계가 문란한 것 같습니다. 영화배우나 탤런트가 화면에 비치면 고위층의 이름이 따라다닙니다. 공직자는 오만해지고 탐욕스러워져서 서민들과 거리가 생겨 민심이 이탈하고 있습니다. 공화당의 어떤 국회의원 후보는 선거에 떨어질 것으로 미리 점치고 선거자금이 나오면 다 쓰지 않고 돌려놓았다가 이자놀이나 하고 살아가겠다고 합니다." [35]

김종신은 고언을 해주면 박정희가 부끄러워하면서 무언가 깨달을 것이라고 믿었던 모양이다. 그러나 김종신은 청와대에서 쫓겨나고 말았다. 김종신은 고위층의 부정부패를 눈감아주지 않고선 독재 권력의 유지가 어렵다는 사실을 미처 몰랐을 것이다. 박정희는 무력만으로 정권을 유지한 게 아니었다. 매수와 포섭을 위해 늘 정치자금이 필요했다. 나중에 박정희가 죽은 뒤 청와대 금고에서 쏟아져 나온 엄청난 돈도 바로 그런 성격의 자금이었던 것이다. 그렇게 박정희부터 부정부패를 저지르고 있는데 고위층이 저지르는 부정부패에 어떻게 칼을 빼들 수 있었겠는가?

강력한 개발독재를 위해선 그 정도 부정부패는 불가피했다는 주장이 있을 수 있다. 또 몇몇 서양 학자들은 개발도상국의 부정부패가 관료적 번문욕례繁文縟禮, red tape나 경직성을 뛰어넘어 신속한 의사결정과 프로젝트 수행을 가능케 함으로써 경제성장에 도움을 줄 수도 있다는 이론을 제시했다. [36]

박정희 정권에서 벌어진 부정부패가 과연 그런 기능을 수행했을지는 따로 따져봐야 할 문제겠으나 우리가 정작 주목해야 할 것은 부정부패가 관료 조직에 어떤 속성과 체질을 심어줬는가 하는 점일 것이다.

민에 군림한 관료 권위주의

1972년에 나온 '8·3긴급경제 조치'와 1973년에 나온 중화학공업화 조치는 1970년대 경제성장에 기여한 주요 사건으로 거론되고 있지만 이후 수십년 동안 한국 관료 조직의 성격을 결정지은 사건이기도 하다.[37] 한상진은 "8·3긴급경제 조치를 통해 1970년대를 관통하는 정경유착의 기본 유형을 발견하게 된다"며 그 의미에 대해 이렇게 말한다.

"위기에 처한 기업들을 살리기 위해 비정상적인 방법으로 미증유의 특혜를 이들에게 부여함으로써 이 정책은 대기업과 국가 관료제의 연합을 선명히 보여주었던 것이다. 관료는 경제 운영의 결정권을 갖게 됨으로 해서 재화의 배분과 사용에 있어서 기업을 조종하는 유리한 입장에 서게 됐지만 대기업은 이 정책을 통해 정부가 그들을 보호하고 또 그럴 수밖에 없다는 확신을 가지게 됐기 때문에 상호 유착을 심화시키면서 경영 합리화를 외면하는 역설적인 결과가 나오게 됐던 것이다."[38]

8·3긴급경제 조치가 나온 지 5개월여 후에 선포된 중화학공업화 정책도 비슷한 효과를 냈다. 한배호는 이 정책이 청와대 비서관들과 경제 부처 관료들이 일방적으로 추진한 것이었기 때문에 관료와 기업의 유착 관계가 심화하고 관료 사회 내 부정부패의 만연을 초래했다고 말한다.[39]

박정희 정권 치하의 관료 조직은 군대 조직과 비슷했다. 실제로 군 출신도 많이 영입됐다. 장관과 국회의원 자리는 물론 각종 공기업 경영진에 군 출신을 대거 기용했다. 3공화국 기간 중 군 출신 국회의원과 각료의 충원율은 각각 16퍼센트와 29.2퍼센트였으며 유신 이후 4공화국 기간 중에도 이와 비슷했다(각각 16퍼센트와 27퍼센트). 장성 출신뿐만 아니라 위관·영관급 군인들의 행정부 참여의 기회도 제도적으로 보장했다. 1978년 국가공무원 1급의 23퍼센트와 2급의 18.5퍼센트가 군부 엘리트 출신이었다.[40]

관료 조직의 군 조직화는 그 어떤 목표를 세우고 그 목표를 향해 일사불란한 '작전'을 추진하는 데에는 매우 효율적이었지만 경제 발전이 군사 작전식으로 이루어질 수 없는 상황에 이르러선 큰 문제를 낳게 됐다. 또 이른바 '관료 권위주의'를 한국 사회에 뿌리 내리게 하는 부작용을 낳았다.[41]

한 상공부 관료는 "상공부가 섬유 쿼터(배정권)를 쥐고 재벌들을 좌지우지하던 시절 김우중 대우그룹 회장 등은 더 많은 쿼터를 배정받기 위해 우리 방에 와서 살다시피 했다. 당시 관료들은 이들에게 의자조차 내주지 않았다. 이들 기업인들은 새파란 담당 사무관의 책상 앞에 공손히 서서 '예, 예' 하고 굽신거려야 했다"고 증언했다.[42]

한 재무부 관료는 이런 증언을 남겼다. "1970년대 처음 재무부에 들어왔을 때 재무부 선배들의 위세는 대단했다. 선배들로부터 맨 처음 받은 교육은 나 같은 신참 6급 사무관은 은행의 부장급 이상만 상대하라는 것이었다. 그 아래는 아예 상대하지도 말고 전화도 받지 말라고 했다. 또 은행 부장급 이상과 상대할 때에도 가급적 전화를 짧게 하라고 했다. 그리고 필요한 얘기는 직접 들어와서 보고하도록 명령하라고 했다. 실제로 당시 은행 등 각 금융기관의 간부들은 재무부 앞에 하루 종일 줄을 서야 했다. 이들을 다루는 선배들의 위세는 대단했다. 요즘처럼 문서를 보면서 지시하는 것도 아니었다. 모든 게 말로 이뤄졌다. '당신은 이것을 하고 당신은 저것을 하시오' 라는 식이었다. 짧고 위압적인 군대식 명령의 연속이었다." [43]

관료 조직의 정치적 도구화

1979년 12·12쿠데타로 집권한 전두환 정권은 숙정을 통해 박정희 정권의 부패 체제와 결별하겠다는 모양새를 취하긴 했지만 그 숙정 자체가 정치적 탄압으로, 신군부의 권력 장악을 위한 도구에 지나지 않았다.

1980년 7월 9일 국가보위비상대책위원회는 장관과 차관급 인사 38명을 포함해 고위급 공무원 232명이 숙정됐다고 발표했다. 이어 계속된 숙정의 제물이 된 공직자는 모두 8,877명에 이르렀다. 공무원이 5,699명, 정부투자기관과 산하단체 임직원이 3,178명이었는데 은행장 중에서도 일시에 제거된 행장 두 명이 모두 호남 출신인 점에서도 알 수 있듯이 호남 인맥이 큰 피해를 입었다. [44]

당시 신군부 예찬에 열을 올린 《조선일보》는 공무원 숙정에 대해 "성실하게 일하는 공무원이 보장받고 잘 사는 그런 공무원 사회를 건설하는 바탕이 마련됐다" 며 "이러한 분위기는 상당한 여운을 남겨 최소한 수십 년간 안에 공무원 부정이나 비위가 발붙일 수 없는 풍토를 조성할 수 있을 것으로 전망된다" 고 주장했다. [45]

그러나 결과는 정반대로 나타났다. 5공화국의 공무원 숙정은 5공에 대한 관료 조직의 충성을 이끌어내기 위한 것으로, 박정희 정권 시절에 심해진 관료 조직의 정치적 도구화를 더욱 악화시키는 결과를 초래했다.

게다가 5공화국 정권은 이미 관료 조직에 팽배해 있던 연고주의를 더욱 고착시켜 관료 문화를 최악의 상태로 몰고 갔다. 영남 출신은 고위직을 거의 말아먹다시피 했다. 5공 시절 차관급 이상 관료 155명 중 43.6퍼센트인 67명이 경상도 출신이었으며(호남 출신은 9.6퍼센트), 경제 관료의 재직 횟수 가운데 영남 출신이 44.4퍼센트를 차지한 반면 충청 지역은 2.2퍼센트, 호남 지역은 8.9퍼센트에 지나지 않았다. 이런 영남 패권주의는 6공화국에까지 승계돼 6공 당시 영남 출신은 전 각료의 48퍼센트, 차관급에선 60퍼센트에 이르렀다. 어느 부처를 막론하고 주요 실국장 등 요직은 대부분 대구·경북 출신이 차지했다. 특히 청와대와 검찰은 영남 출신이 거의 독점했다.[46]

백완기는 1989년에 출간된 《한국의 행정문화》에서 한국 공직자들의 문제로 보신주의, 형식주의, 파벌주의, 할거주의, 권위주의, 사인주의私人主義 등을 들었는데,[47] 이 모든 것의 최종 원인은 한 가지로 귀결될 수 있는 것이었다.

3공화국에서 6공화국에 이르기까지 관료 조직의 가장 큰 문제는 '정치적 도구화'였다. 관료 조직은 정권에 충성을 바치는 대신 국민에 군림하는 지위를 누리는 것으로 보상을 받았다. 그래서 고급 관료의 통로가 되는 고시는 입신출세의 지름길로 높은 인기를 누리게 됐다.[48]

개발독재 시절 관료 조직은 군사작전을 하듯 열성으로 경제개발에 헌신해왔지만 군사작전식 행정이 필요하지 않는 시점에 이르자 관료 조직은 공룡처럼 비대해진 몸집으로 그 존재 자체가 개혁 대상이 되는 운명에 처하게 됐다.

그러나 하루아침에 '군림하는 관료'라고 하는 체질을 개선하기는 어려운 일이었다. 이는 지방정부의 경우에도 마찬가지였다. 1991년 5월 제주도청이 500부를 발간해 계장급 이상 공무원들에게 배포한 '대민작전요령' 70개 항과 '대민격파요령' 77개 항은 시대착오적인 난센스로 비판받긴 했지만 이것만큼 관료의 정체성 혼란을 드라마틱하게 잘 보여준 에피소드도 없을 것이다. 이런 내용이었다. "상대의 열등감을 자극하라." "여성의 생리적 결함을 자극하라." "욕은 연속적으로 퍼부어라." "거짓말일수록 크게 하라."[49] 개그가 아니었다. 그동안 한국 사회를 지배해온 관존민비 철학의 본질이라고 해도 좋을 것이었다.

공무원 개혁의
조급주의와 영웅주의

이른바 문민정부를 표방한 김영삼 정권이 들어서면서 관료 사회를 제1의 적敵으로 삼아 과거 청산과 함께 개혁 바람을 불러일으켰던 것도 바로 그런 구태 철학에 대한 정면 도전이었다. 그러나 김영삼 정권의 개혁 바람은 얄팍한 인기 영합주의로 흘러 실속 있는 변화를 가져오진 못했다. 1996년 숙정 바람이 불었을 때 한 부처의 고위 간부는 "정말 인간적으로 못할 짓"이라며 "시골에서 개를 잡는 것과 흡사하다"고 말했다. 공무원들이 숙정당하지 않으려고 버티는 방법도 여러 가지였다. "자식 혼사를 앞두고 있으니 한 번만 봐달라"는 읍소형에서부터 산하단체 낙하산으로 탈출구를 마련하려는 실속형에 이르기까지 다양했다.[50]

1990년대 그리고 그 이후의 개혁에서도 늘 나타나는 문제는 '조급주의'와 '영웅주의'였다. 자신의 임기 중에 치적을 남기고자 하는 대통령의 성급한 욕심은 한국 관료 사회가 자기 임기의 열 배가 넘는 기간에 걸쳐 형성된 문화이며 한국적 삶의 다른 부분과 밀접하게 연결돼 있다는 사실을 고려하지 않은 채 마구잡이로 칼을 들이대느라 기대한 성과를 거두기 어려웠던 것이다.

게다가 공무원 개혁은 늘 힘없는 부서나 직위 중심으로 이루어졌다. 예컨대, 숙정 바람이 거세게 분 1996년에도 '모피아'에 대해선 전혀 손을 대지 않았다. '모피아'란 옛 재무부의 영문 이니셜인 'MOF'와 '마피아'를 합성한 말로, 재정경제원 안팎에서 똘똘 뭉친 사람들을 지칭한 것이다. 1996년에 나온 신문 기사 하나를 살펴보자.

"옛 재무부 출신의 한 기관장은 몸은 여의도에 있지만 마음의 안테나는 과천 쪽에 맞추어놓고 있다. 그곳 제2정부종합청사에 그의 '친정'인 재정경제원이 있기 때문이다. 그는 출근하자마자 재경원 여러 과課에 전화를 걸어 동향을 살핀다. 경조사가 있으면 만사를 제치고 얼굴을 내민다. 재경원에서 체육대회나 등산 행사를 하면 협찬품을 들고 나타난다. (중략) 그는 재경원 과장이나 사무관이 까마득한 후배 관료이지만 '나으리' 모시듯 깍듯이 대한다. 'YB'라 불리는 현직 관료들도 대선배 'OB'인 그에게 전관에

우를 해주면서도 은근히 이것저것 궂은일을 시킨다. 그는 후배 관료들의 회식에 스폰서로 초청받는 것을 귀찮아하기는커녕 오히려 반기는 편이다. (중략) 한 번 모피아에 발을 디딘 사람은 두고두고 단맛을 맛본다. 이들 전·현직 관료가 은행, 증권, 보험, 리스 등 금융업계에 미치는 영향력은 막강하다. 선후배끼리 안면으로 처리되는 일이 비일비재한 것으로 알려졌다." [51]

이런 관행은 비단 모피아에게만 한정된 것이 아니라 모든 관료 사회에 만연된 것이었다. 이런 관행의 만연과 이에 대한 세간의 인식은 관료 사회에 대한 이중적 대응을 당연시하는 풍조를 낳게 했다. 공무원의 봉급 수준을 대폭 올려주되 부정부패엔 단호하게 대처하는 방식을 쓰기보다 낮은 봉급 수준을 유지시키면서 "공무원들은 다른 방식으로 보상을 받지 않느냐"는 식으로 부정부패에 어느 정도 눈을 감아주는 대응을 했다는 것이다.

낮은 봉급 수준만 문제되는 게 아니었다. 민간 부문이 발달하면서 공무원의 상대적인 사회적 지위도 약화됐다. 공무원의 호칭 문제까지 대두됐는데 1996년 내무부 사무관 한백승은 신문에 이런 글을 기고했다.

"계장이 되려면 줄잡아 15년에서 20년이 걸린다. 그러다보니 공직 생활 20년이 돼도 주사나 서기로 불린다. 공직 생활을 평생 평직원으로 끝내는 경우도 많다. 친구들이 '너는 지금도 평직원이냐'고 묻거나 자녀들이 '아빠는 회사에서 무엇이야' 하고 물을 때 수치심이 들고 인생의 낙오자처럼 느껴지는 게 솔직한 심정이다. 비용이 많이 드는 것도 아닌데 공직 사회의 호칭 문제가 왜 이리 인색한지 모르겠다. (중략) 정부는 공직자의 직위와 호칭을 사기업이나 선진 외국과 비교·검토, 사회 흐름에 맞게 개편해 공

지자의 사기를 북돋워야 한다." [52]

공무원, 풀잎처럼 눕다

그러나 공무원의 사기 진작책은 나오지 않았고 공무원을 몰아붙이는, 국민의 공무원에 대한 불신과 반감에 편승하는 사정 바람만 거세게 불었다. 1997년에 가장 유행한 말 중 하나가 바로 공무원의 '복지부동' 이었다. 심지어 '풀잎처럼 눕다' 는 말까지 나왔다. [53]

공무원들 사이의 업무량 불균등이 심하다는 걸 모르진 않았을 텐데도 그걸 바로잡는 정교한 대안을 모색하기보다 공무원들의 흐트러진 기강을 잡는다고 암행감찰만 해대기에 바빴다. 이 당시에 나온 어느 사무관의 항변이다.

"매일 밤 10시가 넘어야 일이 끝나고 때로는 새벽까지 일할 때도 있어요. 하루 종일 보고서 작성하고 상사 눈치보다보면 거의 파김치가 돼 퇴근하지요. 복지부동이나 무사안일은 생각도 할 수 없는 얘깁니다." [54]

물론 모든 공무원들이 다 그런 건 아니었다. 성실한 공무원이 있는가 하면 부정부패에 찌든 공무원도 있었고 아첨에만 밝은 공무원도 있었다. 공무원들은 자조하듯 '아첨지' 라는 말까지 만들어냈다.

"'아첨지' 란 공직 사회 하위직들 사이에 통용되는 은어다. 두 장 이상의 보고서 등 서류를 호치키스로 찍을 때 그 부분에 붙이는 컬러 조각 종이로, 공무원들은 이를 '띠지' 또는 '떼지' 라고도 한다. 이 종이는 공직 사회에서 그 어느 문구류보다 애용되고 있다. 기안 등 대부분의 보고 서류에는 반드시 이것을 붙인다. 사무실마다 '아첨지'를 담아놓는 상자가 따로 있다. 이 조각 종이가 아첨지라고 불리는 이유는 '서류 내용과 관계없이 이를 받아보는 윗사람에게 잘 보이기 위한 수단'으로 사용되고 있다는 인식 때문이다." [55]

이런 '아첨지' 에피소드는 관료 사회의 문제가 하위직 공무원들에게 있다기보다 그들에게 어떤 행태를 요구하는 조직의 관행과 시스템에 있다는 사실을 말해주는 것이었다.

예산 낭비만 해도 그랬다. 지금도 계속되고 있는 겨울철 보도블록 교체는 아주 오래전부터 계속돼온 일이다. 1997년 12월 14일자 《한국일보》에 〈전국은 보도블록 교체 중: "예산 지금 안 쓰면 내년에 삭감"〉이라는 기사가 실렸다. 그렇다면 문제가 보도블록을 교체하는 공무원에게 있을까, 아니면 예산을 지금 안 쓰면 내년에 삭감하는 시스템에 있을까? 보도블록을 교체하는 공무원을 탓하기 전에 그 시스템을 교정해야 할 위치에 있는 고위직 공무원을 응징하는 게 옳은 길이 아니었을까? 그러나 그런 일은 일어나지 않았다. 그래서 그 뒤로도 계속 겨울철마다 보도블록을 교체하는 일은 계속됐다.

기업의 입장에서 보자면 그런 관료 사회가 저주스럽기조차 했을 것이다. 그래서였는지 1997년 5월 전국경제인연합회 산하 한국경제연구원은 92만 5,000여 명에 이르는 공무원을 10분의 1 수준으로 줄여야 한다는 혁명적인 주장을 담은 연구 보고서 《21세기 세계 인류를 위한 제언》을 내놓았다. 한국 관료 사회의 직무 유기와 무사안일이 저주받을 만한 것이라면 재벌들 역시 저주받아 마땅한 집단 이기주의의 포로라는 비난을 면키 어려웠다. 이 보고서의 주문은 모든 걸 다 민영화하자는 것인데 결국 자기들이 돈 벌겠다는 것 아닌가 말이다.

관료 사회와 재벌은 서로 크게 다른 것 같지만 한 가지 공통점이 있었다. 그건 자기들의 이익만 생각할 뿐 도무지 나라 전체는 생각하지 않는다는 것이었다. 재벌들이 공무원 숫자를 10분의 1 수준으로 줄여야 한다고 역설하던 그 순간 공무원의 인기는 하늘로 치솟아 9급 공무원 시험도 100 대 1이 넘어가는 경쟁률을 보이면서 '9급 고시'라는 말까지 나왔다.

당시 취업난과 명예퇴직 때문이었다. 나라를 생각하는 재벌들이라면 이런 문제까지도 고려하면서 관료 사회 개혁을 말해야 했을 텐데, 이들에겐 그런 안목이 없었다. '한국형 과대성장국가'라는 건 국민에 대한 통제 중심의 이야기일 뿐으로, 국민에 대한 서비스 개념과 인구 비례까지 포함해 전반적으로 따지자면 한국의 공무원 수는 경제협력개발기구OECD 국가 평균의 3분의 1도 되지 않았다.[56] 재벌들은 이 점도 전혀 고려하지 않은 채 그저 민영화로 얻을 이익에만 혈안이 됐던 건지도 모르겠다.

부패, 공직의 다른 이름

1998년 10월 6급 공무원이 세간의 화두로 등장했다. 전 서울시 행정 주사(6급) 이 아무개가 1984년부터 1996년 정년퇴직할 때까지 12년 동안 재개발과에 근무하면서 재개발 사업 93건에 간여해 200억 원대 재산가가 된 사실이 밝혀졌기 때문이다.

도대체 모든 공무원의 몇 퍼센트가 부정부패에 찌든 건지 알 길은 없었지만, 이 사건은 많은 사람들에게 충격을 주면서 '공무원은 도둑놈'이라는 생각까지 품게 만들었다. 이즈음 《한겨레》가 연재한 특집 기사 〈관료 사회 다시 세우자〉의 첫 기사 아이템이 '공직의 다른 이름 – 부패'였다. 이 연재물의 취지에 대해 '편집자'는 이렇게 말했다.

"관료(공무원) 사회가 국민적 지탄을 받고 있다. 지난 70년대 고도성장을 이끌었던 명성은 간 데 없고 복지부동과 무사안일, 부정부패의 대명사로 불릴 만큼 문제 집단으로 낙인찍힌 지 오래다. 개혁의 선도자이기는커녕 개혁의 걸림돌이라는 소리조차 들린다. 관료 사회가 변하지 않고 이대로 간다면 나라의 장래는 암담할 수밖에 없다. 건국 이래 최대의 위기로 불리는 국제통화기금 구제금융 체제에서 국정의 성패는 바로 관료 사회의 변화 여부에 달려 있다." [57]

1998년 11월 8일 국민회의 국회의원 김옥두는 공무원 개혁을 강조하는 정책자료집에서 개혁 대상 공무원을 열 가지로 분류했다.

스프링형	사정과 감찰이 진행되면 복지부동하다가 잠잠해지면 튀어 오르는 스타일
권생권사權生權死형	권력보다 더 좋은 것은 없다고 생각하는 철저한 줄대기형
투덜이형	좋든 싫든 비판·불평불만이 많아 늘 투덜대며 개혁을 비판·저항하는 형

로봇형	위에서 시키는 일만 하는 무사안일주의 전형
하이에나형	돈보다 더 좋은 것은 없다며 돈 될 일을 찾아다니는 형
물귀신형	죽어도 같이 죽고 살아도 같이 살자는 형
카멜레온형	권력 향배에 따라 재빨리 변신하고 충성을 맹세하는 처세술의 대가형
핑퐁형	복잡하거나 신경 쓰기 싫은 일이 걸리면 내 소관이 아니라며 떠넘기는 형
터줏대감형	새로 부임한 장관 등을 직원 입맛대로 길들이는 형
마피아형	지연·학연 등을 매개로 '공직 마피아'를 형성, 막강한 영향력을 발휘하는 조직형[58]

그러나 이 열 가지 유형은 비단 공무원에게만 적용될 수 있는 건 아니었다. 한국형 삶의 법칙이었다고 해도 과언은 아닐 것이다. 그래서 그 후 무엇이 얼마나 달라졌는가? 크게 달라지지 않았다. 정권이 바뀔 때마다 등장하곤 했던 공무원 숙정은 쇼에 가까운 것이었다. 비극의 핵심은 정치자금의 부정부패라고 하는 원죄를 안고 태어난 정권에 공무원의 부정부패를 척결할 자격이 없었다는 점일 것이다.

"우리 모두가 죄인이오" 신드롬은 사법부에도 만연돼 있는 탓인지는 알 수 없어도 비리 공무원에 대한 처벌은 늘 솜방망이였다. 공무원의 뇌물수수가 5000만 원이 넘을 경우 징역 10년에서 무기징역까지 받도록 돼 있지만 1974년 이래 20년 동안 10년 이상 중형을 받은 사람은 단 한 사람도 없고 실형 선고 비율도 20퍼센트를 넘은 적이 없다.[59]

왜 부정부패는 합리적이었나

그런 상황에선 부정부패를 저지르는 것이 합리적일 수밖에 없었고 '고시 열풍'이 온 나라를 휩쓰는 것 역시 지극히 합리적인 것이었다. 사법고시는 "단판 승부에 명예와 권력과 부가 따르는 복권과 같은 사행 심리"의 지배를 받았으며[60] 다소 차이는 있을망정 다른 고시들도 크게 다를 바 없었다. 공복公僕이 되겠다는 경쟁이 그렇게 치열하다는 것 자체가 기이한 일인데도 세상 모든 사람들은 그걸 당연시하면서 고시를 우러러 봤으니 썩은 건 모든 국민이었는지도 모를 일이었다. 그래서 고영복의 다음과 같은 주장이 오히려 세상 물정 모르는 순진한 발언으로 여겨지는 건 아닐까?

"우리나라 공무원들이 각종 교육은 많이 받았지만 국가에 대한 충성심과 가족에 대한 애착심을 비교해보면 놀라울 정도로 국가에 대한 충성심이 약한 것을 볼 수 있다. 가장 좋은 예가 부정부패 현상이다. 부정부패는 가족이 잘 사는 것을 도모한다. 그러나 국가에 대한 범죄다. 관직을 이용한 부정부패는 양심의 가책을 받아야 하는데도 가족을 먼저 생각하지, 국가를 우선시하지 않는다. 가족도 가장의 부정부패를 나무라지 않는다. 공무원의 마음속에는 가족을 초월하는 큰 사회가 보이지 않고 오로지 나와 나의 가족만이 보일 뿐이다."[61]

공직을 입신출세의 도구로 생각하는 발상 다음으로 한국 관료 사회가 안고 있는 큰 문제는 오만이다. 과거의 성장 신화에서 자신들이 이룩한 업적의 환상에 빠져 있다. 그 환상이 계속되는 한 부정부패는 비교적 사소한 문제가 되고 만다. 자신은 부정부패에 발을 담그지 않았더라도 부정부패에 대해 너그러워진다. 그래서 '내부고발'은 용납할 수 없는 배신이 된다.

우리보다 앞섰던 일본 관료의 가장 큰 문제가 '과거에의 집착'이라는 건 우리에게 반면교사의 교훈을 줄 수 있을 것이다. 일본의 관료 체제의 치명적인 약점은 "인재와 조직이 규격화된 대량생산 시스템에 맞도록 짜여 있다는 점" [62] 이기 때문이다. 물론 그런 시스템은 왕성한 규제를 근거로 한다. 이에 대해 이백규는 다음과 같이 말한다.

"그러나 관료들은 완강하다. 때로는 엘리트 의식으로, 때로는 자신의 존재 기반을 빼앗길 수 없다는 '철밥통' 의식으로 규제를 풀지 않는다. 엘리트 관료와 규제, 성장의 원동력이 발전의 걸림돌로 바뀐 것이다. (중략) 일본을 흔히 규제공화국이라고 한다. 개인은 물론 기업도 엄청난 규제 속에서 활동한다. 기업이나 사회는 개인을 규제하고 그 규제에 따르는 한 개인의 생활과 안전이 보장된다고 하는 관계다. 개인은 집단 속에 자신을 매몰시키는 대가로 그 집단으로부터 생활과 안전을 보장받아왔다. 이것이 일본형 민주주의라 할 수 있고 산업화를 이끈 원동력 중 하나가 됐다. 하지만 여기에는 자기 책임의식이라는 것이 성립될 여지가 없다." [63]

한국의 관료 체제와 너무 비슷하지 않은가? 아무리 잘못된 의식과 관행이라 하더라도 그것이 일단 조직화돼 조직 구성원들의 밥그릇 문제로까지 고착하면 그건 아무도 말릴 수 없을 것이다. 이건 결코 일본만의 이야기가 아니라 한국에서도 흔히 볼 수 있는 일이 아닌가 말이다.

공복은 실현 불가능한 이상인가

1995년 6월 지방자치단체장과 지방의회 구성이 민선으로 이루어짐으로써 공무원의 대민對民 권위주의에 큰 변화가 인 건 분명한 사실이지만 공무원 사회 내부의 문제는 여전했다. 공복公僕이라는 개념의 명실상부화가 이루어지지 않고 있었다. 어쩌면 한국형 자본주의 체제하에서 공복은 절대 실현 불가능한 이상일지도 모를 일이었다. 삶의 의미와 보람이 황금만능주의로 귀결되는 사회에서 공복이 어찌 가능했겠는가 말이다.

대통령제하에서 공직이 논공행상의 도구로 활용되는 것도 큰 문제였다. 대통령이 임명장을 주는 단체장·공기업 사장 자리만 해도 600개나 되며 대통령이 사실상 임명권을 행사하는 외곽 산하기관까지 합하면 수천 개에 이르는데 이 수천 개가 누리는 '풍요'가 놀라웠다. 직원 열두 명에 1년 예산이 20~30억 원대에 불과한 작은 조직이라도 사장은 여비서와 기사 달린 승용차에 연봉을 9000만 원이나 받았다니 말이다.[64]

그건 그대로 내버려두면서 밤낮 하위직 공무원만을 대상으로 해서 개혁을 외쳐대는 그 둔감함이 경이롭기까지 했다. 고위 공직자들이 쓰는 판공비만 해도 연간 수천억 원대, 아니 조 단위에 이를 텐데 '판공비 문화'가 이대로 좋은지 이것도 별 논의 대상이 되지 않고 있었으니 이 또한 기이한 일이 아닐 수 없었다.

'고위 공직자 42% 강남에 부동산' 2003년 10월 21일자 《내일신문》 1면 머릿기사 제목이다. 고위 공직자 217명 가운데 두 가구 이상 다주택 보유자는 59.1퍼센트며 세 가구 이상 보유자도 26.8퍼센트였다. 또 '강남특구' 부동산 소유 고위 공직자 가운데 30퍼센트 정도는 '강남특구'에 부동산을 두 건 이상 갖고 있었다나?

2003년 11월 초에 나온 《세계일보》의 〈한국의 파워엘리트 재산 대해부〉 시리즈도 차분하게 읽기엔 가슴 아픈 기사였다. 이 시리즈는 고위 공직자 3,700명을 지난 10년 동안 추적, 조사한 결과를 실었는데 기사 제목만 보더라도 많은 것을 말해줬다. '의원, 장차관은 '부동산 부자'' (11월 3일), '강남 3구에 부동산 4166건: 고관, 의원 등 3700명… 서울에 평균 2.3건 보유' (11월 5일), '배우자 이름으로 평균 2억 보유: 고위 공직 3명 중 1명꼴 골프 · 헬스 회원권' (11월 6일)

취재 기자는 이 연재를 마치면서 이렇게 말했다.

"〈한국의 파워엘리트 재산 대해부〉를 마무리하면서 아쉬운 부분은 '우리 시대의 청빈한 파워엘리트'로 내세울 만한 상징적인 인물을 끝내 찾지 못했다는 점이다. 이는 취재팀만이 아니라 우리나라의 불행이기도 하다." [65]

상층부가 그 모양인데 하층부에서 무슨 생각을 하겠는가? 2003년 12월 어느 신문엔 〈공무원들의 '수당 빼먹기'〉라는 칼럼이 실렸다. 공무원이 퇴근 시간 이후 일할 때 지급되는 근무 수당은 시간당 직급에 따라 대략 4,500원에서 5,500원 선인데, 일주일에 두세 차례 밤에 나와 인식기에 체크를 하는 것만으로도 연간 300만 원에서 400만 원가량을 수당으로 챙길 수 있다고 했다.

"이 때문에 최근에는 시청이나 구청 인근에 거주하거나 퇴근 후 술을 마신 공무원들이 밤늦게 청사로 들어와 체크기를 사용하는 사례가 적발되

'윤리 부재' 파워엘리트

김 용 출
정치부기자

미국의 정치학자 로버트 달(Robert Dahl)은 통치자의 조건으로 '기술·수단적 능력'뿐만 아니라 '도덕성(moral competence)'을 갖춰야 한다고 말했다. 이 두가지를 갖춰야 리더십을 제대로 발휘할 수 있다는 취지다.

하지만 '컴퓨터 활용보도(CAR)' 기법을 통해 지난 93년부터 공개된 한국 파워엘리트 재산 공개·등록 내역을 분석한 결과, 그들의 '도덕성'에 실망하지 않을 수 없었다.

예상보다 컸던 부(富)의 규모 등 양적 측면보다는 오히려 부를 축적하는 과정과 절차의 투명성이라는 질적 측면에서 실망감이 더욱 컸다.

'저축을 생활화하자'며 국민을 은행으로 이끌었던 상당수 파워엘리트들은 자신의 월급을 은행에 넣지 않고 부동산에 쏟아부었다.

또 일부는 IMF(국제통화기금) 관리체제 당시 국민들에게 국가위기 극복에 동참하자고 호소하면서도, 뒤로는 배우자와 자녀를 앞세워 부동산투기를 하거나 골프회원권을 늘려가기도 했다.

특히 상당수 공직자들은 존·비속 고지거부권과 기준시가(또는 과세표준) 공시 등 현행 규정을 최대한 활용해 재산 형성과 축적 과정에 대한 '투명한 검증'에 차단막을 쳤다.

파워엘리트들의 도덕성을 확보하기 위한 장치도 문제였다.

부실등록이 어제 오늘의 문제가 아니지만, 취재과정에서 입법부 행정부 등 담당 윤리위원회가 국민에게 감동을 줄 만한 획기적 대책을 마련했다는 얘기는 들을 수 없었다.

'한국의 파워엘리트 재산 대해부'를 마무리하면서 아쉬운 부분은 '우리 시대의 청빈한 파워엘리트'로 내세울 만한 상징적인 인물을 끝내 찾지 못했다는 점이다. 이는 취재팀만이 아니라 우리나라의 불행이기도 하다.

/kimgija@segye.com

한국의 파워엘리트는 사회를 유지하기 위한 기본적인 룰조차
자신의 부를 축적하기 위한 수단으로 활용하곤 한다.
2003년 11월 8일자 〈세계일보〉 기사.

기도 히고 각 실·과별로 돌아가며 밤늦게 퇴근하면서 여러 장의 카드를 한꺼번에 긁기도 한다는 것이다. 이처럼 초과근무 수당을 임금보전 정도 의 개념으로 생각하고 수당 빼먹기에 골몰하는 공무원들의 의식이 바뀌어 야 한다. 카드체크기, 지문인식기는 물론 정맥·홍체인식기 등 최첨단 장 비에 대한 얌체 공무원들의 적응도가 의외로 빠르기 때문에 인식이 바뀌지 않는 한 근본적인 방지책이 없다." [66]

정권과 관료 집단의 유착

2000년대 중반 이른바 '전관예우前官禮遇'에 대한 비판의 목소리가 높아졌 다. 그런데 불가사의한 건 이런 비판은 수십 년 동안 계속돼왔는데도 아무 런 변화가 없었다는 사실이다. 왜 그랬을까? 가장 큰 이유는 정권과 관료 집단의 유착이었다. 정권과 관료 집단은 '낙하산 인사'와 전관예우를 서로 눈감아주는 묵계의 공생 관계 또는 유착 관계를 형성하고 있었던 것이다.

가장 흔한 건 정권에서 보은報恩해야 할 인사가 공기업에 갈 때 관료들 이 묵인하고, 대신 관료들이 금융권에 내려보내는 인사를 정권이 봐주는 방식이었다. 금융노조의 한 관계자는 "조폭이 나와바리(구역) 정하는 것과 뭐가 다르냐"고 했다지만[67] 이는 조폭을 너무 무시하는 발언이었다. 정권 과 관료 집단의 탐욕은 조폭의 탐욕보다 훨씬 더 강했기 때문이다. 언론이 전관예우를 아무리 비판해도 변화가 전혀 일어나지 않는 가장 큰 이유가 바로 여기에 있었다. 전관예우의 다양한 모습을 논란이 일어난 순서대로 감상해보자.

2006년 2월 경영컨설팅 업계의 최대 화제는 회계법인 S사의 대약진이었다. 2005년 컨설팅 분야에 첫 진출한 신출내기인데도 연간 1000억 원으로 추정되는 공공 부문 컨설팅 물량을 거의 독식했기 때문이다. 업계 관계자는 "S사의 싹쓸이는 지난해 고문으로 영입한 경제 부총리 출신 A씨 덕분"이라고 단언했다.[68]

2006년 10월 "경제검찰"로 불리는 공정거래위원회는 최근 4년간 퇴직한 4급 이상 간부 36명 중 27명이 업무 관련성이 짙은 기업·단체·법률 회사에 취업했으며, 2003년 이후 국세청 직원 여덟 명도 과세에 불복한 특정 기업의 세무 대리인인 로펌으로 전직했다고 발표했다. 그런데도 공정거래위원장 권오승은 "퇴직자들이 승·패소에 영향을 주지 않을 것"이라고 주장했다. 이와 관련해《문화일보》는 다음과 같이 비판했다.

"국감 자료에 의하면 정부 기관 고위 공직자 열 명 중 여섯 명꼴로 퇴직 후 유관 기업으로 가고, 심지어 비리로 면직된 공직자의 30%가 버젓이 재취업하고 있다. 올 들어 공직자윤리위에 취업 심사를 신청한 90명 중 단 한 명만 취업 불가 통보를 받았을 뿐이다. 공직자 윤리와 취업 심사가 이런 실정이니 공직자윤리법의 '퇴직 후 취업 제한' 규정이 민망할 따름이다. 공직 경력을 거래하는 '전관 관행'이 이렇듯 윤리도 법도 모두 비웃고 있다."[69]

2007년 3월 1일자《조선일보》는 "지난 2005년 8월, 공정위는 KT에 1130억 원 규모의 과징금을 부과했다. 이후 KT는 법무법인 세종을 통해 행정소송을 제기했고 우연의 일치인지 KT 과징금 사건을 담당했던 공정위

상임위원과 팀장급 간부가 줄줄이 세종으로 전직했다. 거꾸로 세종의 한 변호사는 공정위 소송 담당 팀장으로 왔다"며 다음과 같이 주장했다.

"공정위 직원의 윤리 의식을 보여주는 단적인 사례는 현대자동차 사건이다. 현대차 부당 내부 거래 조사를 나간 현장 직원들은 회사 측이 준 10만 원짜리 상품권 71장을 놓고 회의를 벌인 결과, '상품권은 현금이 아니라 금품이어서 받아도 된다'는 논리로 상품권을 수수했다. 이걸로 끝난 게 아니라 현장 직원 중 한 명이 양심의 가책을 느껴 상품권을 돌려주자, 그 직원을 질책하고 '왕따' 시켰다는 후문이다. 공정위는 재벌의 문어발식 확장을 감시하고, 서로 짜고 가격을 올리는 기업을 엄단하는 활동으로 국가 경제에 기여한다고 배웠다. 그러나 공정위 윤리 의식이 이 정도라면, 소비자와 기업 모두에게서 신뢰를 잃을 수밖에 없다. 이 정부 들어 온갖 분야에서 '개혁' '개혁' 하면서, 정작 가장 개혁이 필요한 곳을 못 본 체했던 것이다."[70]

2007년 5월 《동아일보》가 103개 지방공사와 공단의 최고경영자의 경력을 처음으로 분석한 결과 공무원 출신이 64.1퍼센트를 차지했다. 민선 지자체장의 참모나 지방의회 의원 등 지역 정치인 출신이 7.8퍼센트, 한국토지공사나 대한무역투자진흥공사KOTRA 등 공기업 출신이 5.8퍼센트였고, 전문 경영인 등 순수 민간 출신은 19.4퍼센트에 불과했다.[71]

《경향신문》은 "웬만한 기업마다 고위 관료 및 판검사 출신들이 구석구석에 포진해 있다. 직무를 통해 습득한 경험이나 지식을 기업과 사회를 위해 되돌린다는 취지 자체가 틀렸다는 것은 아니다. 하지만 그런 경우는 거의 찾아보기 어렵다. 대부분 저녁 술자리와 골프장을 오가며 회사의 로비 창구 또는 바람막이 역할을 하고 있다. 우리 사회에서 관청과 기업을 이어주는 떼려야 뗄 수 없는 연줄이기도 하다"고 개탄했다.[72]

법조계의 전관예우

정권과 관료 집단이 맺고 있는 묵계의 공생 관계 또는 유착 관계는 전관예우라는 부패 현상을 외면하는 결과를 초래했으며, 정권은 심지어 '코드인사'라는 미명하에 사실상 그런 작태를 정당화하거나 미화하는 짓까지 저질러왔다. 바로 이런 상황 때문에 법조계의 전관예우도 이해할 만한 일로 간주됐다. 법조계의 전관예우는 어떠했던가?

참여연대가 2000년에서 2004년 8월 사이에 퇴직한 판검사 573명을 대상으로 조사한 결과를 보면, 퇴직 판사의 90퍼센트, 퇴직 검사의 75퍼센트가 최종 근무지에서 변호사 사무실을 연 것으로 나타났다. 이는 판검사들이 과거의 상관이나 전임자를 배려해 직간접적인 '특혜'를 베푸는 전관예우의 결과였다.[73]

2004년 10월 서울 중앙지방법원 부장판사 박찬은 법원 내부 통신망에 올린 〈부장판사제 폐지 등을 건의함〉이라는 글에서 전관예우 관행을 강하게 비판해 언론의 주목과 더불어 용기 있는 내부고발이라는 찬사를 받았다. 박찬은 "우리나라 형사사건에서 피고인이 거액의 변호사비를 주고 담당 검사·판사와 연고가 있는 학교 선후배, 연수원 동기인 변호사를 선임한 뒤 영향력을 행사해달라고 강요해 담당 검사나 판사를 난처한 처지에 빠지게 한다"며 "이것이 결과적으로 법조 불신의 큰 원인으로 작용해왔다"고 지적했다.

그는 이어 "퇴직 뒤 변호사로 개업한 고위직 법조인들이 후배 검사나 판사들에게 전화해 일반 사건에 비해 관대한 형을 이끌어내는 행태가 없어지지 않는 한 법조인이 존경과 신뢰를 받기는 영원히 불가능할 것"이라고 말했다. 그는 전관예우 관행을 깨기 위해서는 "검사나 변호사, 교수 중에 판사를 임관하는 법조 일원화가 하루빨리 이뤄지고 법관들이 퇴직 후 변호사로 개업하지 못하게 해야 한다"는 대안을 제시했다.[74]

2005년 7월 4일 헌법재판관 후보자 조대현의 인사청문회에서 몇몇 의원은 2004년 2월 서울고등법원 부장판사를 끝으로 퇴직한 조대현이 변호사 생활 11개월여 만에 10억 원을 번 것과 관련해 그가 여당 유력 정치인 사건과 재벌 총수와 전·현직 고위 관료들의 변론을 자주 맡은 점을 지적하면서 전관예우 의혹을 제기했다.[75]

2005년 9월 8일 국회에서 열린 이용훈 대법원장 후보자에 대한 인사청문회에서 이용훈은 "100퍼센트라고는 할 수 없지만 99퍼센트는 전관예우가 없다고 생각한다"며 "요즘은 '전관예우'가 아니라 '전관박대'"라고 주장했다. 이에 민주노동당 국회의원 노회찬은 다음 날 배포한 질의자료에서 서울 중앙지방법원의 구속 사건 수임 건수에서 상위권 대부분을 서울 중앙지방법원 출신 변호사가 싹쓸이하는 등 전관예우가 여전하며 법원 내 사조직인 '법구회' 소속 변호사가 수임 건수 수위를 차지한 것으로 나타났다고 밝혔다.[76]

《서울신문》은 "대법관 퇴임 후 5년 동안 대법원 사건을 주로 수임하면서 60억 원의 수임료 수입을 올리고도 전관예우가 아닌 전관박대를 받았다고 주장한 이 후보자의 인식은 문제가 있다고 본다. 60억 원의 수입이 박대라면 얼마를 벌어야 예우라고 본다는 말인가"라고 개탄했다.[77] 한 변호사는 "부장판사 하다 나오면 월 5억 원까지도 벌 수 있다고 들었다"며 "사건을 맡은 재판장이 자기가 가르치던 판사라면 손해배상 소송이든, 구속 사건이든 좀 더 유리한 판결이 나오지 않겠느냐"고 말했다.[78]

2005년 10월 6일 대법원에 대한 국정감사에서 전관예우 관행이 집중 거론됐다. 2005년 상반기 서울 지역 동서남북 4개 지방법원의 구속 사건을 개업한 지 3년이 안 된 판검사 출신 변호사들이 싹쓸이한 것으로 드러났는데, 서울 북부지방법원의 경우 상위 랭킹 열 명 중 일곱 명이 전관으로 집계되는 등 전관예우 관행이 갈수록 심각해지는 것으로 드러났다.[79]

속속 드러나는 구속사건 전관예우

법조계의 '전관예우'가 또다시 도마에 올랐다. 민주노동당 노회찬 의원은 이용훈 대법원장 후보자에 대한 인사청문회에서 판사·변호사·업자로 구성된 사조직 '법구회'의 수임비리 의혹을 제기한 데 이어 서울중앙지법의 구속사건도 서울중앙지법 출신 변호사들이 싹쓸이한 사실을 폭로했다. 이 후보자는 "100%라고는 할 수 없지만 99%는 전관예우가 없다고 생각한다."고 주장했으나 국민들의 생각은 전혀 다르다. 전관예우라는 잘못된 관행으로 인해 법의 잣대가 굽어지고 있다고 생각한다.

사법개혁추진위원회는 최근 중앙법조윤리협의회가 판·검사, 군법무관 출신 변호사들이 퇴직 후 2년간 수임한 사건의 재판기록을 검토한 뒤 불법수임이 의심되면 수사의뢰할 수 있도록 하는 전관예우 근절 방안을 제시했다. 하지만 이처럼 모호한 규범으로는 전관예우 관행을 뿌리뽑기에는 역부족이라고 본다. 판·검사들이 스스로 전관예우의 덫에서 벗어나는 것이 최선의 방책이겠지만 감찰기능을 강화하는 등 국민들의 신뢰를 회복하기 위한 가시적인 노력이 선행돼야 한다. 과거의 사법부가 권력으로부터의 독립이 과제였다면 지금은 금력과 인맥으로부터의 독립이 과제인 것이다.

이런 의미에서 볼 때 대법관 퇴임 후 5년 동안 대법원 사건을 주로 수임하면서 60억원의 수임료 수입을 올리고도 전관예우가 아닌 전관박대를 받았다고 주장한 이 후보자의 인식은 문제가 있다고 본다. 60억원의 수입이 박대라면 얼마를 벌어야 예우라고 본다는 말인가. 대법원의 다양화는 서열 파괴의 뜻도 있지만 국민과 눈높이를 같이하는 사법부임을 잊지 말아야 할 것이다.

전관예우는 관행을 넘어 이데올로기가 됐다. 그것은 일종의 '게임의 법칙' 같은 것이다.
2005년 9월 10일자 《서울신문》 사설.

대법관 출신
변호사 연봉 27억 원

2006년 9월 4일 민주노동당 국회의원 노회찬이 전국 지방법원으로부터 자료를 받아 전국 18개 지방법원별로 구속 사건 수임 순위 10위 안에 든 개인 변호사를 분석한 결과를 내놓았다. 2004년부터 2006년 6월까지 3년 동안 수임 순위 10위 안에 든 개인 변호사 436명 중 판검사 출신은 305명(70퍼센트)에 달했다. 수원 지방법원의 경우 3년간 10위 안에 든 개인 변호사 18명 전원이 전관 출신이었고, 서울 서부지방법원이 24명 중 23명(96퍼센트), 서울 북부지방법원이 22명 중 20명(91퍼센트)으로 뒤를 이었다. 법원별 3년간 연속 수임 순위 10위 내에 든 전국의 개인 변호사 28명 중 27명이 전관 변호사였고, 수임 순위 10위 내 전관 변호사 305명 중 287명(94퍼센트)은 퇴임 후 최종 근무지에서 개업한 것으로 나타났다.[80]

2006년 10월 16일 열린 서울 고등법원·지방법원 국정감사에서 국회 법사위 의원들이 공개한 자료를 보면 대법관 출신 변호사들의 대법원 사건 수임률은 60퍼센트를 웃돌고, 대형 로펌에 스카우트된 대법관 출신 변호사의 연봉이 최고 27억여 원에 이르는 것으로 확인됐다. 또 부장판사급 이상 전관 변호사의 구속적부심 석방률이 수도권 법원 평균 석방률보다 10퍼센트포인트 이상 높았다.[81]

이날 국정감사에선 대형 로펌으로 옮긴 전직 판검사들의 연봉이 6억 원에서 30억 원에 이르는 것으로 밝혀졌다. 이에 《문화일보》는 "로펌이 현직 때의 수십 년 치 월급에 해당하는 막대한 보수를 내주며 이들을 영입한

동기 내지 목적은 '활용도'일 것이다. 일컬어 '전관前官 프리미엄'이다. 4년 전 퇴임한 검찰총장 출신의 연봉이 올해 법복을 벗은 부장검사 출신의 3분의 1에도 못 미치고, 대법관 출신의 보수가 영입 4년 만에 반감半減 한다는 추세는 '퇴임 후 1~2년'이 피크라는 전관 프리미엄의 한 단면이다"라고 비판했다.[82]

《문화일보》논설위원 김회평은 "대법관들을 변호사로 이끄는 당근은 역시 두둑한 보수다. 이용훈 대법원장은 2000년 대법관 퇴임 후 5년간 60억 원이 넘는 사건 수임료를 받았다. 그 덕에 재산도 11억여 원에서 35억여 원으로 크게 불었다. 다른 대법관 출신들의 '실적'도 크게 다르지 않을 것이다. 일부 변호사들은 공직 부패 사범 등 대법관 출신으로는 민망한 사건에도 이름을 올리기 일쑤다. 이들을 지켜보는 시선이 곱지 않은 이유다"고 꼬집었다.[83]

2006년 10월 18일자《한국일보》사설은 "국회 법사위 국감에서 공개된 법조계 전관예우 실태는 예상보다도 훨씬 충격적이다"며 "차제에 퇴직일로부터 2년간 최종 근무한 법원, 검찰청 등이 관할하는 형사사건을 수임할 수 없도록 하는 변호사법 개정안을 재추진하고, 법조 윤리 확립을 위한 상설 기구 설치 등을 적극 검토할 필요가 있다. 공정위와 관련해서는 최근 국가청렴위가 제시한 공무원 재취업 제한 강화 방안도 적극적으로 고려할 만하다"라고 제안했다.[84]

2006년 12월 일본 최고재판소 판사(한국의 대법관에 해당)를 지낸 소노베 이쓰오園部逸夫 변호사는 일본의 판사, 검사, 변호사는 한국 법조인에 비해 사회적 지위가 낮지만 사회에서 요구받는 윤리 기준은 훨씬 엄격하다며

"한국 법조인에게서 전관예우라는 관행이 있다는 이야기를 듣고 깜짝 놀랐습니다. 일본에서는 상상조차 할 수 없는 일입니다"라고 말했다.[85]

전관예우는 한국 정치의 암

일반 대중은 전관예우의 피해자인가? 꼭 그렇진 않다. 전관예우를 대한민국의 '게임의 법칙'으로 터득한 대중은 그걸 전제로 한 삶을 살아간다. 지금 이 순간에도 수많은 젊은이들이 출세와 가문의 영광을 위해 고시에 매달리고 있으며, 그들의 가족들은 열심히 기도하고 있다. 전관예우가 사라지는 건 이들에겐 견딜 수 없는 '약속 위반'이다.

전관예우는 '이데올로기'가 됐다. 높은 공직에 있었던 사람을 사회적으로 과잉 우대하는 게 그걸 잘 말해준다. 간판만 보지 말고 재임할 때 어떤 공과를 남겼는지를 따져 고위직을 한 게 큰 흉이 될 수도 있어야 하는데, 우리 현실은 전혀 그렇지 못하다. 중요한 건 오직 간판이다. 왜 그런가? 인맥 때문이다. 전관예우는 전관의 능력·도덕성이 아니라 전관의 인맥을 사거나 그것에 굴종하는 행위다. 능력·도덕성과 인맥은 별개다. 아니, 인맥이 능력이다. 그래서 공직에 있을 때 무능하거나 부도덕했던 사람도 마당발이면 1급 전관으로 예우받을 수 있다.

전관예우가 가장 기승을 부리는 분야는 법조계·관계로 알려져 있지만 그 이상 심한 분야가 있으니 그게 바로 선거판이다. 특히 지방 정계·유권자들은 중앙에서 일한 전관의 인맥을 가장 높게 평가한다. 서울에선 잘

못 느끼겠지만 지방에 살다보면 고위 공직이야말로 '코리안 드림'이라는 게 너무도 절실하게 피부에 와 닿는다.

'줄서기'와 아첨으로 자기 이익을 챙기면서도 그걸 소신과 명분으로 위장하는 아첨꾼에 관대한 것 또한 바로 그런 전관예우 풍토 때문이다. 아첨으로 권력자의 판단을 흐리게 하는 사람을 사회적으로 경멸하는 풍토가 조성된다면 아첨꾼이 크게 줄 것이다. 그런데 어떻게 된 게 우리 사회는 정반대다. 겉으론 어떤 반응을 보일망정 '실세'라는 점과 그에 따른 인맥의 화려함을 높이 평가한다.

전관예우는 한국 정치의 암癌이다. 전관예우가 명분으로 포장한 밥그릇 싸움, 분열의 정치, 줄서기 정치 등을 낳는 중요한 이유가 되기 때문이다. 전관예우엔 보수파·개혁파의 구분도 없다. 개혁파는 오히려 자신이 '봉사'하거나 '희생'하는 거라고 큰소리치면서 고위 공직을 챙기는 배포까지 보인다.

언젠가 누군가는 장관 안 해본 사람은 그 꿀맛을 모른다고 말했다. 장관만 그렇겠는가? 국회의원에서부터 공기업 임원에 이르기까지 모든 고위 공직에는 그 나름대로 꿀맛이 있을 게다. 교수 출신으로 고위 공직에서 일하다 다시 교수로 돌아온 사람들이 가장 애타게 그리워하는 게 차량, 운전기사, 비서, 판공비다. 이는 고위 공직의 마력 중 일부지만 이 맛을 본 사람은 죽는 날까지 고위 공직에서 '봉사'와 '희생'을 하고 싶어 한다.

국회의원의 대우 문제를 놓고 논쟁이 벌어진 적이 있다. 어느 평범한 시민이 국회의원 대우를 낮추자고 제안했다. 그랬더니 어느 정치학자는 그 제안을 '순진하고 감정적인' 생각으로 폄하하면서 일만 잘한다면 대우를 더 잘해줘도 좋다며 대우가 논점은 아니라고 반박했다. 아니다. 잘못 봤다. 바로 그 대우의 마력 때문에 정치판 이전투구泥田鬪狗가 발생한다. 정치인이 평범한 시민처럼 살고 그런 자세로 일한다면 시민의 존경을 얻어 정치자금 문제도 해결할 수 있지 않을까?

"국감 향응은 거지 같은 관행"

2007년 10월 22일 국회 과학기술정보통신위원회 소속 국회의원들이 대전 과학기술처 산하기관 일곱 곳을 국정감사 한 다음 피감 기관 사람들과 폭탄주를 곁들여 식사를 했을 뿐 아니라 국회의원 세 명은 식사를 마치고 단란주점에서 피감 기관장들과 술을 더 마신 사실이 밝혀져 논란을 빚었다. 밥값 수백만 원은 피감 기관이 지불했다. 문제의 상임위 위원장은 "식사를 하고 친한 의원들끼리 술을 더 마시려는데 기관장들이 뒤따라와 30분 정도 자리를 함께했을 뿐"이라고 밝히며 몇몇 언론이 보도한 '성매매설'에 대해선 "그런 일이 전혀 없다. 수사를 의뢰해 보도의 진위를 가리겠다"고 주장했다.

이에 대해 2007년 10월 27일자 《조선일보》 사설은 "피감 기관들의 국회의원 향응·접대 파문은 어제오늘 일이 아니다. 국회는 그때마다 무슨 강령을 만들고 자정을 다짐하고 징계를 강화한다며 법석을 떨었지만 또 이런 일이 터졌다. 시대와 국민은 변화하는데 국회는 그 속도를 전혀 따라오지 못해서 벌어지는 사태다"며 다음과 같이 말했다.

"국회의원들은 이번에도 국감 도중에 피감 기관 사람들과 어울려 밥 먹고 술 마신 일을 '관행'이라며 빠져나가려 하고 있다. 그러나 어느 선진국 의회에도 이런 '관행'은 없다. 의원 외교다 뭐다 해서 그렇게 해외 나들이를 많이 한다면서 도대체 나라다운 나라 어디서 이런 '관행'을 봤다는 것인가? 국회가 밥값, 술값을 냈느냐와 상관없이 감사 도중에 국회의원들이 피감 기관 사람들과 폭탄주를 돌리고 단란주점을 가는 것 자체가 국회의원의 직무 윤리에 어긋나는 것이다. 검사가 수사 도중에 피의자와 밥 먹고 술 먹어선 안 되는 이치와 마찬가지다. 국회의원들은 현지 감사 뒤에도 확인 감사를 또 해야 하기 때문에 피감 기관과의 관계가 끝난 것이 아니다. 국회의원들이 감사가 끝나자마자 불과 몇 분 전까지 호통치고 추궁했던 피감 기관 사람들과 웃고 떠들며 밥 먹고 폭탄주 마시고 박수 치는 상황부터가 코미디다."[86]

《한국일보》고문 장명수는 〈거지 같은 '관행'〉이라는 칼럼에서 "국회 과학기술정보통신위 소속 국회의원들이 과기처 7개 산하기관 국정감사를 벌인 뒤 피감 기관이 대접하는 저녁 식사와 술자리를 함께했다는 소식은 듣기만 해도 지겹다. 보건복지위 소속 의원들도 국감을 마친 뒤 장차관 등과 저녁 식사를 함께 하고 2차로 술판을 벌였다는데 국감 향응 스캔들이 사라질 날은 과연 언제인가"라면서 다음과 같이 말했다.

"작년에 국내 기업이 룸살롱 등 국내 유흥업소에서 결제한 법인 카드 비용이 1조 4000억 원이 넘는다는 사실이 이번 국감에서 밝혀졌다. 유흥업소에서 법인 카드를 긁어대는 접대 문화 역시 권력을 가진 자들의 얻어먹는 문화에서 나온 '거지 같은 관행'이다. 이번에 불거진 국세청장과 국회

장명수 칼럼
본사 고문

거지같은 '관행'

정상곤 전 부산지방 국세청장으로부터 6,000만원을 상납받았다는 의혹을 강하게 부인하던 전군표 국세청장이 "국세청장의 부족한 업무 추진비를 보좌해 주는 관행에 따라 몇 차례 돈을 받았다"고 말한 것으로 보도됐다. 짐작했던 일이긴 하지만 어이가 없다.

돈을 받으면 최소한 일이라도 다룰고 있을 것이니 "거대한 시나리오가 있는 느낌"이라며 불쾌한 얼굴로 검찰을 비난했던 모습을 생각하니 놀랍다. 구속 중인 정상곤씨를 전군표 청장의 권유로 면회하러 가서 돈을 누구에게 했는지 말하게 말도록 부탁했다는 이병대 부산지방 국세청장의 말은 더 억겁다.

무슨 조폭 범죄조직도 아니고

이 청장은 기자회견을 자청하여 "지금 누구에게 돈을 했다는 사실을 말하면 국가에 무슨 도움이 되겠나. 남자로서 가슴에 묻고 가는 게 좋겠다"고 정부에게 말했다는 사실을 털어놓았다. "남자로서 가슴에 묻고 가라" 운운하는 이 사람들은 범죄조직 두목과 그 부하들이 아니고, 대한민국의 국세청장과 전·현직 지방국세청장들이다. 전군표 청장은 청장의 관공비를 지방청장들이 보조해 주는 것이 '관행'이라고 주장했지만, 이렇게 이런 세무공무원들의 최고 수장이라고 하겠는가.

국민의 눈에는 그것이 정상으로 보이지 않는다. 훔친 것, 뺏은 것, 구걸할 것을 나누고 상납하는 것은 강도나 거지들이 하는 짓이다. 국민들은 국세청장이 주장하는 '국세청의 관행'을 도 독절한 것을 나누어 먹는 것 이상으로 보지 않는다. 국세청장은 시대가 변하고 국민이 변한 것을 모르고 있다.

최근에 문제가 되었던 '국감 향응'도 마찬가지다. 국회 과학기술정보통신위 소속 국회의원들이 과거에 7개 산하기관 국정감사를 받인 뒤 피감기관이 대접하는 저녁식사와 술자리를 함께 했다는 소식은 듣기만 해도 지겹다. 보건복지위 소속 의원들도 국감을 마친 뒤 장·차관 등과 저녁식사를 함께 하고 2차로 술판을 벌였다는데, 국감 향응 스캔들이 사라질 날은 과연 언제인가.

감사를 하는 사람과 감사를 받는 사람이 함께 어울러 식사하고 술 마시고 노래하는 것이 아직도 관행이라면 그 국회는 정신이 썩은 국회다. 검사와 피의자, 판사와 원고 피고들이 어울려 밥 먹고 술 마시고 노래했던 국회의원들이 얼마나 난리를 치며 개판했겠나. 과기위 산하기관들이 비쁜 저녁식사 값이 700여만원, 술자리까지 합치면 1,000여만원을 지출했는데 국민이 납득할까. 밥값이 술자리 하나 자제할 줄 모르다면 어떻게 신뢰를 얻겠는 걸까.

개혁의 첫걸음은 자기 자신을 바꾸는 것이다. 자신을 개혁하지 않고는 다른 아무것도 개

혁할 수 없다. 판공비가 부족해서 상납을 받는 것이 관행이라고 생각하는 국세청장, 피감기관의 향응을 받는 것이 무슨 큰 잘못이냐고 생각하는 국회의원이 다른 무엇을 개혁할 수 있겠는가.

아름다운 공직자들을 보고 싶다

아름다운 공직자들을 보고 싶다. 갑밥을 먹으며 국감 준비를 하고, 국감이 끝난 후엔 무엇이 부족했는가를 검토하면서 소박한 저녁식사를 하는 국회의원들을 보고 싶다. 한 푼이라도 국민의 세금을 아껴서 쓰고 부하 직원들의 본보기가 되려는 국세청장을 보고 싶다. 거드름 피우며 시대착오적인 관행을 내세우는 대신 자신도 국민의 한 사람일 뿐이라고 생각하는 겸손한 공직자들을 많이 만나고 싶다.

작년에 국내 가입이 룸 살롱 등 국내 유흥업소에서 결제한 법인카드 비용이 1조4,000억원이 넘는다는 사실이 이번 국감에서 밝혀졌다. 유흥업소에서 법인카드를 긁어대는 접대문화 역시 권력을 가진 사람들의 얻어 먹는 문화에서 나온 '거지같은 관행'이다. 이번에 붉거진 국세청장과 국회의원들의 관행은 시대정신에 대한 공직자들의 무지와 무감각을 적나라하게 드러내고 있다. 거지가 아니라면 거지 같은 관행을 버려야 한다.

얻어먹는 문화, '갑질' 하는 맛에 익숙한 권력자에게는 금품 상납과 접대도 그저 '관행' 일 뿐이다.
2007년 11월 2일자 《한국일보》 칼럼.

의원들의 관행은 시대정신에 대한 공직자들의 무지와 무감각을 적나라하게 드러내고 있다. 거지가 아니라면 거지 같은 관행을 버려야 한다." 87

국세청 자료를 보면, 2007년 법인 카드 사용액 32조 9645억 원 중 1조 5904억 원이 호화 유흥업소에서, 9115억 원은 골프장에서 결제됐다. 호화 유흥업소 사용 금액 중에서는 룸살롱이 1조 656억 원으로 가장 많아 67퍼센트를 차지했고 단란주점 2470억 원(15.5퍼센트), 극장식 식당 1169억 원(10.5퍼센트), 나이트클럽 819억 원(5.2퍼센트), 요정 290억 원(1.8퍼센트) 등이 뒤를 이었다. 전체 법인 카드 사용 내역 중 가장 많은 부분을 차지한 것은 일반 음식점으로, 사용액은 5조 1116억 원이었다. 88

술자리 접대는 곧잘 '성접대' 까지 이어졌다. 2009년 4월 취업 포털 사

이트인 커리어 www.career.co.kr가 직장인 887명을 대상으로 접대 문화에 대해 조사한 결과 25.6퍼센트가 성접대로까지 이어진다고 답했다. "접대 관행 중 하나라서"(44.6퍼센트)라는 대답이 가장 많았고 "거래처나 고객의 요구 때문"(31.3퍼센트), "더 잘 보이기 위한 방편으로"(19.3퍼센트), "회사의 지시 때문"(3.6퍼센트) 등이 뒤를 이었다. [89]

업자가 검사에게
술 사고 돈 줘야 되는 사회

2010년 4월, 이전의 모든 법조 스캔들을 압도하고도 남을 대형 사건이 터졌다. 부산·경남 지역에서 활동한 전 건설사 대표 정 아무개가 "지난 20여 년 동안 검사 100여 명에게 수시로 촌지와 향응을 제공하고 일부는 성접대까지 했다"고 주장하면서 접대 내역이 담긴 문건을 언론에 넘겨줌으로써 벌어진 사건이었다. 4월 20일 밤 MBC 〈PD수첩〉이 문제의 문건과 인터뷰를 토대로 정 씨가 작성한 검사 실명 리스트를 방송해 세상이 발칵 뒤집혔다고 해도 좋을 정도로 큰 충격을 안겨줬다. 물론 이번에도 향응과 성접대의 무대는 룸살롱이었다.

〈PD수첩〉이 공개한 향응 실태는 수억 원대에 이르는 규모로, 용인할 수 있는 수준을 넘어섰다는 게 일반적인 평가였다. 방송을 보면 정 씨는 1984년부터 2009년까지 25년 동안 검사들의 '돈줄' 역할을 했다. 검사들의 체육대회와 등반 대회 등은 물론 회식과 환영식, 송별식 등에 비용을 댔다.

부산과 경남 지역 검찰청에서 알게 된 검사들이 서울 등 다른 검찰청으로 전근을 가면 그곳을 찾아가 향응을 제공하는 '원정 접대'를 하기도 했다. 몇몇 검사들에게는 성접대를 알선했으며 쥐치포를 선물하면서 상자에 돈을 넣어 건넸다.

정 씨는 검찰에서 접대 내용이 적힌 수첩을 압수한 적이 있고 이런 접대 내역을 고발하는 진정서를 검찰에 제출한 적도 있지만 검찰은 이를 조사하지 않았다고 말했다. 정 씨에게 향응과 접대를 받은 검사들은 대체로 부인하거나 기억하지 못한다고 답변했다. 하지만 검사들의 답변을 뒤집는 전화 녹취 내용이 공개됐다.[90]

《경향신문》 논설실장 김철웅은 "MBC 〈PD수첩〉 〈검사와 스폰서〉를 본 많은 시청자들은 너무나 충격적인 내용에 아연실색했다. 폭로 내용은 검사가 스폰서한테서 가끔 향응 좀 받고 명절 떡값 정도는 챙길 거라는, 상식적 수준의 '일탈'을 과도하게 넘어섰다. 정기적 상납과 향응, 성접대까지. 이런 막장 드라마가 없다. 너무 적나라해 차라리 폭로 내용이 거짓말이었으면 할 정도다"며 다음과 같이 말했다.

"아무리 타락했다기로서니 '하늘이 무너져도 정의는 세워라'라는 법언을 배우고 새겼던 이들이 그럴 수야 있겠는가? 그러면서도 불안한 건 이 폭로들이 대부분 사실일 거라는 불길한 예감 때문이다. 검찰은 오래전부터 정치검찰, 견찰, 떡찰이란 오명을 뒤집어썼다. 여기에 스폰서 검찰이란 딱지 하나 추가한다고 해서 무에 대수겠느냐는 체념이 널리 퍼진 게 아닌가? 한국 사회 앞에는 또 다른 중대한 진상 규명 과제가 던져졌다. 검찰은 스폰서와 유착해 공과 사를 혼동하고 거짓말을 일삼는, 윤리적으로 타락하

고 노블레스 오블리주와는 상극인 집단인가, 아닌가?" [91]

《중앙일보》는 〈업자가 검사에게 술 사고 돈 줘야 되는 사회〉라는 사설을 통해 "방송에는 룸살롱 여종업원의 증언, 접대 의혹을 받고 있는 검사들의 해명, 동행했던 건설사 간부의 발언이 생생히 소개됐다. 한마디로 온갖 부패의 악취가 진동하는 경연장을 보는 듯했다"며 다음과 같이 말했다.

"정 씨가 제시한 문건에는 당시 접대 대상자뿐 아니라 사용한 수표의 일련번호, 식사 · 룸살롱 장소와 가격, 팁, 떡값 등 낯 뜨거운 기록이 생생히 적혀 있었다. '보복성 음해'라는 검찰 당사자들의 변명이 궁색하게 들린다. 돈과 향응에 길든 검사들이 '스폰서' 정 씨의 각종 청탁을 외면할 수 있겠는가? 오죽하면 '검찰에 보험을 들었던 것'이라며 '사건 부탁도 하고 (쉽지 않은 청탁도) 다 들어줬다'는 정 씨의 말은 부정不正의 공생 구조를 능히 짐작하게 한다. 빈번한 접대 대상으로 거론된 한 지검장은 정 씨와의 전화 통화에서 '우리는 이심전심으로 동지적 관계'라고 할 정도였다. 도덕성도, 자존심도 이미 마비된 상태였다. 검찰 주변에선 '스폰서 문화'가 있다는 소문이 종종 돌아다녔다. 그래도 이 정도로 타락했을 줄은 상상조차 못했다." [92]

갑 행세를 하지 않으면 왕따

이 사건을 커버스토리로 다룬 《위클리경향》은 충청 지역 정 · 관계 사정에 밝은 한 인사의 말을 소개했다. "대한민국에서 가장 꼴사나운 것은 지역이

낙후할수록 그 지역에서 사법시험에 누가 통과하면 플래카드가 크게 걸린 다는 것이다. 지금도 충청도나 제주도 등지에 가면 사람 통행이 가장 빈번한 곳에 그런 플래카드가 걸려 있다. 플래카드의 주인공은 나중에 출세해 부장판사, 부장검사가 돼도 그런 게 어디에 붙어 있었다는 걸 기억한다. (중략) 보통 갑을관계에서 밥 사주고 골프를 치는 데 들어가는 돈이 한 4000만 원이라고 한다면 검사와 고위 간부, 건설 회사 회장이 만났을 때 그 열 배가 드는 것은 일도 아니다. 검사가 본격적으로 놀겠다 그러면 한 달에 4000만 원도 우습다. (중략) '노는 검사'는 흔히 말하는 룸살롱을 안 간다. 이른바 '텐프로'로 알려진 곳만 간다. 이런 곳은 '2차'를 가려면 마일리지를 한 달에 3000만 원은 끊어줘야 한다."

이 기사는 "지역사회 지배 구조에서 가장 꼭대기에 자리 잡고 있는 것은 특정 대학을 정점으로 하는 학맥이다. 어느 지역사회든 대한민국 사회는 속칭 SKY(서울대·연세대·고려대)를 졸업한 인사들이 꽉 잡고 있다. 특히 서울대 법대, 고려대 법대 인맥의 독자적 영향력은 막강하다. 검사가 부임하면 지역 유지로 있는 대학 선배가 불러낸다. 물론 호출에 응하지 않는 사람도 있다. 수차례 불응하는 과정이 되풀이되면 지역사회에서 왕따가된다"며 다음과 같이 말했다.

"대학 학맥이 '성골'이라면 지역 고등학교 학맥은 '진골'이다. 1958년 이전 비평준화 졸업자들은 관료와 지역사회 곳곳을 장악하고 있다. 여기서도 지역을 대표하는 고교와 여고의 혼맥 메커니즘은 중요한 역할을 한다. 이들 가운데 자수성가한 타입은 각급 지방 기관의 민간 자문위원으로 활동하면서 인맥을 돈독히 한다. (중략) 성골·진골 아래에는 육두품이 있다. 시정자문위원회, 범죄예방위원회 같은 각종 조직은 비유적으로 말하면 '진골과 육두품 중간의 사교장'이다. 아래에서 볼 때는 이른바 '어퍼 레벨'이다. 아무나 들어갈 수 없는, 보이지 않는 진입 장벽이 존재한다는 것이다. 경기도 지역의 한 정계 인사는 흥미 있는 말을 했다. '본인이 진골 진입에 성공하지 못했으면 자식을 통해 필사적으로 시도합니다. 그것을 조사해보면 재미있을 거예요. 범죄예방위원이면서 판사나 검사 사위를 둔 사람이 얼마나 있는지…….'" [93]

2010년 6월 9일 '스폰서 검사' 의혹을 조사해온 진상규명위원회는 현직 검사 45명이 비위非違에 관련됐다고 밝혔다. 그러나 직무와 관련한 대가성이 드러나지 않아 징계 대상은 되지만 형사처분 대상은 되지 않는다고 판단했다.

이튿날《조선일보》는 〈전국의 '검사 스폰서'들이 웃고 있다〉는 사설을 통해 "검찰이 자주 쓰는 '대가성'이란 용어는 부당한 이득을 얻기 위해 뇌물을 주거나 향응을 베푸는 걸 가리킨다. 대부분의 뇌물과 향응은 앞으로 무슨 일이 생길 경우에 선처善處해줄 것을 바라는 보험保險 같은 성격을 띠고 있다. 오른손으로 뇌물을 주고 그 즉시 왼손으로 부당 이득을 챙기는 건 하수下手들이나 하는 짓이다. 그런데도 검찰은 자기들이 관계되면 '대가성'을 이렇게 좁게 해석해서 처벌을 피해 나간다"며 다음과 같이 말했다.

"부산 지검에서 근무했던 한승철 전 대검 감찰부장은 자기를 포함한 부산 지검 검사들의 비위 사실이 적힌 고소장과 진정서를 받고도 검찰총장에게 보고하지 않고 부산 지검으로 넘겼다. 부산 지검은 접대 명단에 있는 검사에게 이를 처리하도록 했고 이 검사는 검사 접대 내역을 조사하지도

않은 채 각하却下·조사 대상이 안 된다는 뜻 처분했고 부장검사는 그대로 결재
했다. 이건 검찰도 아니다. 도떼기시장 상인들도 이보다는 나을 것이다. 전
국의 검사 스폰서들이 이번 조사 결과를 보고 배꼽을 쥐고 웃고 있을 모습
이 눈에 훤하다." [94]

산하기관한테 성접대까지 받는
공무원들의 나라

나중에 이루어진 특검의 결과도 다를 게 없었다. 검사들과 경쟁해보겠다는
뜻이었을까? 2010년 8월 교육과학기술부 국장급 간부가 산하 한국과학기술
기획평가원KISTEP으로부터 룸살롱 향응을 받아 보직 해임되고 관련자들이
중징계를 받은 사실이 뒤늦게 밝혀졌다. 2008년 당시 한국과학기술기획평
가원 오 아무개 대외협력팀장이 2007년을 전후해 1년여 동안 비자금 5700
여만 원으로 교육과학기술부 강 아무개 국장 등에게 향응을 제공한 사실이
총리실 산하 공직윤리지원관실의 조사 결과 드러난 것이다. 오 팀장은 30
여 차례 룸살롱을 다녔을 뿐 아니라 때로는 2차 성접대까지 했다고 한다. [95]
　《한겨레》는 〈산하기관한테 성접대까지 받는 공무원들의 나라〉라는
사설에서 "과기평이 공무원들을 접대한 돈은 개인 호주머니에서 나온 게
아니라 국민이 낸 세금을 횡령해 만든 비자금이었다. 입으로는 '창조적 과
학기술 진흥' 운운하면서도 뒤로는 국민의 혈세를 빼돌려 상급 기관 접대
에 바빴다. 룸살롱에서 하룻밤에 200만~600만 원씩 호기롭게 뿌려대고, 접

대 여성과 함께 호텔방으로 직행하기도 했다. 더욱 심각한 문제는 이런 비위 사실이 드러났는데도 처벌은 '꼬리 자르기' 식으로 끝난 데 있다"며 다음과 같이 말했다.

"도덕적 불감증이 사건 연루자뿐 아니라 정부 부처 전체에 만연한 탓이라고밖에 달리 해석할 길이 없다. 문제가 된 공무원 중 일부는 승진까지 했다고 하니 더 어처구니가 없다. 사실 성접대는 단순한 징계 차원을 넘어 성매매특별법 위반 혐의로 형사 처벌해야 할 사안이다. 이 법으로는 공소시효도 아직 넉넉하게 남아 있다. 결국은 비리 척결 의지의 문제다. 정부 부처와 산하기관의 먹이사슬 관계는 단지 교과부와 과기평만의 문제가 아니다. '갑'과 '을'의 관계 속에서 향응과 접대로 끈끈히 얽혀 돌아가는 게 우리의 현실이다. 지금 이 시간에도 어느 룸살롱 한구석에서 관료들과 산하기관 간부들 사이에 질펀한 술자리가 벌어지고 있는지 모를 일이다." [96]

정부 부처와 산하기관까지 중독된 이런 접대 문화의 수요에 발맞추겠다는 뜻이었을까? 룸살롱 대형화 추세는 멈출 줄을 몰랐다. 2010년 8월 서울시 논현동에 새로 생긴 S호텔 지하 1, 2, 3층 전체와 지상 1층 일부를 사용하는 Y룸살롱은 룸 157개, 웨이터 100여 명, 영업부장 200명, 여종업원 500~600명 등 국내 최대 규모였다. 아니, 어쩌면 세계 최대 규모였는지도 모르겠다. [97]

인정투쟁 잣대의 획일화

공직자와 관련된 2013년의 화두는 여전히 전관예우다. 고위 공직에서 퇴임하고 대형 로펌에 들어간 이들은 한 달에 수천만 원에서 수억 원을 봉급으로 받는다. 공직에서 경력을 쌓은 뒤 이를 이용해 돈을 벌고 다시 고위 공직으로 돌아온다. 이들이 '공직, 로펌, 공직'을 오가는 과정에서 공직 사회는 로펌의 영향력 아래 들어갈 가능성이 높아진다.[98] 고위 공직이라 함은 '만인에 대한 만인의 뜯어먹기' 체제에서 뜯어먹기에 유리한 입지를 차지했다는 걸 의미할 뿐인가?

어떻게 해야 이런 뜯어먹기 관행이 바뀔 수 있을까? 이 질문을 놓고 골똘히 생각하다보면, 이게 종국엔 한국 사회의 삶의 방식과 연결되는 문제라는 결론에 도달하게 된다. 우리 삶이라는 건 어찌 보자면 다른 사람의 인정認定을 받기 위한 투쟁의 연속이다. 무엇으로 인정을 받을 것인가? 사람에 따라 각기 다르겠지만 가장 중요한 걸 세 가지 들자면, 권력, 금력, 명예가 아닐까 싶다. 그러나 그건 성공한 사람들의 이야기일 테고 보통 사람들의 경우엔 그 잣대가 좀 더 세분화돼야 할 것이다.

문제는 바로 여기에 있다. 한국 사회에선 인정을 받을 수 있는 잣대가 획일화돼 있다는 점이다. 너무 돈 중심이다. 흔히 하는 말로 배금주의拜金主義 풍조가 팽배해 있다는 것이다. 그건 모든 자본주의 국가의 공통성 아니냐고 반문하기엔, 자본주의의 실천 방식은 나라마다 다 다르다는 점에 주목할 필요가 있겠다.

한국인들은 '평등주의' 성향이 강한 동시에 '차별주의' 성향 또한 강력하다. 얼핏 보면 서로 모순되는 것 같지만 그건 동전의 양면과 같다. 남한테 지기 싫어하는 평등주의 심리는 동시에 남보다 우위에 서고 싶은 차별주의 심리를 낳기 마련이다. '다르다'는 걸 인정하는 데 인색하고 모든 것에 서열을 매기길 좋아한다. 초강력 중앙집권주의와 그에 따른 위계질서화가 사람들의 심리 상태마저 그렇게 길들여놓은 건지도 모르겠다.

그 악순환의 소용돌이에 빠져들기 시작하면, 삶은 더 높은 곳을 향해 질주하는 '전쟁'이 되고 만다. '다름'은 없다. 단지 우열優劣만이 있을 뿐이다. 지방보다는 서울, 서울에서도 강남에 살아야 한다. 아파트 평수와 승용차 배기량은 무조건 클수록 좋다. 자녀의 행복은 학력과 학벌이 결정하고 그건 과외비 투자 액수에 따라 결정되므로 늘 더 많은 돈을 갈구하기 마련이다.

한국 관료 체제의 문제는 결국 한국 엘리트의 문제다. 하위직 공무원들은 당연히 "윗물이 맑아야 아랫물이 맑다"는 법칙의 지배를 받을 것이므로, 엘리트 문화의 근본을 뜯어고치지 않는 한 관료 사회의 개혁은 영영 기대하기 어려울 것이다.

심심하면 정치 개혁이 외쳐지곤 하지만 과연 무엇을 위한 정치개혁인가? 아주 소박하게 말하자면 국민이 원하는 건 정치가 '출세의 도구'가 아닌 '봉사의 기회'로 다시 태어나는 것일 게다. 물갈이는 그런 변화를 가져올 수 있을까? 미리 꿈을 깨는 게 좋겠다. 그런 일은 일어나지 않게 돼 있다. 새로운 물이 되겠다고 정치판에 뛰어드는 사람들은 대부분 여전히 '봉사'보다는 '출세'에 더 매료된 사람들이기 때문이다. 여태까지 외쳐온 개혁은 출세의 방법론에 관한 것일 뿐 출세의 개념 그 자체를 바꾸자는 건 아니다.

왜 정치를 하려고 하는가? 우리는 이 의문에서부터 다시 시작해야 한다. 미군정 시절 점령군 사령관이었던 존 하지John R. Hodge를 비롯한 많은 미국인들은 한국인들에 대해 이런 평가를 내렸다. "한국인은 이 지구 상의 어느 족속보다 더 정치적으로 예민한 종족이다." "한국 사람들만큼 정치를 좋아하는 사람들은 처음 보았다." "한국인들은 식사하려고 두세 명만 모이면 정당을 만들었다." [99]

그들이 한국인을 깔본 인종차별의 증거가 많기에 위와 같은 평가도 그런 맥락에서 이해할 수 있겠다. 정치의 자유가 35년 동안 박탈당함으로써 정치에 굶주렸던 사람들이 느낄 수밖에 없는 강렬한 정치 욕구를 미국인들이 이해하기는 불가능한 일이었을 것이다.

그런데 어떤 특수한 조건에서 발생한 일이 그 조건이 사라진 뒤에도 전통이나 문화적 습속으로 살아남아 고착되는 일도 있나보다. 한국 사회에 나타나고 있는 정치에 대한 집단적 굶주림 현상을 달리 이해하기 어려워 해본 생각이다. 한국 사회에서 엘리트란 건 약육강식弱肉强食의 먹이사슬 구조에서 높은 자리를 차지했다는 의미 그 이상은 없는 것일까?

고위 공직의 마력을 약화시켜줄 필요가 있다. 정치와 관직이 권력과 명예까지 누리면서 국민을 합법적으로 뜯어먹을 수 있는 면허장이 아니라면 말이다. 전관예우에 의한 국민 뜯어먹기를 방치하거나 부추기면서 개혁을 외쳐대는 건 사기다. 고위 공직자의 자세부터 바로 하는 게 개혁의 출발점이 돼야 한다. 그래야 기존 갑을관계도 달라질 수 있다.

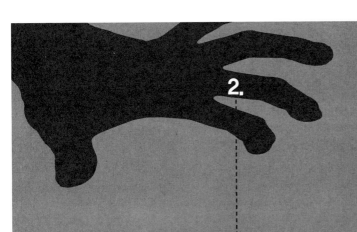

갑을관계 문화가 낳은 사생아,
브로커
브로커의 역사

브로커의 원조는
해방 정국의 통역관

'브로커broker'는 중개인이란 뜻으로, 우리 실생활에 큰 도움을 주는 좋은 직업이다. 그러나 이 글에서 말하려고 하는 브로커는 그런 좋은 브로커가 아니다. 나쁜 브로커다. 브로커라는 단어를 워낙 오·남용한 나머지 좋지 않은 의미로 더 많이 쓰이게 됐다.

거의 매일같이 신문에 오르는 각종 비리 관련 기사에 빠지지 않고 등장하는 게 브로커다보니, "브로커" 하면 사람들은 불법·탈법·편법을 연상한다. 실제로 한국 브로커의 역사는 불법·탈법·편법의 역사, 아니 사기의 역사라고 해도 과언이 아니다. 브로커는 너무도 광범위한 분야에 걸쳐 활동해왔기 때문에 그 역사는 책 한 권으로 담기에도 넘친다. 스쳐 지나가는 식으로 다양한 풍경을 일별해보자.

본격적인 브로커의 원조는 해방 정국 때 '활약한' 통역관이었다. 미군이 새로운 지배자로 등장한 해방 정국에서 가장 강력한 생존 무기는 단연코 영어였다. 영어를 할 수 있는 통역관이 막강한 권력을 휘두르기 시작했다. 미군정은 일본인이 남긴 재산, 이른바 적산敵産, enemy property에 대한 처분권을 가지고 있었기 때문에 그 엄청난 이권의 배분을 둘러싸고 미군과 영어로 대화를 나눌 수 있는 사람은 유리한 고지를 차지할 수 있었다. 통역자의 임금은 매우 낮은 수준이었는데도 영어를 할 줄 아는 지식인들이 대거 몰려들었던 것은 그런 사정과 전혀 무관치 않았을 것이다.[1]

뇌물이나 매수 등을 뜻하는 속어인 '사바사바'라는 말 또한 이때 생겨났는데[2] 해방 직후에 나온 소설들은 바로 그런 '사바사바 정치'를 많이 다루고 있다. 대표적인 작품이 1946년에 발표된 채만식의 〈미스터 방〉이다. 이 소설에 대해 이재선은 이렇게 말한다.

"머슴이요, 구두 직공인 떠돌이 방삼복은 해방이 되자 일본, 상해, 서울 등 동양 삼국을 떠돌다 얻어들은 영어 지식으로 일약 미군의 통역관이 돼 호화로운 적산 저택에 살게 된다. 그의 이런 벼락출세는 영어 몇 마디로 성취된 것이다. (중략) 이런 방삼복의 영어 실력은 경회루를 설명하는 대목에서 '킹 듀링크 와인 앤드 댄스 앤드 씽 위드 댄서king drink wine and dance and sing with dancer'라고 설명하는 정도의 실력이다. (중략) 과장을 통한 시대상의 풍자에 초점을 둔 이 작품은 영어의 위력이 곧 출세와 영달로 통하는 이 시대의 사회적 징후를 반영하고 있을 뿐만 아니라 군정 통치의 무분별성과 무원칙성을 시사하는 의미도 함께 지닌다."[3]

갑이 되고자 하는 을의 욕망은 입시 브로커를 통해 더욱 구체화된다.
1948년 6월 23일자 《조선일보》 기사.

입시 브로커도 이미 이때 등장했다. 1948년 6월 23일자《조선일보》는 "입학기를 이용하야 단맛을 볼려고 하는 학원사기 '뿌로-커'가 수도청에 걸려 입학기의 자제를 가진 학부형에게 경종을 울리고 있다"고 했다.[4] 이 시절엔 특정 학교에 학생을 넣어주겠다 하고 돈을 갈취하는 일이 많이 일어났다. 물론 실제로 학생을 학교에 넣어주는 성공 사례들도 많았기에 그런 일도 일어났을 것이다.

1956년 4월 고교생이 입학 브로커로 나서 교제비를 사취했다는 기사가 나온 걸 보면, 입학 브로커가 1950년대에도 맹활약했다는 걸 알 수 있다.[5] 아니, 1960년대에도 그랬다. 1965년 2월 입시 브로커들이 고교 입시 문제를 입수했다고 사람들을 홀리자 서울시 교육위원회가 나서서 속지 말라고 공개적으로 경고하기까지 했다.[6]

군납 브로커 · 차관 브로커 · 착취 브로커 · 운전면허 브로커 · 부동산 브로커

1950년 5 · 30총선을 앞두고 선거 브로커가 기승을 부렸다는 기사가 눈에 띈다.[7] 1956년 5월에는 메리야스 군납에 중간 브로커가 활개를 치고 있다는 기사가 보이는데, 이후로도 군납 브로커는 신문 지상에 빠지지 않고 등장하는 단골손님이 됐다.[8] 1959년 6월 즉결심판 전담판사제가 도입됐는데 그 이유가 재미있다. 사건 접수에서 심판, 집행까지를 불과 15분 안에 속결하겠다는 것으로, 이는 법조 브로커가 끼어들 틈을 주지 않겠다는 취지였다고 한다.[9]

1964년부터 외국 차관 도입이 본격화되면서 차관 브로커가 등장했다.[10] 당시 차관엔 매우 높은 커미션이 오고 갔기 때문에 브로커의 역할이 막중했다. 1965년 2월 정부는 유통 브로커의 농간을 막기 위해 '유통경제정상화위원회'를 만들겠다고 발표했다.[11] 껌팔이 소년의 노동력을 착취하는 자들에게도 브로커라는 딱지가 쓰였다. 경찰이 열다섯 명을 구속하는 등 일제 단속에 나설 정도로 착취 브로커들이 많았다.[12]

1966년 4월 운전면허를 사고파는 운전면허 브로커가 첫선을 보였다.[13] 물론 그 전에도 운전면허 브로커는 있었겠지만, 제법 크게 보도된 경우다. 1968년 2월엔 육군 간부후보생 시험 부정 브로커가 등장했고,[14] 1969년 2월 엔 설 귀향 기차 좌석 브로커,[15] 1969년 10월엔 은행 융자 알선 브로커가 신문 지상을 장식했다.[16]

1960년대 말부터 서서히 일기 시작한 강남 개발 붐을 타고 드디어 부동산 브로커들이 맹활약하기 시작했다. 1970년 3월 루터교 선교회장인 목사 지원상은 〈브로커 인생〉이라는 칼럼에서 "강남 지역에 부동산 투기가 한창 붐을 이루고 있을 때다. 한가한 시간을 이용해 그곳을 돌아본 적이 있다. 아직 엄동嚴冬이라 들과 산은 황량하기만 하고 집도 여전히 초가草家가 드문드문 보일 뿐, 여기가 서울의 도심지가 되리라고는 얼핏 생각이 가지를 않았다"며 다음과 같이 말했다.

"그러나 듣던 바대로 그곳 땅값은 날개가 돋쳐 있었다. 기십만 원 정도를 들고 아담한 집터나 하나 마련코자 하는 이른바 서민 족속은 복덕방 문전에서부터 푸대접이다. 적어도 기백, 기천의 자본금을 가지고 투자하려는 사람이라야 한축 끼기 마련이다. 값은 서울 한복판의 대짓값을 뺨칠 정도다. 그러나 사람들은 그 땅을 사려고 아우성이다. 숫제 땅은 보지도 않고 서류만 주고받는 신용거래다. 보고 또 보고 해도 속기 쉬운 세상에 참 희한한 일도 있다고 여겨졌다. 이건 정상적인 매매라기보다는 팔고 사는 조작극이라는 표현이 타당할 것 같다. 나는 이런 것이 바로 투기로구나 생각하며 감탄해마지 않았다."

이어 그는 "투기에는 브로커들이 따르기 마련이다. 이 브로커들은 몇 가지 철칙을 가지고 거기에 따라 행동한다는 것이다. 매우 흥미 있는 조항들이다"며 다음과 같이 글을 이었다.

"즉, 사면 곧 판다, 값이 오르도록 부채질한다, 비싼 땅은 손도 대지 않는다, 큰 저택에 인접한 땅은 무조건 산다, 투기가 과열되기 전에 그곳을 떠난다, 대강 이런 것들이다. 나는 인간의 생을 이처럼 투기로 생각하고 살아가는 사람이 결코 적지 않으리라고 생각한다. 진지하게 살기 위해서가 아니고 이익만을 위해 사는 생生, 이익이 없으면 부당한 방법으로라도 득得을 취하고, 손해될 일이면 그른 것도 옳다고 우기고, 목적을 위해서는 수단과 방법을 가리지 않으며, 취할 것만 취한 다음에는 뒤도 돌아보지 않고 떠나버리는 삶의 태도가 그런 것이 아닐까 생각한다. 부동산 투기로 선의의 시민들이 많은 피해를 받았다고 한다. 어느 의미에선 투기를 악惡이라고 할 수도 있다. 그러기에 투기는 항상 실패 요소를 지니고 있는 것이다. 나는 이렇게 말하고 싶다. '브로커 인생이 되지 말라'고 또 '그들의 부채질에 휘말려 투기하지 말라'고." [17]

브로커계의 쌍벽
부동산 브로커와 법조 브로커

그러나 어이하랴. '브로커 인생'은 한국에서 중·상류층 진입의 필수 코스였으니 말이다. 어쩌면 이때부터 몸에 밴 브로커 체질이 지금까지 계속되고 있는 건지도 모른다. 1970년대부터 오늘에 이르기까지 부동산 브로커는 한국의 모든 브로커들 가운데 가장 노른자위를 점하고 있다. 한국의 땅 부자들은 다 부동산 브로커를 겸했다고 해도 지나친 말이 아닐 정도로 부동산 브로커 체질은 한국에서 성공하는 데 필수 자질이자 문법으로 자리 잡게 된다.

강남 개발과 동시에 착수한 것이 서울의 판자촌 철거였다. 서울시는 판자촌과 도시 빈민 문제를 해결하기 위해 경기도 광주에 신도시를 개발해 빈민들을 이주시키는 정책을 세웠다. 서울 청계천 일대를 비롯한 판자촌을 대거 철거하면서 1969년 5월부터 주민들을 광주로 강제 이주시켰다.

1970년 7월 광주단지 이주민들의 정착권 전매 행위와 여기서 이익을 취하려는 브로커들이 발호하고 있다는 기사가 나왔다. 정부는 판자촌 철거 후 10일 안에 광주단지로 옮기도록 하는 등 단속 조치를 취했다.[18] 그러나 그건 시늉에 불과했다. 1971년 7월 광주단지를 무대로 활약하는 브로커의 수는 1,000여 명에 달했다. 이들은 광주로 이주할 뜻이 없는 날품팔이 행상 등의 대지 분양증을 전매하고 분양증까지 위조하는 등 기승을 부렸지만, 정부는 빈민을 서울에서 몰아내는 데만 정신이 팔렸을 뿐 사실상 이를 방관했다.[19] 이게 1971년 8월 10일에 터져 나온 이른바 '광주단지 폭동 사건'의 한 배경이었다.

1970년대에 부동산 브로커와 쌍벽을 이룬 브로커는 법조 브로커였다. 1970년 5월 변호사 비리가 터지자 대한변호사협회는 변호사 기강 확립 실천 요강을 변호사들에게 시달했는데, 그 내용을 보면 당시 법조 브로커의 활약이 대단했다는 걸 미뤄 짐작할 수 있다. 실천 요강은 다음과 같았다. 첫째, 각 변호사는 수임 사건의 소송비용을 자담自擔하거나 빌려주는 일이 없도록 할 것, 둘째, 브로커를 통한 사건 수임을 하지 않을 것. 셋째, 법률사무소의 사무원 채용은 2인 이내로 하되 소속 변호사회의 승인을 얻어 증명서를 발부해줄 것 등이었다.[20]

1971년 1월 법관 정화 운동이 일어나면서 사건 브로커가 첫 구속되는 등 사건 브로커 일제 단속이 벌어졌다.[21] 이때 대구 고등법원과 대구·부산 지방법원 등 12개 지방법원 판사 100여 명은 '권력으로부터의 독립', '청탁 배제', '자체 쇄신' 등 세 가지 슬로건을 내걸고 자체 정화 운동을 시도했지만, 이는 박정희 정권이 결코 원하는 바가 아니었다. 이에 대해 이상우는 다음과 같이 말했다.

"한국 사법사상 처음 있는 법원 정풍 운동은 각계와 여론의 지지 속에 한동안 국민의 주시와 기대를 모았다. 그러나 출발할 당시의 군은 다짐에도 불구하고 이 운동은 얼마 가지 않아 흐지부지되고 말았다. 한때 법원 주변에서 서성거리고 있던 사건 브로커들을 단속하기도 했고, 사법부 직원들이 외식을 삼가고 커피를 주문하지 않기로 결의하는 등 움직임을 보였으나, 이러한 자세의 가다듬음도 별로 오래 계속되지 못했다. '거세개탁擧世皆濁'이라고밖에 표현할 수 없었던 당시의 사회 풍토 속에서 그리고 더욱 비대해지고 거침없어져가는 통치 권력 앞에서, 양심과 독립을 지키려 했던 사법부의 몸부림은 너무나 미력했기 때문이었다."[22]

사건 브로커는 문제의 원인이 아니라 징후에 불과했으며 법조계는 대체로 부패한 상태였다. 여기에 정권 차원의 정치적 책략이 가세하면서 1971년 7월 이른바 '사법부 파동'이 일어난다. '사법부 파동'은 사법부 독립을 포함한 법원 정풍 운동에 앞장선 판사들에게 보복을 가한 정치적 책략이었다. 박정희 정권으로서는 법조계가 적당히 부패해야만 사법부 독립을 외치지 못할 것이라는 계산을 하고 있었으니, 사실상 박정희 정권이야말로 법조 브로커의 후원자라고 해도 지나친 말이 아니었다.

이후 법조 브로커 단속은 정기적으로 한 번씩 벌어지는 연례행사 비슷한 시늉이 됐다. 1972년 1월 법조 브로커에 대한 대대적 단속이 벌어졌는데, 이때엔 브로커들이 각종 사고 피해자들을 꾀어 배상금의 30퍼센트에서 70퍼센트를 가로채는 수법 등을 쓴 것이 주요 문제가 됐다.[23]

금융 브로커 · 시험 브로커 · 민원 브로커 · 이민 브로커 · 취업 브로커

부동산 브로커와 법조 브로커가 브로커계의 쌍벽을 이루는 것에 도전하겠다는 듯 금융 브로커들도 날뛰기 시작했다.[24] 공금융 브로커뿐만 아니라 사금융 브로커도 기승을 부렸다. 고객을 거짓 광고로 유혹해 사취하는 사기성 급전 대출 수법을 주로 썼는데, 이런 브로커 업체가 서울에만 30여 개소에 이르렀다.[25]

1973년엔 공무원 채용 시험 부정 브로커들이 사회적 물의를 빚었고,[26] 1974년엔 이민 바람이 불면서 여권 브로커들이 날뛰었다.[27] 1974년 7월 검찰은 1971년 이래 행방불명으로 기소 중지된 사건 브로커와 이권 브로커 300여 명에 대한 일제 수사를 재개할 정도였다.[28] 이후 신문 지상에 등장한 각종 브로커들의 활약상을 간단하게나마 살펴보자.

1974년 8월 부동산 브로커들이 꾸민 인감증명 매매 사건이 벌어졌다.[29] 1974년 10월 서울시청 민원 창구에 수수료를 받고 업무를 대행해주는 브로커가 등장했는데, 민원인의 75퍼센트가 브로커에게 대행 처리를 맡겼다고 한다.[30] 이는 훗날의 심부름센터와는 성격이 다른 브로커로, 그만큼 관청의 문턱이 높은 탓에 벌어진 일이었다.

1975년 1월 이민 브로커가 구속됐다. 구속 사유는 위장 이민 알선이었다.[31] 1975년 3월 강남 토지 서류 위조 사기단이 적발돼 토지 브로커에 대한 수사가 대대적으로 벌어졌다.[32] 1975년 5월 내무부는 민원 브로커 근절을 지시했다.[33]

1976년 1월 선원을 상대로 한 취업 브로커 여섯 개 조직이 외항선을 태워준다며 영세 선원들을 등쳐먹는 사건이 있었고,[34] 같은 해 2월에는 즉심형 집행 증명서 위조 사건이 벌어졌다. 브로커들이 서울시 15개 경찰서에서 1,500여 장을 위조한 것으로 밝혀졌다.[35]

1976년 7월 법원 주변의 사건 브로커 18명이 구속됐는데, 이들은 변호사까지 고용한 거물급 브로커들이었다.[36] 1977년 1월 법원 주변 사건 브로커 16명이 구속됐다.[37] 1978년 4월 상습 여권 브로커 여섯 명이 구속됐고,[38] 1978년 11월 운전면허 브로커 다섯 명이 구속됐다.[39] 1979년 5월 "승소시켜주겠다"며 금품을 뜯어낸 법조 사건 브로커 25명이 구속됐다.[40]

사건 브로커 · 정치 브로커 · 세무 브로커 · 진단서 브로커 · 비자 브로커 · 면허 브로커 · 철거 보상 브로커

1980년대도 다를 건 없었다. 1980년 7월 법원과 경찰 주변에서 일을 벌이던 사건 브로커 21명이 검거됐다.[41] 1980년 12월 내무부 장관 서정화는 공천 브로커 단속을 지시했는데, 정당 공천을 빙자해 사기를 치는 정치 브로커들이 날뛴 탓이었다.[42]

1981년 7월 법조 브로커 16명이 구속됐다.[43] 1982년 2월 대통령 전두환은 법조 브로커 일소를 지시했다.[44] 1983년 1월 법조 브로커 32명이 구속됐다. 이에 《조선일보》는 사설을 통해 "법조 주변의 독버섯으로 꽤 뿌리가 깊은 이들은 과거에도 여러 차례 정화 대상이 돼 단속을 받아왔지만, 아직도 이런 부류들이 횡행하는 것은 한심스럽기 짝이 없다"며 다음과 같이 주장했다.

"여자 브로커들이 열 명이나 끼여 있다는 사실도, 이제 별의별 곳에 여자들 손이 닿는구나 싶어 야릇함을 느끼게 한다. 이들이 '법부인'이라 불린다는 일부 보도는 저간這間의 '복부인'에 빗댄 우스개에 지나지 않겠지만, 세상이 어쩌다 이 꼴이 됐나 해서 또한 입맛이 쓰다. 그러나 이번 사건을 보며 우리가 무엇보다 가슴 아파하는 것은, 일부 변호사들이 거꾸로 사무원들에게 고용되거나 명의名義를 빌려주어, 월급을 받거나 수임료를 배분받는 사례 그리고 브로커들에게 소개비를 주어가며 사건을 맡는 사례다."[45]

1983년 2월 탈세를 전문으로 한 세무 브로커 17명이 적발됐다.[46] 1984

「毒버섯」의 非理

— 法曹주변의 사건 브로커들 —

법조 브로커는 약자의 위치에 있는 피의자나 그 가족,
변호사의 절박한 심정을 이용해 '갑질'을 한다는 점에서 더 악질적이다.
1983년 2월 1일자 〈조선일보〉 사설.

년 7월에 남의 이름으로 병원을 차려 교통사고 환자 등 2,000여 명에게 상해 진단서를 전문으로 발행해온 진단서 브로커 여섯 명이 구속됐다.[47]

1984년 7월 주한 미국 대사관은 서울에 비자 브로커가 상당수 있고 이들을 통해 작성된 가짜 또는 위조 서류로 미국 입국 비자를 신청하는 사례가 많다고 주장했다. 서울에 비자 브로커 조직 오륙십 개와 개인 비자 브로커 400여 명이 있다는 것이다. 이에 치안본부는 "전혀 아는 바 없다"고 부인했다.[48]

1985년 7월엔 개인택시 면허 위조 브로커가 적발됐다.[49] 검찰은 1986년 한 해 동안 법조 브로커 160여 명을 적발했다고 발표했다.[50] 1988년 6월 검찰은 사건 브로커 20명을 구속했다. 이들은 고위층을 팔아 각종 사건과 취업, 인허가 문제 등을 해결하려는 민원인들에게 돈을 뜯은 브로커들이었다.[51]

1988년 6월 일본 유흥가에 취업시켜주겠다고 사람들을 모은 여권 브로커 두 명이 구속됐다.[52] 같은 해 11월에도 여권 브로커 한 명이 구속됐는데, 27명을 해외에 취업시켜준다며 관광객으로 위장해 일본으로 보낸 혐의였다.[53] 1989년 8월 초대형 철거 보상 브로커가 적발됐다. 서울시 영등포구에서 브로커가 공무원과 짜고 가짜 입주권을 팔아먹어 200억 원을 사취한 대형 사건이었다.[54]

친목회 · 계 모임 ·
상조회 · 동창회의 활약

1990년대 들어 가장 화려한 활약상을 보인 건 단연 입시 브로커였다. 1991년 1월 예체능계 대학 입시에서 대형 스캔들이 터졌는데 여기에 브로커가 빠질 리 만무했다.

1991년 1월 26일자 《한겨레신문》은 "지난해 한 현역 장성의 부인은 자신이 다니는 교회의 목사가 ○여대 교수를 잘 안다며 딸을 합격시켜주겠다고 해서 2000만 원을 건네줬다. 그러나 딸은 기대했던 것과는 달리 시험에서 떨어졌다. 고발까지 생각했으나 남편이 현역 장성이라는 약점 때문에 어쩔 수 없이 그 돈을 포기해야 했다"라고 보도했다.[55]

1991년 1월 31일자 《동아일보》에는 "서울에는 몇 곳의 예고가 있는데 S예고의 C씨는 어느 대학 어느 교수와 선이 닿아 있고 또 다른 S예고 G씨는 누구 교수 라인이며 K예고의 C씨 역시 모 대학교수 직계로 소문나 있다. 또 K예고 P씨는 어느 대학을 잡고 있으며 L씨는 지방 캠퍼스를 장악하고 있다는 식이다. 따라서 이들이 부정 입학의 브로커로 활동한다는 시각이 많다"라는 기사가 실렸다.[56]

입시 브로커들이 맹활약한다고 해서 법조 브로커들이 조용한 건 아니었다. 법조 브로커들이 얼마나 설쳤으면 1991년 12월 2일 대한변호사협회가 소속 변호사들에게 서한을 보내 사건 브로커를 통해 사건을 맡지 말고 돈 없는 서민들을 위한 법률구조 활동에 힘써줄 것을 당부했겠는가. 변협은 이 서한에서 "변호사들은 사회의 가치관 정립에 모범이 돼야 하고 품위 유지를 위해 뼈를 깎는 아픔을 거쳐야 한다"며 "사건 브로커나 공직자를 통해 불법적인 사건 수임을 하지 말 것"을 권유했다.[57] 그러나 사법고시에 합격했다고 잔치판을 꽤나 벌였을 변호사들에게 '뼈를 깎는 아픔'을 요청하는 건 씨알도 먹히기 어려운 주문이었으리라.

1992년 제14대 총선을 앞두고 다시 선거 브로커들의 세상이 됐다. 1992년 3월 4일자 《한겨레신문》을 보면 이런 기사가 있다. "각종 친목회·계 모임·상조회·동창회 등을 업고 후보자에게 접근해 '50~100표를 거느리고 있다'며 200만 원에서 300만 원을 푯값으로 요구하거나 '일당 10만 원'에 고용할 것을 요구해오는 이들을 대부분의 입후보자들은 뿌리치지 못한다는 것이다. 이들은 보통 한 선거구에 30~40여 명에 이르는 것으로 알려지고 있다. 이와 관련해 13대 때 낙선한 뒤 이번에 무소속 출마를 선언한 인천의 조진형 씨의 경우 '13대 때 많이 당해봐서 알고 있지만 최근 들어 가장 고달픈 일과 중 하나가 이들 브로커들을 되돌려 보내는 일'이라고 털어놓았다"[58]

한 건만 성공하면
5대가 영화를 누린다

1992년 7월엔 이른바 '정보사 부지 사기 사건'이 터지면서 다시 부동산 브로커들이 각광을 받았다. "한 건만 성공하면 5대가 영화를 누린다"는 게 부동산 브로커들의 한결같은 좌우명이었다.

1992년 7월 9일자 《동아일보》는 "한탕주의에 젖어 있는 부동산 브로커들은 스스로를 '로커'(브로커의 줄인 말)라 부른다. 부동산 업계에 따르면 서울 서초구 일대에만 이들 로커들의 거점이 되고 있는 무허가 부동산 중개소가 200여 개소에 이른다는 것. 또 최근 2, 3년 동안 부동산 경기 침체로 그 수는 다소 줄었지만 아직도 2만여 명의 로커들이 서울 전역에서 활동하고 있다는 것이다"며 다음과 같이 말했다.

"브로커들은 대개 한두 명 단위로 은밀하게 활동하나 드물게는 참모진을 5~10명까지 거느린 거물 로커 조직도 있다. 로커의 하루 일과는 오전 10시경 정보 교환 및 연락처로 삼고 있는 다방에 '출근'하는 것으로부터 시작된다. 서초동 M다방, 서울시청 뒤편의 K회관과 P건물의 지하 다방, 종로 3가 B다방 등이 로커들의 대표적인 집합 장소. 로커들은 이곳에서 온종일 차 두 잔(오전에 한 잔, 오후 한 잔)을 시켜놓고 소일하면서 누가 '총대를 멨는지(사기에 착수했다는 뜻)'를 알아내려고 혈안이 된다. 누가 '건수를 물었다'는 첩보가 나돌면 로커들이 벌떼같이 달라붙어 사기극에 등장할 각종 역할을 분담하고 성공했을 경우 일정 지분을 나눠 가진다. 로커들의 사기극은 각본에서 연출에 이르기까지 워낙 조직적이고 치밀해 일반인들은 물론 웬만한 경제통들조차 깜박 속기 십상이다." [59]

1992년 7월 12일자 《한겨레신문》은 "부동산 브로커들은 일의 성패에 따라 '능력 있는 브로커'가 되기도 하고 '결과적인 사기꾼' 신세가 되기도 하지만 그중에는 처음부터 계획적으로 '사기'를 저지르는 경우도 허다하다. 이에 따라 일의 성격도 '사기꾼'과 '브로커'를 겸하는 등 경계 구분이 모호하다는 것이 부동산 업계의 일반적 시각이다"며 다음과 같이 말했다.

"문서위조를 통한 땅 사기와는 달리 주택조합 사기와 국유지 불하 사기나 형질 변경 사기는 대부분이 사기로 귀결되기는 하나 상당수는 '사기꾼'과 '브로커'의 구분이 어렵기도 하다. 이들은 주로 주택조합이나 개인·기업들을 상대로 아파트·상가 건립 등이 불가능한 형질의 땅을 사도록 한 뒤 형질 변경을 조건으로 커미션을 챙기는 수법을 쓰고 있다.

이른바 '묶인 땅' 해제를 담보로 하는 이 브로커들의 수법은 점찍은 땅이 떠오르면 관심 있는 매입자를 찾아 은행 등에 일정액을 예치하도록 해 자금력을 확인한 다음 관련 기관의 책임자와 연결시키는 것이 전형적인 방법이다. 이 경우 애초부터 이 돈을 챙겨 달아나려는 집단이 태반이지만 실제로는 고위층과 연을 맺거나 실무 책임자들을 구워삶아 일을 성사시키려다 실패해 사기 사건으로 끝나는 것도 다수다.

추진 과정에서 소문이 나 여론이 나빠져 고위층의 결심이 바뀌거나 관련 기관 실무 책임자가 갈리는 등 사업 추진이 벽에 부닥치면 애초 사업을 기획했던 윗선이 잠적하고 관련 기관과 고위층과의 선을 끊어버리게 돼 윗선의 조종을 받아 수요자를 선정해 계약금과 커미션을 넘겨준 중간 브로커는 영락없이 사기꾼으로 몰린다는 것이다."[60]

대학끼리 벌이는
부정 입학 품앗이

1992년 11월은 부동산 브로커와 앞서거니 뒤서거니 하면서 맹활약을 해온 법조 브로커에겐 슬픈 달이었다. 대검찰청 감찰부가 법조계 부조리 사범에 대한 일제 단속을 벌여 모두 248명을 변호사법 위반, 경매 방해 등 혐의로 입건해 이 가운데 150명을 구속했기 때문이다. 구속된 법조 브로커를 유형별로 보면 민·형사 청탁 브로커 69명, 경매 브로커 25명, 민사사건 대리·알선 브로커 25명, 공무원 여덟 명, 사이비 기자 두 명, 기타 21명 등이었다.[61]

이에 대해 《경향신문》 사설은 "과거에도 기회 있을 때마다 일제 단속을 벌여 이들을 추방하려고 했었다. 그런데도 여전히 법조 주변에서 온갖 못된 짓을 해왔다는 것은 그동안의 단속이 별 성과가 없었음을 입증하는 것이다"며 다음과 같이 말했다.

"그만큼 법조계와 사건 브로커들은 '악어와 악어새'처럼 서로 편의와 이익을 주고받는 공생 관계를 유지해왔다고 볼 수 있다. 따라서 이 같은 '공생 관계'를 근본적으로 단절하지 않고는 사건 브로커의 해악은 제거할 수 없다. 검찰은 이번 일제 단속을 계기로 앞으로도 전국 검찰에 집중 단속반을 두어 법조 주변 부조리를 지속적으로 단속하겠다고 밝혔다.

그러나 단속만으로 기대만큼 성과를 거둘 수 있을지 의문이다. 그 이유는 첫째, 우리의 법 절차나 집행이 너무 까다롭고 번잡하다는 점 때문이다. (중략) 둘째, 법원이나 검찰의 문턱이 여전히 높은 것도 문제이다. 민주화되면서 문턱이 다소 낮아졌다고 하지만 일반 서민들에게는 여전히 높다. 법원과 검찰을 출입하려면 위압감을 받는 것도 그 때문이다. 그러나 간단한 민원을 할 경우가 생겨도 손수 하기보다는 사건 브로커들의 손을 빌리게 된다. 따라서 이러한 문제들이 개선되지 않고는 법조 부조리는 근절

법조 브로커가 근절되지 않는 이유로, 과도하게 번잡한 법률 절차와 함께
서민들에게는 여전히 높은 법원과 검찰의 문턱이 거론됐다.
1992년 11월 13일자 《경향신문》 사설.

되기 어렵다." [62]

1993년 2월에 일어난 대형 대학 입시 부정 사건은 브로커라는 직업이 따로 있는 게 아니라 누구든 브로커가 될 수 있다는 속설을 재확인시켰다. 보직을 맡은 대학교수들이 핵심 브로커였다. 대학끼리 부정 입학을 알선해주는 이른바 '대학 간 부정 입학 품앗이'의 실상이 밝혀진 것이다.

'급매물'이 입시 시장에 나오면 이 소문은 인근 대학으로 빠르게 퍼져나가 각 대학 교무처 등 주요 부서 교직원들이 직접 나서 학부모들의 입도

선매를 학교 쪽에 부탁하는 방식을 썼는데, 대학 교직원들의 수용량을 초과할 경우에는 대학은 고교 교무주임, 학원 강사, 불법 고액 과외 교사 등 광범위한 입시 브로커 계층을 이용해 해결하곤 했다는 것이다.[63]

개업 변호사는
브로커 덕분에 먹고산다

1996년 4월 11일에 치를 제15대 총선을 앞두고선 선거 브로커가 한 단계 진화한 모습을 보여줬다. 선거 대행·기획 업체와 같은 용역업으로 위장한 조직 선거 브로커들이 바로 그 주인공들이다. 이들은 후보들에게 "전화로 유권자를 설득해 표몰이를 할 아이디어가 있다"고 제안하는 방식으로 영업을 했는데, 선거철에만 특정 업체 간판을 달았다가 선거가 끝나면 간판을 내리는 수법을 썼다.[64]

법조 브로커도 진화했다. 1997년 10월 1일자 《한국일보》는 "얼마 전만 해도 브로커에 의한 변호사 알선은 은밀하게 이루어졌으나 최근에는 형사사건은 물론 민사소송의 변호사 선임도 브로커를 통할 만큼 변호사와 브로커들 사이의 불법 공생 관계가 일반화하고 있다. 변호사회 관계자까지 '개업 변호사의 80퍼센트가 브로커들이 물어다주는 사건으로 유지하고 있다'고 말할 정도다"며 다음과 같이 말했다.

"광주의 김 아무개 씨는 '최근 가족이 교통사고를 당했는데 서울, 광주 등지의 변호사 사무실 40여 곳에서 연락이 와 깜짝 놀랐다'며 '브로커 역할을 하는 병원 직원들과 경찰들이 변호사 사무실에 중개한 결과라는 것을 나중에야 알았다'고 말했다. 서울 변호사회 이 아무개 변호사는 또 '당연히 풀려날 단순 폭행 사건도 브로커의 농간으로 수백만 원에 변호사를 선임하는 경우가 많다'고 털어놓았다. 변호사 업계는 한때 자정 노력을 한 적도 있으나 지금은 거의 손을 놓고 있는 상태다. 한 변호사는 '브로커 없이는 사건 구경을 할 수조차 없다'며 '최근 서울 고등법원 판사 출신 변호사 두 명이 브로커 배제를 공언했으나 결국 사흘 만에 백기를 든 적도 있다'고 소개했다." [65]

병무청인가, 병무비리청인가

병무 브로커의 활약상 또한 눈부셨다. 1998년 6월 12일자 《한겨레》는 "국방부 검찰부의 수사 결과 11일 밝혀진 병무 비리는 병무·징집 업무 전반에 걸쳐 있고, 병무청 직원과 병원 관계자, 군의관, 현역 장교, 병무 브로커를 비롯해 징집 대상자 부모까지 망라된 총체적 비리라는 점에서 적지 않은 충격을 주고 있다"며 다음과 같이 말했다.

"수사 결과 밝혀진 원용수 준위의 범행 기간은 지난해 1월부터 지난 3월까지 1년 남짓이다. 원 준위는 이 기간 병역 면제, 카투사 선발, 보직 조정 등 128건에 개입해 모두 5억 4000여만 원을 챙겼다. 한 달 동안 평균 아홉 건을 해결하고 4000여만 원을 '불로소득'으로 챙긴 셈이다. 원 준위가 병무청에 근무한 기간이 10년이 넘는다는 점을 감안하면 이 기간 동안 그는 '병무 비리의 사각지대'에서 상당한 수입을 챙긴 것으로 추정된다. (중략) 병역 면제의 경우 5000만 원 이상, 공익근무 요원 판정은 1000만~2000만 원, 카투사 선발은 500만~1000만 원, 주특기 및 입영 연기는 100만 원이 사례비로 오고 간 것으로 드러났다."[66]

그런데도 달라진 게 없었다. 10개월이 지난 뒤인 1999년 4월 28일자 《한겨레》와 《한국일보》에 실린 기사를 보자. 《한겨레》는 "27일 발표된 병무 비리 수사 결과 병무청 직원들이 이번 사건의 최대 브로커 노릇을 한 사실이 드러남에 따라 지난 70년 청 독립 이후 최대 위기를 맞은 병무청은 하루 종일 무거운 침묵에 휩싸였다"며 다음과 같이 말했다.

"군·검·경 합동 수사 결과 병역 면제를 알선한 혐의로 구속되거나 지명 수배된 브로커 49명 가운데 병무청 직원이 절반에 가까운 24명을 차지한 것으로 드러났기 때문이다. 수사 대상인 본청과 서울병무청 전체 직원 440여 명 가운데 5.5%가 범법 행위에 가담했으며, 법망에 걸리지 않은 직원까지 합하면 10%에 이를 것으로 수사 당국은 분석했다. 또한 이번 수사 결과 혐의가 입증된 병역 비리 137건 가운데 병무청 공무원이 중간에서 돈을 받고 병역 면제를 알선한 사건이 절반인 68건에 달한다. 그러나 병무청은 그동안 매년 실시하는 자체 감사에서 단 한 차례도 비리 혐의를 밝혀내지 못했다. (중략) 이에 따라 병무청은 '병무비리청'으로 간판을 바꿔 달아야 하는 것 아니냐고 비아냥거리는 소리마저 나오고 있다."[67]

《한국일보》는 "이번 사건에서 자식의 병역 면제 대가로 금품을 제공한 사람은 대부분 사업가, 대기업 간부, 의사, 교수, 변호사 등 부유층이고, 이들 중 62%가 서울 강남 지역에 거주하고 있는 것으로 나타났다"며 다음과 같이 말했다.

"이들은 자식의 신체검사 통지서가 나오면 신체검사 과정을 잘 아는 병무청 직원이나 군무원 등을 통해 군의관에게 금품을 건네고 면제 판정을 받았다. 이 과정에서 심한 경우 중간 브로커를 6단계나 거쳐 청탁한 경우도 있었다. 이들이 브로커에게 건넨 돈은 500만 원에서 최고 8,000만 원으로, 이 중 60~80%는 브로커 몫이었다. 일부는 브로커를 거치지 않고 직접 군의관에게 200만 원에서 500만 원씩을 전달하기도 했다."[68]

전 국민의 브로커화

전 국민의 브로커화 현상이었을까? 1999년 6월 보궐선거에서 당선된 한 국회의원은 "선거 당시 한 노인이 전화를 걸어 '친구 30명과 함께 있으니 와달라'고 해서 가봤더니 불과 세 사람이 앉아 있었다"며 "그 노인이 다른 사람들은 모두 식사하고 갔다고 거짓말을 하며 돈을 요구했다"고 말했다. 이와 관련해 1999년 6월 11일자 《한국일보》는 "지난 주말 지역구를 찾은 경북 지역 지구당 위원장 L씨는 각종 모임의 금품 제공 요구가 쏟아져 골치가 아팠다"며 다음과 같이 말했다.

"L씨는 '계 모임, 향우회, 동창회, 종친회, 직능·사회단체 등 10여 개모임에서 10만 원에서 30만 원씩을 찬조금으로 요구해 들어주지 못했다'고 털어놨다. (중략) 최근 자민련의 한 당직자는 국회를 찾은 지역구민들로부터 혼쭐났다. 지역 주민 50여 명과 함께 국회 관광에 나선 한 정당인이

'왜 국회 정문 앞까지 나와 기다리지 않았느냐. 대접이 겨우 이 정도냐' 며 따졌기 때문이다. 15대 총선에서 낙선한 원외 위원장 B씨는 '직능단체 간부들이 회원 명단까지 들고 와 가족까지 합치면 1,000표가 넘는다며 돈을 달라고 하면 후보들이 유혹에 빠지기 쉽다' 고 말했다." [69]

2000년대 들어선 '사이버 선거 브로커' 가 활개를 치기 시작했다. 16대 총선 관련 뉴스와 후보 등을 소개하는 인터넷 사이트를 개설한 뒤 출마자들에게 접근해 "돈을 내면 특별히 홍보해주겠다" 며 수십만 원에서 수백만 원을 요구하는 신종 사이버 선거 브로커들이 성행한 것이다. 이처럼 선거 특수를 노리고 여야 정당과 후보에 접근한 업체는 100여 개(2000년 3월 현재)에 이르는 것으로 알려졌다. [70]

오래전부터 악명을 떨쳐온 법원 경매 브로커들의 경매 독식 현상은 날이 갈수록 심해졌다. 2001년 3월 19일자《경향신문》은 "법원 경매가 브로커들의 독무대로 전락하고 있다. 법원과 검찰의 단속에도 불구하고 일반 수요자로 위장한 브로커들의 정보 및 물건 탈법 선점 등 갖은 횡포로 경매 제도가 제 기능을 못하고 있다" 며 다음과 같이 말했다.

"경매 브로커들의 탈법 행위는 다양하고 조직적이다. 대표적인 수법은 입찰물건명세서에 전세인을 허위로 기재하는 것이다. 최선순위 권리자보다 더 빠른 확정일자로 허위 기재하기 때문에 낙찰받을 경우 전세금을 내줘야 할 것을 염려한 일반 수요자들의 입찰 욕구를 떨어뜨린다. 서너 명이 조직적으로 한 팀이 돼 오랜 시간 동안 경매 정보를 돌아가며 열람하는 방법으로 실수요자들에게 경매물에 대한 정보를 얻을 수 있는 시간적 여유를 주지 않는 방법도 사용한다. 브로커들은 경매 법정에 일반인에게 공시

돼 있는 입찰명세서 등을 일일이 베끼거나 금지돼 있는 사진까지 촬영해 불법적으로 경매 정보지를 제작·배포하고 있다. 이밖에도 폭력배를 이용해 공공연하게 일반 수요자를 협박하는가 하면 경매를 고의로 세 차례 유찰시켜 경매물 가격을 공시지가의 반 수준으로 떨어뜨린 뒤 폭리를 취하는 방법 등 브로커들의 탈법은 이루 말할 수 없는 실정이다." [71]

한국은 브로커 공화국

2002년 4월 이른바 '최규선 사건'으로 정치 브로커의 활약상이 다시 화제가 됐다. 2002년 4월 17일자 《경향신문》은 "유독 브로커들이 몰리고 있는 틈새시장은 선거판이다. 브로커들에게 정권 말기의 선거판은 개구리처럼 움츠리고는 있지만 미래를 기약할 수 있는 '동절기'인 셈이다"며 다음과 같이 말했다.

"노무현 후보 측은 '노 후보와 사진을 찍게 해달라는 주문이 쏟아지고 있다'며 '벌써 경선장 밖에서 몰래 노 후보 곁에 서서 스냅사진을 찍은 사람이 노 후보를 팔고 다니는 일도 일어나고 있다'고 말했다. 정치 브로커들은 여야를 떠나 권력을 동경하는 민초들이나 공직자들의 심리를 파고든다. 수요·공급이 계속되는 현실인 셈이다. '정권이 바뀌자 한동안 줄을 대달라고 찾아오는 사람들이 많았고, 모두 돈으로 보이더라'는 게 민주당 당직자의 기억. 실제 '누구를 통했더니 되더라'는 소문은 빠른 법이고, 브로커들의 활동 공간을 넓혀주는 '속설'이 되고 있다. 브로커들은 정권 교체 후 당직이나 정부 산하단체 등에 취직하지 못한 사람들이 당 밖으로 돌며 해결사로 나선 사례가 많다."[72]

2002년 5월 22일자 《동아일보》 기사 〈한국은 '브로커 공화국'〉은 전국민의 브로커화 현상을 다뤘다. "브로커가 시민들의 일상생활에까지 침투하고 있다. 보험 사기나 장기 밀매 등과 같은 범죄행위는 물론이고 경매나 사채 알선, 약국이나 미국 병원·사설 학원 알선 등에까지 브로커가 등장하고 있다. (중략) 그러나 이권에 개입해 실속만 차리는 브로커들만 있는 것은 아니다. 중고차 매매 시 차량 등록 업무를 대행해주거나 부동산 매매, 파출부나 일용직 노동자들에 대한 일거리 알선 등 다른 사람에게 정보를 제공하고 시간과 비용을 절감케 해주는 브로커도 다수 있다. 전문가들은 좋은 의미든, 나쁜 의미든 브로커가 이처럼 많이 생겨나는 것은 사회 시스템이 전반적으로 복잡하고 투명하지 못한 것이 원인이라고 진단한다."

이와 관련해 성신여대 법대 교수 황승흠은 "브로커는 정보가 어느 일방에게만 불균형적으로 몰릴 때 생겨난다"며 "브로커들을 사라지게 하려면 각종 절차와 과정 등 행정을 간편하게 개선하고 법 집행을 엄정하게 하는 등 사회의 투명성을 높여야 한다"고 지적했다. 한국형사정책연구원 선임연구원 최인섭은 "브로커는 좋은 말로 '로비스트'인데 우리는 이 제도가 공식화되지 않고 은밀하게 행해지면서 부정적인 의미로 쓰인다"며 "각종 제도를 공개적이고 투명하게 운용해 브로커들을 제도화할 필요가 있다"고 말했다.[73]

인터넷이 발달하면서 사이버 선거 브로커도 진화했다. 예컨대, 이런 식이었다. 2004년 3월 공천이 확정된 모 정당 후보 지역구 사무실에 한 남

한국은 '브로커 공화국'

장기밀매서 사설학원 알선까지 곳곳 활개

서울 강남구 논현동에 사는 주부 김모씨(42)는 최근 한 여성전용 찜질방에서 희한한 경험을 했다. 찜질방에 머무른 약 1시간 동안 3명의 중년 여성이 번갈아 접근해 각각 성형외과, 사설학원, 다이어트 요법에 관해 귀찮을 정도로 설명한 것. 이들은 자신이 직접 해보니 어떻더라는 식으로 얘기하지만 김씨는 이들이 병원, 학원 등을 알선하고 수수료를 받는 일종의 '브로커'라는 사실을 나중에 알았다.

"돈되는 곳에 브로커 있다" 업종 안가려
법규위반 처리 개입 벌금 면해주기도

브로커가 시민들의 일상 생활에까지 침투하고 있다. 보험사기나 장기밀매 등과 같은 범죄 행위는 물론이고 병원이나 사재 알선, 약국이나 미국 병원, 사설학원 알선 등에까지 브로커가 등장하고 있다.

결혼 6년째인 회사원 박모씨(33·서울 강남구 압구정동)는 올해 초 쌍둥이 출산을 싼값에 주선해주는 브로커가 있다는 얘기를 듣고 귀가 솔깃했다. 미국에서 출산할 때는 1억원가량의 비용이 들지만 미국 밖에서는 2000만~3000만원이면 가능하다는 것이었기 때문.

박씨는 "미국에서 출산하면 아이가 미국 국적을 갖게 된다는 점을 이용해 브로커들이 일부 여행사들과 연계해 알선하는 걸로 알고 있다"며 "브로커들은 전체 비용의 5~10%를 수수료로 요구한다"고 말했다.

사소한 법규 위반 처리에도 브로커가 개입한다.

택시운전사 홍모씨(43)는 최근 승차 거부를 이유로 고발당해 서울의 관할 구청에 갔다. 이때 30대 남성이 "소명서를 잘 써주는 곳을 아는데 5만원만 내라"며 접근했다.

비싼 벌금을 무는 것보다 낫겠다는 생각에 따라간 곳은 구청 인근의 한 대서소. 대서소에서는 "당시 큰 아버지 제사가 급해서 도저히 승객을 태울 수 없었다"는 내용의 그럴듯한 소명서를 써줘고 흥씨는 벌금을 물지 않았다.

서울 강남경찰서 강일구(姜一球) 수사계장은 "2000년 의약분업이 시작된 뒤에는 병원에서 대형약국을 알선하는 브로커가 생겨나는 등 돈이 되는 곳에는 반드시 브로커가 있다고 보면 틀림없다"고 말했다.

그러나 이권에 개입해 실속만 차리는 브로커들만 있는 것은 아니다. 중고차 매매시 차량등록 업무를 대행해주거나 부동산 매매, 파출부나 일용직 노동자들에 대한 일거리 알선 등 다른 사람에게 정보를 제공하고 시간과 비용을 절감케 해주는 브로커도 다수 있다.

전문가들은 좋은 의미든, 나쁜 의미든 브로커가 이처럼 많이 생겨나는 것은 사회시스템이 전반적으로 복잡하고 투명하지 못한 것이 원인이라고 진단한다.

황승흠(黃承欽) 성신여대 법대 교수는 "브로커는 정보가 어느 일방에게만 불균형적으로 몰릴 때 생겨난다"며 "브로커들을 사라지게 하려면 각종 절차와 과정 등 행정을 간편하게 개선하고 법 집행을 엄정하게 하는 등 사회의 투명성을 높여야 한다"고 지적했다.

민동용기자 mindy@donga.com

"골 터졌다" 광화문 월드컵 열기
21일 밤 서울 광화문 세종문화회관 앞에서 한국과 잉글랜드의 경기전을 전광판을 통해 지켜보던 시민들이 후반 6분 한국팀이 골을 터뜨리자 환호하고 있다.
동아연기자 yeon72@donga.com

브로커는 정보가 어느 일방에게만 불균형적으로 몰릴 때 생겨난다.
을로서는 시간과 비용을 절감할 수 있다는 점에서 그들의 유혹을 쉽게 거절할 수 없다.
2002년 5월 22일자 〈동아일보〉 기사.

자가 전화를 걸어왔다. 그는 "지역구 유권자의 이메일 주소 2만 5,000명분을 갖고 있는데 한 명당 100원에 사지 않겠느냐"고 제의했다. 이 후보 사무실의 인터넷팀 담당자는 "공천이 확정된 후보 사무실로 브로커들이 엄청나게 접근해오고 있다"고 전했다.

한 인터넷 브로커는 "한 명 정보당 100원씩 10만 명이면 1000만 원, 각 정당 후보를 상대로 서너 곳 지역구만 확보해도 쉽게 큰돈을 벌 수 있다"고 말했다. 어느 정당 후보 사무실 관계자는 "유권자들의 온라인 정보가 절실한 입장에서 브로커들의 제의는 뿌리치기 힘든 유혹"이라고 털어놨다. 다른 정당 관계자도 "'지역구 내 30대 · 40대 주부 연락처', '부동층만 선별한 메일 주소' 등 맞춤 정보를 제공하는 브로커들이 늘고 있다"며 "유권자 성향에 따른 타깃 마케팅이 점차 중요해져 후보들이 이런 정보를 많이 찾는 것으로 안다"고 말했다.[74]

2004년 10월 법무부가 국회에 제출한 국정감사 자료를 보면 검찰에 적발된 법조 비리 사건은 2002년 1,829건, 2003년 2,016건, 2004년 상반기는 908건으로 집계됐다. 구속자 수는 2002년 406명, 2003년 519명에 이어 2004년 상반기까지 216명이었다. 2002년부터 2004년 상반기까지 적발된 4,743건을 유형별로 보면 민사사건 · 형사사건 관련 브로커 알선이 3,851건으로 전체 사건의 81.1퍼센트를 차지했다. 이어 경매 관련 브로커 알선(254건, 5.3퍼센트), 뇌물 수수(233건, 4.9퍼센트) 등의 순이었다.[75]

건국 이래 최대의 법조 브로커

2005년 11월 23일 브로커 윤상림이 구속됐다. 그는 2003년 5월 H건설사가 군에 뇌물을 줬다고 경찰에 제보한 뒤 건설사를 찾아가 수사를 무마해주는 대가로 공범 이 아무개와 함께 9억 원을 받아 특정경제가중처벌법상 공갈 혐의 등으로 기소됐다. 이 사건은 검찰이 '거악巨惡 척결'이라는 목표로 60여 명에 이르는 특별 수사팀을 꾸려 윤상림과 관련된 계좌 수천 개를 뒤지고 참고인 수백 명을 소환해 조사하는 등 보기 드문 대형 수사여서 "건국 이래 최대의 법조 브로커"라는 말까지 나오게 만들었다.[76]

2006년 1월 20일자 《한국일보》 사설은 브로커 윤상림 사건을 패거리 문화와 연결해 분석했다. 사설은 "윤 씨와 얽힌 각계 인사들의 이름이 얼마나 더 나올지 예측 불가다. 지금까지 나온 이름만 대충 되짚어봐도 지방 경찰청장, 경찰청 차장, 현직 판사, 장성 출신 전 마사회장, 고검장 출신 변호사, 현대·롯데 등 대기업 고위 관계자, 심지어 현직 장관에 총리까지 지인으로 거명됐다. 가히 한국 사회 전체를 농단할 수 있는 어마어마한 인맥이다"고 했다. 사설은 다음과 같이 이어졌다.

"이런 윤 씨에게 '고위층' 인사들이 줄줄이 돈을 갖다 바친 사실을 어떻게 이해해야 할까? 아무도 그에게 인간적인 친밀감을 가졌던 정황은 없다. 그렇다면 그를 통해 얻을 수 있는 기대 실익이 있었다는 것으로밖에는 설명이 되지 않는다. 즉, 윤 씨로부터 금전적 이득을 취했다가 발목이 잡혔거나, 인사상의 기대를 갖고 접촉했다가 거꾸로 엮였으리라는 것이다. 설혹 감언이설에 넘어가 투자조로 돈을 준 경우라 하더라도 그 또한 공직자로서는 절대 해서는 안 될 행동이었기는 마찬가지다."

사설은 "윤 씨 사건은 여전한 한국 사회의 후진성을 극명하게 보여준다"며 다음과 주문했다.

"우리 사회의 공적 구조가 아직도 실력이나 업적이 아닌, 개인적 인맥 따위의 저열한 인적 네트워크에 의해 지배받고 있음을 보여주는 상징적 사례인 것이다. 국민 대다수가 우리 사회의 지도층에 대해 도덕적으로 신뢰하지 않고 있는 것도 바로 이런 불합리한 구조 때문이다. 이 수치스러운 사건이 지도층 인사들로 하여금 주변을 돌아보고 대오각성케 하는 계기가 되길 바란다." [77]

《동아일보》는 "'거물 브로커' 윤상림 씨 사건에 대한 청와대의 대응이 수상쩍다. 윤 씨가 청와대를 자주 드나든 의혹이 있다며 야당 의원들이 두 차례나 출입 기록 제출을 요구했지만 청와대는 거부했다. '개인의 사생활을 침해할 소지가 있다'거나 '구체적인 혐의를 명시하지 않아 곤란하다'는 것이 이유다. 청와대는 지난해 러시아 유전 개발 의혹과 행담도 사건이 불거지자 관련자의 청와대 출입 기록을 서둘러 공개했다. 그때는 사생활 침해나 혐의 불분명 등의 사유가 없었던가? 이렇게 앞뒤가 맞지 않으니 청와대가 윤 씨 스캔들과 모종의 관련이 있는 것 아니냐는 의심을 받는 것이다"고 했다. [78]

《국민일보》 논설위원 이형용은 '윤상림 인맥의 덫'이 나라를 뒤흔들고 있다며 다음과 같이 말했다.

"브로커 윤 씨 리스트 1,000여 명에 오른 정·관·군·검·경의 최고위급 인사들은 좌불안석이다. 윤 씨와 '형님', '아우' 하며 술자리, 골프장,

경조사 등에서 유착했던 결과다. 이들이 왜 윤 씨에게 수천만, 억대 돈을 갖다 바쳤으며 또 감추려 하는지 의문이 아닐 수 없다. 경찰청 차장이 '윤 씨를 내쳤다가 씹힌 사람들이 많았다'고 말한 것을 보면 모두들 윤 씨 함정에 단단히 걸린 듯하다. 윤 씨는 이들을 이용해 진급, 송사, 이권을 주물렀다고 한다. 나라 꼴이 말이 아니다. 지나치면 부작용이 생기기 마련이다. 인맥의 폭과 깊이에도 절제가 필요하며 균형 감각을 잃지 말아야 한다." [79]

브로커 천국 코리아

2006년 1월 21일 청와대 민정수석 비서관 문재인은 "윤 씨가 청와대에 출입한 사실은 없다"고 단언했지만, 25일 청와대 대변인은 윤상림이 "2003년 말 민정수석실 사정비서관을 불쑥 찾아와 어떤 하위직 공무원의 징계를 풀어줄 수 없느냐고 부탁한 사실이 있다"고 밝혔다. 이에 《조선일보》는 "이렇게까지 거짓말을 할 수 있는가"라면서 "'윤상림 게이트'는 이제부터 진짜 시작이다"고 했다. [80]

2006년 2월 1일자 《문화일보》는 윤상림의 호가호위狐假虎威에 으리으리한 사무실이 한몫을 톡톡히 한 것으로 분석했다. 윤상림은 2003년에서 2004년까지 1년 6개월 동안 서울시 강남구 대치동 한국토지공사 서울지역본부 건물에 사무실을 뒀는데 300평 규모에 인테리어도 초호화판이었다. 사무실에 걸린 시계나 거울 등에는 당시 경찰청장 이름이 찍혀 있었다. 주변 인사들은 "대규모 관급 공사를 좌지우지하는 토지공사 건물에 그런 사무신을 갖고 있다면 윤 씨를 거물로 보지 않을 건설업자가 누가 있겠느냐"
고 했다.

윤상림은 위력 과시용 단골 메뉴로 관용 헬기와 경찰 사이드카를 이용
했다. 그의 골프 접대에 동행했던 한 인사는 "경찰차가 사이렌을 켜고 호
위해 너무 민망했다"고 했다. 식사나 회식 자리에서는 고위급 인사 1,000여
명의 직통 휴대전화 번호가 적혀 있다는 수첩이 위력을 발휘했다. 한 주변
인사는 "윤 씨가 수첩을 꺼내 흔들면서 즉석에서 국회의원이나 검찰 고위
간부에게 전화해 격의 없이 대화를 나누는 모습을 보면, 누구나 윤 씨를 대
단한 사람으로 여길 수밖에 없었을 것"이라고 했다.[81]

《월간중앙》 2006년 3월 호는 "다재다능한 멀티 플레이형 거물 브로커
가 한국 사회를 진동시키고 있다. 건국 이후 최고의 브로커라는 윤상림이
다. 건국 이전 왕조시대에도 윤 씨와 같은 탁월한 브로커가 존재했는지에
대해서는 아직 역사학계의 진지한 연구가 없다. 그는 어쩌면 역사상 최고
의 브로커, 최악의 협잡꾼으로 평가받게 될지도 모른다. 정·관·군·검·
경 등 공적 기관, 중소기업과 대기업을 아우르는 민간 영역에까지 그의 손
이 닿지 않은 곳은 거의 없다. 현직 총리와의 친분을 과시하는가 하면 전·
현직 판검사, 경찰청 차장으로부터도 돈을 받았다. 돈을 받아야 할 거물급
인사들이 오히려 돈을 준 '자금의 역류 현상'도 발생했다"며 다음과 같이
말했다.

"그는 파워엘리트의 최고 관심사를 '출세(승진)와 돈'으로 단순화해
이해했다. 그를 잘 아는 한 법조계 인사는 '아직 출세하지 못한 자는 연줄
이 필요하고, 이미 출세한 자는 돈이 필요하다는 것을 그는 누구보다 잘 간

파했다' 고 지적한다. '연줄이 필요한 자에게는 연줄을, 돈이 필요한 자에게는 돈' 을 제공했지만 그 대가는 무자비하리만큼 정확히 챙겼다는 것이다." [82]

2006년 3월 1일자 《서울신문》은 서초동과 관공서 밀집 지역에 브로커 2,000여 명이 활개치고 있다는 기사 〈판치는 '법 위의 인맥' : 브로커 천국 코리아〉를 1면 머리기사로 보도했다. 2004년 발생한 변호사법 위반 사건은 801건이며, 공범을 포함한 변호사법 위반 사범은 1,021명이었다. 사기 등의 혐의로 기소되는 브로커까지 합하면 매년 2,000명 이상이 브로커 사범으로 처벌받는 것으로 추정된다. 이 기사는 "브로커의 덕목(?)은 처음 만나서도 '호형호제' 할 수 있는 친화력과 마당발로 엮어낸 '거미줄 인맥' 으로 요약된다"고 했다.

문전 걸치기 전략

윤상림의 로비법 중 하나는 이른바 '문전 걸치기 전략' 이었다. 문전 걸치기 전략이란 무엇인가? 한양대 광고홍보학과 교수 이현우는 "몇 년 전 일이다. 부산영화제를 둘러보고 있는데 어느 한곳에서 영화 사전 심의 철폐에 대한 서명운동을 하고 있었다. 그곳을 지나가던 사람들은 서명운동을 하는 사람들의 권유에 따라 별 생각 없이 쉽게 서명했다. 그런데 사람들이 서명을 마치자마자 그 옆에 있던 또 다른 사람이 그들에게 독립 영화 발전 기금을 위한 배지를 사라고 권유하자 별 저항 없이 2,000원을 내고 배지를 샀다"며 다음과 같이 말했다.

"이 광경을 목격하면서 문전 걸치기 전략은 그 적용 범위가 엄청나다는 생각을 했다. 영화의 사전 심의 철폐와 독립 영화 발전 기금은 엄연히 명분 차이가 있음에도 불구하고 일단 서명을 한 사람들은 당연한 수순처럼 배지를 구입하고 있었기 때문이다. 만일 순서가 바뀌었다면, 즉 서명 전에 배지를 먼저 팔았다면 결과는 달랐을 것이다. 상대적으로 저항이 적은 서명을 먼저 요청해 자신이 우리나라 영화 발전에 적극적으로 참여하는 사람이라는 자의식을 갖게 만든 다음, 이들로 하여금 일관성의 원칙이 이끄는 대로 독립 영화 발전 기금 모금용 배지를 구입하게 만든 전략은 매우 훌륭했다."[83]

심리학자 로버트 시알디니Robert B. Cialdini가 말하는 '상호성의 법칙'은 문전 걸치기 전략과 통한다. 미국의 한 종교 단체가 성공을 거둔 기부금 모금 방식이기도 하다. 신도들은 공항처럼 붐비는 공공장소에서 여행객에게 다가가 "우리의 마음을 담은 선물"이라며 꽃을 안긴 뒤에 기부금을 내달라고 요청하는 방식인데, 이게 잘 먹히더라는 것이다. 《문화일보》 논설위원 김회평은 이게 바로 '윤상림 로비' 원리 중 하나였다고 했다.

"윤 씨는 쓸 만한 인물이다 싶으면 수단을 가리지 않고 접근해 도움을 주려고 애썼다. 선물, 향응은 물론 궂은일 해주기를 마다하지 않았다. 특히 경조사는 상호성을 덫으로 놓기 좋은 무대장치였다. 축의금이나 조의금은 받은 쪽에서 거절하기가 여의치 않고 혹은 굳이 거절하지 않아도 되는 돈이다. 어느 검찰 간부의 상가에 5000만 원을 쾌척했다는 윤 씨다. 그러나 어떤 식으로든 빚을 지면 마음이 불편해지고, 그런 심리적 압박감을 해소

할 수 있다면 자기가 받은 호의보다 훨씬 큰 호의라도 기꺼이 감수하는 것은 심리 실험으로도 확인된 바 있다. '상대를 빚진 상태로 만들어라.' 윤 씨가 즐겨 구사한 전략이었다." [84]

윤상림은 매년 명절 때면 선물 운송팀을 따로 꾸려 사나흘에 걸쳐 하루 100여 곳씩 선물을 돌렸다고 한다. [85] 《월간중앙》 2006년 3월 호는 "그는 친화력의 인간이었다. '헌신하고 봉사하는 모습'으로 유력 인사들의 마음을 움직였다"고 하며 다음과 같이 말했다.

"윤 씨의 '상가 챙기기'는 한국적 장례 문화의 핵심을 꿰뚫는 헌신과 봉사의 자세를 보여줬다. 상주들은 그의 인간성에 매료됐고, 그의 간단치 않은 자질에 탄복했다고 한다. 유력 인사가 상을 당했을 때 그는 상가의 모든 절차를 장악하고 주도했다. 상주는 '퓨너럴 마스터'와 같은 윤 씨의 행동에 깊은 고마움을 느꼈고 편하게 조문객을 맞을 수 있었다. 상가가 썰렁하게 느껴지면 참석하지 않은 유명 인사에게 연락을 취해 조문객을 그러모으기도 했다. 상주의 입장에서는 감동의 연속이었을 것이다. '피니시블로'는 그의 조의금 봉투의 볼륨이었다. 상을 당한 유력 인사들은 적게는 수백만 원에서 많게는 5000만 원에 이르렀다는 그의 봉투를 보고 또 한 번 놀라지 않을 수 없었다. 도대체 이런 사람을 돕지 않고 누구를 돕겠는가." [86]

2007년 1월 18일 서울 중앙지방법원 형사합의 23부는 윤상림에게 징역 7년에 추징금 12억 3800여만 원을 선고했다. 재판부는 "윤 씨가 공직자와의 친분을 범죄에 악용해 수사기관의 명예를 훼손했고 법정에서도 줄곧 자신의 혐의를 부인하는 등 잘못을 뉘우치지 않고 있다"며 "이 사건과 비슷한 범죄 예방을 위해서도 중형이 불가피하다"고 밝혔다. [87]

첫 만남에 "형님" 하며
친한 척

윤상림 사건이 일어난 직후에 이른바 '김재록 사건'도 터졌다. 검찰은 2006년 4월 분양 대행 업체와 쇼핑몰 업체가 은행에서 825억 원을 대출받도록 도와주고 그 대가로 13억 원을 받은 혐의 등으로 (주)인베스투스글로벌 고문 김재록을 구속·기소했는데, 정작 화제가 된 건 김재록의 사교술이었다.

2006년 3월 27일 금융 브로커 김재록과 친분이 있는 전직 경제 부처 고위 관료 중 한 사람으로 꼽힌 당시 부총리 겸 교육인적자원부 장관 김진표는 기자 간담회에서 "(김재록 씨가) 아무나 보면 '형', '아우' 한다. 어떻게 보면 버릇없다"며 "경제 부처 국장급 이상이면 한 번쯤은 김재록 씨와 만났을 것이다"고 말했다.[88]

김재록을 아는 금융권 인사들은 하나같이 그가 "접근하려는 상대방의 약점이나 골칫거리 해결에 탁월한 재능을 지녔고 그 부분을 절묘하게 이용할 줄 알았다"고 말했다. 한 금융사 대표는 "김 씨의 로비 수단은 '돈' 이상이었다. 장관이나 은행장들이 돈 몇 푼에 움직였을 가능성도 적다. 그보다 정계 핵심과 친분 있음을 드러내며 '무슨 자리를 알아봐주겠다'는 식의 제안이 그들에겐 훨씬 매력적이었을 것"이라고 말했다.[89]

《조선일보》는 김재록이 한국 지사장으로 있던 아더앤더슨 지사에 전 정권의 경제 요인들과 현 정권 고위층의 아들딸이 취직한 것과 관련해 "국민의 피눈물 같은 세금 수백조 원을 쏟아붓는 구조조정 같은 일을 맡게 되면 그 처신을 살얼음 밟듯 해야 하는 게 공직자의 상식적 몸가짐이다"라며 다음과 같이 개탄했다.

"자녀가 구조조정 업무로 돈을 모으는 아더앤더슨 같은 회사에 제 실력으로 취직하겠다고 해도 '그 회사는 내가 맡고 있는 나랏일과 관련이 있으니 안 된다'고 말리는 것이 정상이다. 그러나 이 나라 공직자들은 이런 상식적, 정상적 판단과는 거꾸로 해왔으니 세상이 거꾸로 된 것인지 그 장차관이란 사람들이 거꾸로 된 사람인지 모르겠다." [90]

김재록은 자신을 '제2의 윤상림'으로 몰아가는 수사 방향과 언론 보도에 불만을 표시하면서 검찰에 자신을 윤상림과 비교하지 말아달라고 요구했다. 기아자동차 이사, 세동회계법인 경영전략연구소장, 아더앤더슨 한국 지사장, 인베스투스글로벌 대표 등 이력이 화려한 김재록으로서는 전문가인 자신을 윤상림과 비교하는 데 화가 났을 만도 하다. 그는 항의 표시로 3월 25일부터 단식에 들어갔다. [91]

금융감독원 고위 관계자는 "우연찮게 술자리에 합석했는데 만나자마자 '형님' 하면서 친한 척했다"면서 "나이도 만난 사람마다 50년생, 53년생, 57년생으로 다르게 알고 있어 의아하게 생각했다"고 말했다. 김재록이 영어를 유창하게 구사한다는 세간의 평가에 대해 한 전직 관료는 "문법을 완전히 무시하는 '브로큰잉글리시'인데도 영어를 모르는 일부 관료가 보기에는 외국인들과 대화가 되는 것으로 여겼다"면서 "나중에 물어보니 외국인들도 무슨 소리인지 몰라 그냥 웃고만 있었다는 얘기를 들었다"고 말했다. [92]

《조선일보》는 수백 명을 형님과 아우로 둔 마당발 윤상림·김재록 사

김재록 윤상림式 '형님 아우' 장사가 통하는 사회

구속 중인 거물 금융브로커 김재록씨는 친해져야겠다고 점 찍은 사람에게 접근해 서슴없이 '형님'이라고 불렀다고 한다. 김씨의 '형님, 아우' 接近法^{접근법}은 재계, 금융계에선 모르는 사람이 없을 정도라고 한다. 지금 재판을 받고 있는 또 다른 거물 브로커 윤상림씨는 28일 재판정에서 이해찬 前^전 총리와 함께 골프를 쳤던 얘기, 이 전 총리로부터 선물을 받았던 얘기를 자랑 삼아 늘어놓았다. 윤씨의 '형님, 아우' 역시 수백명에 달했던 것으로 알려져 있다.

김씨, 윤씨와 '형님, 아우' 하며 지냈던 사람들이 이제 와서 "그 사람 언젠가 일 낼 줄 알았다"는 식으로 말하고 있다. 자신은 미리 그럴 줄 알고 김씨, 윤씨와 거리를 두고 지냈기 때문에 문제될 일이 없다는 얘기다. 소가 웃을 일이다.

김씨와 親分^{친분}이 있던 것으로 확인된 전직 재경부 장관만 해도 네 사람이나 된다. 이 인사들이 김대중, 노무현 정부를 거쳐 경제 총사령탑으로 在任^{재임}한 기간을 합치면 滿^만 5년이다. 이 중 한 사람은 "경제부처 국장급이면 모두 김재록씨와 안면이 있었을 것"이라고 말했다. 김씨

가 역대 재경부 장관과 두루 알고 지내고, 경제부처 국장급들과 '형님, 아우' 부르는 사이였다면 그런 김씨가 재계, 금융계에서 힘을 쓰지 못하는 게 오히려 이상한 일일 것이다.

윤씨 역시 고검장, 부장 판사, 경찰청 차장같이 '힘 센' 사람들과 돈을 주고받는 사이로 지냈다. 보통 사람들 눈에는 윤씨가 대단한 배경을 가진 사람으로 비칠 수밖에 없다. 줄이라도 대 두는 게 좋겠다고 생각하는 것이 당연하다.

대통령은 당선자 시절 "請託^{청탁}하면 敗家亡身^{패가망신}하게 만들겠다"고 했고, 참모들 역시 연줄이 통할 수 없는 별천지 세상을 만들어 놓은 것처럼 큰소리를 쳐 왔다. 그러나 現^현 정권에서도 대통령과 고향이 같은 사람들, 학교가 같은 사람들, 實勢^{실세}들과 한 고등학교를 나온 사람들이 요소 요소의 알짜 높은 자리를 꿰차고 눌러 앉아 있다는 것을 알 만한 사람들은 다 알고 있다. 윗물들이 이렇게 '형님, 아우'를 밝히고 챙기는 분위기이기에 김씨, 윤씨의 '형님, 아우' 장사도 쏠쏠한 재미를 볼 수 있었던 것이다.

'형님, 아우' 접근법은 연줄 중심의 한국 사회에서 특히 이익이 되는 장사다.
2006년 3월 30일자 《조선일보》 사설.

건과 관련해 "대통령은 당선자 시절 '청탁하면 패가망신하게 만들겠다'고 했고, 참모들 역시 연줄이 통할 수 없는 별천지 세상을 만들어놓은 것처럼 큰소리를 쳐왔다"며 "그러나 현 정권에서도 대통령과 고향이 같은 사람들, 학교가 같은 사람들, 실세들과 한 고등학교를 나온 사람들이 요소요소의 알짜 높은 자리를 꿰차고 눌러앉아 있다는 것을 알 만한 사람들은 다 알고 있다. 윗물들이 이렇게 '형님', '아우'를 밝히고 챙기는 분위기이기에 김 씨, 윤 씨의 '형님', '아우' 장사도 쏠쏠한 재미를 볼 수 있었던 것이다"라고 주장했다.[93]

김재록은 브로커인가,
금융 전문가인가

2006년 3월 30일 검찰은 이례적으로 김재록을 기자들에게 칭찬했다. 금융 지식이 해박하고 영어가 유창하다는 등 검사들이 모두 탄복하고 혀를 내두를 정도라는 것이다. 이에 대해 《조선일보》는 "검찰의 칭찬은 김 씨를 '달래기' 위한 것으로 보인다. 김 씨가 '금융 브로커' 나 '금융계의 윤상림' 으로 불리는 데 대해 불쾌해하고 있기 때문이다" 고 했다.[94] 《한겨레》 또한 "김 씨에게 검찰이 '짝사랑' 을 표시한 것은 수사 협조를 이끌어내기 위한 포석으로 해석되고 있다" 고 했다.[95]

2006년 9월 21일에는 김재록 로비 의혹 사건을 심리 중인 서울 중앙지방법원 형사합의 23부 소속 판사가 "검찰이 기소한 내용은 지금도 회계법인에서 관행적으로 이뤄지는 정도" 라면서 "지금까지 나온 사실로는 구속 재판할 이유가 없다" 라고 말해 논란을 빚었다. 그는 특히 "검찰이 언론을 통해 침소봉대했다. 검찰이 여론 재판을 했다는 생각도 든다" 라는 말까지 덧붙였다.[96]

2007년 1월 16일 서울 중앙지방법원 형사합의 23부 부장판사 문용선은 김재록에 대한 선고 공판에서 "김 씨가 (검찰) 수사 단계에서 마치 불법을 자행하며 돌아다닌 '악질 브로커' 로 알려진 것은 유감" 이라며 검찰을 에둘러 비판했다. 문용선은 "수사 단계에서 인권이 침해됐다" 며 "재판도 하기 전에 피고인의 피의 사실이 상세히 알려지면서 (김 씨는) '악질 죄인' 이고 당연히 유죄 처벌을 받아야 하는 것인 양 알려졌던 사실이 있다" 고 지저했다. 이어 "악질 거물 브로커가 절대 아니고, 오히려 금융 전문가로서 새로운 금융 기법을 도입해 우리나라 경제 회생에 기여한 점이 인정된다"고 강조했다.

문용선은 "김 씨는 악질의 죄인이 아닐 수도 있고, 선처받을 만한 사정이 드러날 수도 있는데도 한 번 피고인이 입은 명예의 손실, 고통·치욕, 사회에서 입은 상처는 설사 재판에서 무죄판결이 난다 해도 보상받거나 치유될 수 없는 것"이라고 설명했다. 그러나 재판부는 김재록이 부실 기업 인수 청탁과 대출 알선과 관련해 업체 다섯 곳에서 27억여 원을 받은 혐의를 유죄로 인정해 징역 2년에 집행유예 3년, 추징금 26억 7300만 원을 선고했다.[97]

문용선의 말이 맞다면 김재록은 그야말로 억울한 명예훼손을 당한 셈이다. 이는 브로커의 경계가 불명확하다는 속설을 재확인시켜준 사례라 하겠다. 성공하면 영웅이요, 실패하면 역적이 되는 브로커계의 영원한 딜레마라고나 할까?

브로커의 돈·청탁에 눈먼 판검사들

2006년 7월에 터진 '김홍수 사건'엔 판검사들이 연루돼 큰 논란을 빚었다. 2006년 7월 14일자 《경향신문》 사설은 "브로커가 판검사 등 법조인들에게 금품과 향응을 제공하고 사건 청탁을 하는 이른바 법조 비리는 어제오늘의 일이 아니지만 어제 검찰이 밝힌 '김홍수 사건'은 여러 가지 점에서 충격적이다"며 다음과 같이 말했다.

"우선 차관급인 고법 부장판사와 전·현직 검사는 물론 일선 경찰서장 등 10여 명이 김홍수라는 법조 브로커로부터 수백만 원에서 수천만 원대 금품을 받은 혐의로 조사를 받고 있다는 점에서 가히 법·검·경의 '삼위일체' 비리라 할 만하다. 또 브로커 김 씨는 청탁받은 사건의 90%를 해결했다고 하니 대한민국의 사법·준사법기관이 일개 사기꾼의 로비를 아무런 여과 없이 받아들였던 셈이다." [98]

같은 날 《조선일보》에는 〈돈·청탁에 눈먼 판검사들〉이라는 기사가 실렸다. "최근 한 법원에서 열린 사건 브로커에 대한 재판 현장. 변호사는 증인에게 '도대체 뭘 믿고 (브로커에게) 돈을 줬느냐'고 물었다. 증인은 '날마다 판검사들하고 술 먹고 골프 하고 호형호제하는데, 어떻게 안 믿을 수 있습니까'라고 되물었다. 그러면서 증인은 판사를 빤히 쳐다봤다. 증인은 브로커를 통해 이 재판장과도 안면을 익힌 사이였던 것이다."

서강대 법학과 교수 임지봉은 《한국일보》에 기고한 칼럼에서 "법조계 사람들을 만나보면 첫 인사가 연수원 몇 기, 고시 몇 회라는 식으로 이루어지는 것이 다반사다. 이 기수를 중심으로 법조인들은 서열화되고, 법조 사회는 수직적 구조를 갖는 동류 집단이 된다. 그리고 법조인들의 이러한 동류의식은 고시 패스의 엘리트 의식과 합쳐지면서 어느 집단의 그것보다 강한 결속력을 지니게 된다"며 다음과 같이 말했다.

"요즘 대형 법조 비리 사건들이 터져 국민을 아찔하게 만들고 있다. 현직 판사와 검사 등이 법조 브로커의 갖가지 청탁을 들어주고 금전적 이익이나 향응을 제공받았다는 이야기다. 특히 브로커 청탁 성공률이 90%라는 검찰 발표는 설마 하는 마음을 절망으로 바꿔놓기에 충분하다. (중략) 우리 법조 비리의 근원적 원인은 결국 '기수' 문화를 매개로 법조 사회에 만연해 있는 법조인들끼리의 깊은 동류의식에 있다고 믿는다. 솜방망이식 처벌도 여기서 나온다.

변호사가 많아 변호사들끼리의 감시와 경쟁이 살아 있고 사법연수원이라는 법조인 전원 훈련소가 없는 미국에는 법조인들 사이에 온정주의적 동류의식이 존재하지 않는다. 오히려 법조 비리 전문 변호사가 있어 법조 비리 사건에 대한 저격수 노릇을 톡톡히 한다. 법조 비리 척결의 근원적 해결책이 법조인 양성 제도 개혁과 맞닿아 있는 이유가 바로 여기에 있다." [99]

언제 어디에서 무슨 비리를 저지를지 모르는 상황

이명박 정권 들어서도 브로커 스캔들이 연이어 터져 나왔다. 2008년 7월 대통령 부인 김윤옥의 사촌언니 김옥희가 공천 브로커로 나서 30억 원을 받은 사건이 터졌다. 2008년 8월엔 한나라당 상임 고문인 유한열 전 의원 등 2007년 대통령 선거 당시 이명박 캠프의 인사들이 연루된 국방부 납품 로비가 검찰에 적발됐다.

2008년 8월 11일자 《조선일보》 사설은 "권력을 이용해 잇속을 챙기려는 기업인과 브로커들은 항상 집권당과 실세들 주변을 맴돌면서 줄 댈 곳을 찾고 있다. 이명박 정권은 대통령직 인수위부터 특보, 자문위원 등이 500명을 넘어 정확한 숫자를 아는 사람이 없을 정도였고, 1,000명이 넘는 4·9총선 공천 희망자의 3분의 1 이상이 선거대책위, 인수위에서 한자리했다고 이력서에 썼다는 얘기도 있다. 이들이 언제 어디에서 무슨 비리를 저지를지 모르는 상황이다"며 다음과 같이 주장했다.

"어느 정권이든 권력형 비리 사건이 터져 나오는 걸 시작으로 무너지는 길로 들어섰다. 이 정권이 그런 전철을 밟지 않으려면 권력형 비리의 성공 사례를 철저히 없애 업자業者들에게 권력 주변을 기웃거려봤자 감옥 갈 일밖에 없다는 인식을 심어줘야 한다. 지금 이 정권은 그런 길로 가고 있는가, 아니면 그 반대의 길로 가고 있는가? 얼마 안 있으면 국민이 저절로 알게 될 것이다." [100]

'그런 길'과 '그 반대의 길' 가운데 과연 어느 쪽이었을까? 답은 '그 반대의 길'인 걸로 밝혀졌다. 2012년 4월 정국을 뒤흔든 파이시티 인허가 금품 로비 사건에는 '경북 포항 구룡포 향우회'와 '영포회'가 금품 수수자들의 안면을 터주는 브로커 역할을 했다는 게 밝혀졌다. [101]

그나마 이들은 법의 심판을 받지만, 법의 심판에서 완전히 자유로운 브로커도 있다. 로펌에 영입된 경제 부처 고위 관료 출신들이다. 예컨대, 민주통합당 의원 김기식은 김앤장 등 6대 로펌에서 일하는 공정거래위원회 출신 직원이 41명에 달할 정도라고 밝혔다(2012년 10월 현재). 현직 관료들로서는 '모시던 상사나 존경하는 선배'의 부탁을 거절하기 어려운 처지기 때문에 전직 관료들의 영향력은 적지 않다. 이런 인간적인 관계 외에도 퇴직 관료들 사이에서 "선배를 무시하는 친구"라는 소문이 돌면 공직 사회에서 살아남기 어렵다는 점도 청탁을 거절하기 어렵게 만든다. 한 로펌 관계자는 "대형 로펌이 퇴임 관료에게 고액 연봉을 주고, 사무실, 자가용을 제공하는 건 그 사람들이 '골동품'이 아니라 이용 가치가 있기 때문"이라고 말했다.[102]

왜 브로커 양성화가 필요한가

이상 살펴본 바와 같이 한국은 브로커 공화국이요, 브로커 천국이다. 브로커 유형만 해도 수십 종류다. 끼지 않는 곳이 없다. 그리고 누구나 이익이 생길 것 같다 싶으면 브로커로 변신한다. '전 국민의 브로커화'라고 해도 좋을 정도다.

처음부터 나쁜 브로커 하겠다고 나선 이들도 있겠지만, 그렇지 않은 브로커도 많다. 늘 문제가 되는 건 실패했을 때다. 그럴 때에 나쁜 브로커라는 딱지가 붙는다. 성공하면 '능력 있는 마당발'이라거나 '권력 실세와 통하는 유력자'라거나 '평소 인덕을 베풀어 여기저기 말발이 먹히는 분'으로 칭송받을 수도 있다. 사실 이게 더 무서운 점이다. 법망에 걸려들어 나쁜 브로커 소리를 듣는 사람은 빙산의 일각일 것이요, 나머지 대다수는 성공해서 부귀영화와 더불어 존경까지 누리고 있을 테니 말이다.

1장 〈왜 한국인은 갑을관계에 중독됐나: 갑을관계의 역사〉에서 다뤘기에 이 글에선 자세히 소개하지 않았지만, 실은 공직자들의 전관예우 현상이야말로 가장 대표적이고 광범위한 '나쁜 브로커' 현상이다. 공직은 국민을 뜯어먹는 직업이라는 속설을 재확인시켜주는 관행이다. 그러니 누가 누구에게 손가락질을 할 수 있겠는가?

게다가 그런 브로커 문화엔 대다수 한국인들이 아름답게 여기는 '형님 문화'가 자리 잡고 있질 않은가! 한국의 형님주의 문화는 전 사회의 조폭 문화화를 의미하는 것이기도 하다. 주고받는 인정과 의리 속에 무엇이 꽃피는지는 모르겠지만 그만큼 사회정의를 세우기가 어려워지는 건 분명하다 하겠다.

"한 건만 성공하면 5대가 영화를 누린다"는 속설이 모든 브로커들에게 다 해당되는 건 아니다. 그러나 브로커 비리의 이면엔 한탕주의 심리가 자리 잡고 있는 건 분명하다. 우리는 한탕주의를 맹렬하게 비판하지만 합법적이건 아니건 한탕주의 정신이야말로 한국 사회 전 분야에 걸쳐 자리 잡고 있는 오랜 시대정신은 아닐까?

브로커 문제의 심각성을 깨달은 이들은 '브로커 양성화'라는 관점에서 '로비 제도'를 도입하자고 한다. 모든 걸 햇볕 아래에 드러내놓고 공개적으로 해야 비리가 사라질 수 있다는 것이다. 그 효과엔 회의적이지만 그 취지엔 전적으로 공감한다. 효과에 회의적인 까닭은 브로커 공화국의 동력이라 할 한국의 연고주의야말로 한국인의 유전자인지라 그 어떤 제도로도 넘어서기가 어려운 게 아닌가 하는 생각 때문이다.

그래서 나는 전면적인 제도 도입보다 작은 곳에서부터 하나씩 '브로커 양성화'를 해나가는 게 어떨까 싶다. 그리고 이건 '인권' 문제 차원에서 다뤄야 한다고 생각한다. 왜 인권 문제인가? 기회 균등이라는 문제와 직결되기 때문이다.

우선 지자체·기업의 돈 문제를 생각해보자. 당신에겐 아주 좋은 사업·홍보 아이디어가 있다. 지자체·기업은 그런 아이디어를 공모하지 않는다. 당신에겐 줄이 없다. 지자체·기업을 접촉할 기회가 아예 없다는 뜻이다. 물론 편지 한 장 써서 보낼 수는 있겠다. 그러나 전례가 없다는 이유로 편지는 아무런 검토 없이 무조건 쓰레기통으로 들어가게 돼 있다. 브로커라도 만나고 싶지만 음지에서 일하는 브로커 또한 줄이나마 있어야 만날수 있다. 로비 제도를 도입하자는 취지는 바로 이런 기회 균등 박탈을 바로잡아보자는 뜻이다.

사실 지방에선 지역 토호·유지 중에 브로커 노릇을 하는 이들이 있다. 이들은 고래 심줄보다 질긴 각종 연고 네트워크가 있기 때문에 전화 한 통만으로도 웬만한 로비는 다 해낼 수 있다. 똑똑한 젊은이들이 지방에 남지 않으려는 이유는 지방에 먹을 것이 없어서만은 아니다. 그 어떤 기가 막힌 아이디어가 있어도 그런 네트워크에 차단당해 검증받을 수 있는 기회조차 얻기 어렵기 때문이다.

지방이 죽어가는 이유엔 여러 가지가 있겠지만 브로커 공화국 체제가 지방에서 더욱 악성 형태로 나타나는 걸 빼놓을 수 없다. 지자체·기업들이 돈을 쓰는 각 분야 업무에서 진정한 공모 방식으로 기회 균등을 실현해나가는 것만이 지방에 활력을 불어넣는 전제 조건이다. 그래야 의욕과 더불어 창의성이 살아 혁신으로 갈 수 있다.

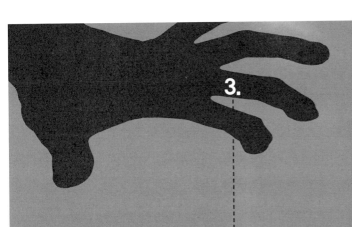

3.

선물은
'가면 쓴 뇌물' 인가
선물의 역사

문화인류학자들의 선물 연구

매년 12월, 1월, 2월은 연중 가장 들썩이는 '선물의 계절'이다. 크리스마스,
연말연시, 신정과 설날 등 '특수'가 몰려 있기 때문이다. 사람들끼리 정情
을 주고받는 선물, 그 얼마나 좋은가! 그러나 좋다는 사람보다 피곤하다거
나 부담스럽다는 사람들이 더 많다. 선물·뇌물의 경계가 모호하기 때문
이다. 이 피곤함과 부담감을 웅변해주는 명언 몇 개를 소개한다.

> "조그마한 선물은 사례도 조그마하다." ─프랑스 속담
> "선물에는 바위도 부서진다." ─세르반테스
> "은밀히 안기는 선물은 화를 가라앉히고 몰래 바치는 뇌물은 거센 분노를
> 사그라뜨린다." ─구약성서

"빈손이면 빈말밖에 돌아오지 않는다." -솔즈베리[1]

학자들 또한 그걸 놓칠 리 없다. 마르셀 모스Marcel Mauss는 《증여론 Essai sur le don》(1925)에서 폴리네시아인과 북아메리카 인디언들의 선물 교환 관습을 연구했다. 그는 선물은 외관상으론 자발적이고 무상인 것처럼 보이지만 실은 강제적·타산적이며 그럼에도 평화·우정·결속력을 유지시켜준다고 했다.[2]

이후 많은 문화인류학자들이 선물 연구에 뛰어들었는데, 1960년대 이후 마셜 샐린스Marshall Sahlins는 모스가 제시한 '자발적-강제적 선물과 답례'라는 모델을 넘어 '호혜성의 스펙트럼'이라 명명한 이론을 발전시켰다. 다른 인류학자들은 상품 시장과 선물이 꾸준히 공존하면서 상호 작용하는 데 주목했다.[3]

16세기 프랑스의 선물 문화를 연구한 내털리 제이먼 데이비스Natalie Zemon Davis는 "선물은 사회 각계의 친구들, 이웃들, 친족 그리고 동료들 간의 관계를 지탱시켜줬다. 선물은 또한 계급과 신분의 경계를 뛰어넘어 억압적인 관계를 완화시켰다"며 다음과 같이 말한다.

"선물은 거래 합의에 신뢰와 신용을 더해줬으며 어디에서나 사회적 승진과 정치적 거래 방식을 용이하게 해줬다. 물건과 봉사의 증여는 적선을 받는 수령인의 겸손한 행위에서부터 헌정자에 대한 정중한 칭찬의 말과 보석 증여자에 대한 우아한 문구에 이르기까지 예의범절을 요구했다. 선물 양식이 예의를 갖추게 한 것이다. 또한 선물 양식은 분쟁과 질시 그리고 의무의 부담도 발생시켰다."[4]

데이비스는 선물과 부패의 관계에도 주목했다. 그는 "'부패'는 17세기 영국이나 플로렌스와 마찬가지로, 16세기와 17세기 프랑스(중세의 전례를 가지고 있는)에서도 이미 하나의 쟁점이 돼 있었다"며 "이들 지역에서는 모두 선물 흐름이 정중하고 품위 있는 정치 생활의 필수 불가결한 일부로 유지되고 있었을 때조차 부패한 선물을 규제하는 금지법이 제정됐다"고 했다.[5] 또 데이비스는 그런 문제는 "20세기는 가족과 사회질서의 위계질서와 통치의 정당화에 대해서 다른 전제를 지닌 세계임에도 불구하고 선물 관계를 통해 나타나는 '복종'과 '타락'은 여전히 20세기적 풍경의 일부를 이루고 있다"고 했다.[6]

물론 21세기에도 그런 풍경엔 변함이 없지만, 선물과 뇌물 사이의 경계를 짓는 일에 보편주의는 적합지 않다는 게 문화 상대주의에 친화적인 문화인류학자들의 생각이었다. 그래서 그들은 '뇌물'이라는 말을 아예 사용하지 않으면서 그것도 선물로 보았다.[7] 선물과 뇌물의 경계를 가르는 게 쉬운 일도 아니다. 청교도 정신이 강한 미국 연방 법원조차 뇌물과 선물을 구분하려고 시도했지만 매우 어렵다는 결론을 내리는 데 머무르고 말았다.[8]

뇌물이라 한들 그게 나쁘기만 한 것이냐고 반문하는 사람들도 있다. 미국 하버드 대학교 행정학 교수인 제임스 윌슨James Q. Wilson은 1968년《뉴욕타임스 매거진》에 기고한 글에서 "부정부패는 반드시 나쁘기만 한 것이 아니다"고 주장하면서 '통합적 부패'와 '분열적 부패'를 구분했다. '통합적 부패'는 엘리트 내부의 분열로 생긴 폐해를 방지해 결과적으로 사회 발전에 기여할 수도 있다는 주장이었다.[9]

제임스 스콧James C. Scott은 1972년에 출간한 《정치적 부패의 비교

Comparative Political Corruption》라는 책에서 제3세계에서 부패가 횡행하는 이유로 여섯 가지를 꼽았는데 그 내용은 다음과 같다. 첫째, 이들 나라에는 선물을 주고받는 전통이 강하다. 둘째, 인맥·학맥·혼맥 등 인간관계의 유대를 지나치게 중시한다. 셋째, 뇌물보다 더 큰 반대급부를 정부로부터 받아낼 수 있다. 넷째, 각종 사업에 정부의 간섭이 지나칠 정도로 많다. 다섯째, 사회의 다른 분야에 견줘 관료 조직의 힘이 너무 크다. 여섯째, 공무원들의 신분이 상대적으로 높아서 농부들의 존경을 받는다.[10]

부정부패와 선물

물론 이런 주장에 모두 동의할 필요는 없지만 선물을 주고받는 전통이 강할수록 부패가 심하더라는 말이 예사롭지 않게 들린다. 한국은 부정부패가 심한 나라인 동시에 세계에서 둘째가라면 서러워할 '선물 대국'이기 때문이다.

2005년 2월 16일에 보도된《문화일보》-TNS의 여론조사 결과를 보면 "부패수준 심각하다"가 91.9퍼센트, "참여정부 출범 후 나아진 것 없다"가 61.6퍼센트인 것으로 나타났다. 가장 부패한 분야로 정치권을 지목한 사람이 70.7퍼센트였으며, "정치 분야 가장 악화"도 41.4퍼센트였다.

2005년 9월 26일자《르몽드》에는 프랑스의 대표적인 방산·전자 업체인 탈레스의 전 최고경영자 미셸 조스랑의 인터뷰 기사가 실렸다. 미셸 조스랑은 프랑스 국내외에서 상거래를 하며 뇌물을 제공한 적이 많다고 폭로

했는데 그는 특히 한국을 아프리카에 이어 뇌물이 불가피한 나라로 지목했다.[11]

2006년 10월 4일 발표된 국제투명성기구의 2006년 뇌물공여지수 조사 결과에서, 한국 기업들은 세계 수출 주도국 30개 나라 기업 가운데 21위를 차지해 하위권에 머물렀다.[12] 2006년 11월 6일 국제 반부패 비정구기구인 국제투명성기구TI 한국 본부는 한국의 부패인식지수CPI가 5.1점(10점 만점)으로 나타나 42위에 머물렀으며, 이는 경제협력개발기구OECD 소속 국가들은 물론 아시아 주요 나라들에 비해서도 크게 뒤처지는 것이라고 밝혔다.[13]

그러나 이런 결과를 놓고 단지 "썩었다"라고만 말하기엔 미진한 감이 있다. 한국의 특유한 '정情 문화'와 '공짜 문화'를 근간으로 삼는 선물 문화와 관련이 있는 건 아닐까? 한국의 선물 문화는 같은 동양권 내에서도 유별난 것으로 소문나 있지 않은가.

예컨대, 서경대 일어학과 교수 나라 유리에는 "한국에서 10년 넘게 산 지금도 한국 사람들의 일상생활 중 이해하기 어려운 부분이 있다. 입원한 친구를 보러 병원을 방문하거나 교수님을 만날 때 또 남의 집을 방문할 때마저 들고 다니는 열 개들이 음료수 세트. 이해가 안 된다"고 했다.[14]

이해가 안 되는 게 어디 그것뿐이랴. 선물에 죽고 사는 한국인의 모습은 도처에 흘러넘친다. 옛날 신문을 보더라도, 1946년 8·15해방 기념 선물로 서울시민에게 고무신과 운동화 5만 2,000켤레와 양말 8만 켤레가 전달됐고,[15] 1952년 영세민 대상 추석 선물로 할당된 정부 방출미를 공무원과 통반장들이 횡령한 사건이 일어나는 등[16] 이색적인 선물 관련 기사들이 눈에 띈다. 하긴 바로 얼마 전까지만 해도 선거는 '선물의 축제'이기도 했다. 검정

뇌물論

노태우 전 대통령 비자금사건 첫날 공판에서 노태우를 추궁받은 재벌 총수들은 한결같이 뇌물이 아니라 「성금」이요 「관행」이며 「통치자금」이요 「전별금」이고 「감사표시」며 사회를 위한 「공여」라는 분식 용어를 많이 창출해 썼다.

하기야 역사가 생긴 이래 뇌물을 뇌물이라고 직설적으로 말하고서 주고 받은 전례는 없을 것이다.

이미 신화 속에서도 뇌물은 예물을 뜻하는 幣物(폐물)로 미화되고 있다. 옛 신라땅 늪 곁에서 한 여인이 낮잠을 자고 있는데 해가 무지개를 타고 그 여인의 국부를 비치더니 아이 뱄다. 이 일 숨겨서 보고 있던 한 사나이가 그 여인이 태양수태를 해서 낳은 붉은 구슬을 엄어들고 소 한마리 끌고 가는데 신라 왕자 조소공주(아메노・Bribe)라 한다 하고 모든 히보코를 만났다.

소를 잡아 먹으러 가지 않나 하는 의심을 받자 붉은 구슬을 폐물로 바치고 무사해진다. 이 붉은 구슬이 미녀로 둔갑 왕자와 결혼하여 일본으로 건너가 신명으로 좌정한다. 이렇게 신화시대부터 뇌물은 미화되게 마련이었다.

증여 곧 공물이나 뇌물도 독소식을 받아들이지 말며 ②마셤들이 항응을 받아들이지 말며 ③태원이—말이나 가마를 받아들이지 말며 ④안겨들이—손에 쥐어 주게 마련의 돈은 받아들이지 말며 ⑤원색이—뇌물성의 부정한 돈이 좌전을 받아들이지 말라 해서 다섯을이다.

미국에서는 50달러를 뇌물과 선물의 한계로 삼는다지만 우리 나라에서도 술 한잔 밥 한끼 말처럼 얻어 타는 것도 뇌물처럼 전통이 있었던 것이다. 하물며 대통령의 완손에 쥐어준 2백억~3백억원의 좌전을 「큰건 뇌물이 아니고—」라고 대명천하에 말할 수 있는 말인가. 떳떳이 뇌물이라고 진실하는 것이 인격유지에도 국민정서에도 얻합

독일어에서의 선물을 뜻하는 Gift란 말이 기프트란 말이 소원넘이란 말처럼 된다는 것, 재완손에 쥐어 주게 마련으로 左錢(좌전)이라고 賂(뇌)으로 바로 써서 다섯을이다.

연 역~3백억원씩의 돈이 공급이 구의 대가나 뇌물성의 악함이 명백이 데 섬믹이 공여니 사려니 하 해서 법적으로 뇌물이 아니되 는 것은 아니다.

케네스 붐딩은 증여를 대별하여 사랑에서 우러난 선의의 증여, 선물성 증여로 미화시킨다고 공물이나 협박에서 우러난 강제의 증여를 공물(貢物・Tribute)이라고 하며 반대급부를 노린 타산된 증여를 뇌물(賂物・Bribe)이라 한다.

우리 전통 벼슬아치 사회에서 뇌물의 하한선이 불문율로 정해져 있었다. 속칭 「다섯을이가 그것이다. ①먹을이— 이 된다고 본다.

한국인은 유독 선물에 친숙한 민족이다. 어딜 가든 빈손으로 가는 일이 없다. 그런 우리나라에도 뇌물의 하한선을 정해두는 불문율이 있었다는 점은 이채롭다. 1995년 12월 20일자 〈조선일보〉 칼럼.

고무신에서부터 무료 관광버스 대절에 이르기까지 그 메뉴도 다양했다.

이는 오랜 역사와 전통을 자랑하는 문화겠지만 그래도 한때나마 원칙은 제법 까다로웠다. 우리 전통 벼슬아치 사회에서는 먹여들이(식음을 받아들이지 말라), 마셔들이(향응을 받아들이지 말라), 태워들이(말이나 가마를 받아들이지 말라), 안겨들이(여색을 받아들이지 말라), 왼손들이(좌전을 받아들이지 말라. 뇌물처럼 부정한 돈은 왼손에 쥐어 주기 마련이기에 좌전이라고 했다)를 일러 "다섯들이"라고 하며 이를 뇌물의 하한선으로 보는 불문율이 있었다.[17]

그런 불문율이 언제, 왜 사라졌는지는 연구해볼 일이겠지만 그건 다른 기회로 미루고 여기에선 선물 관련 기사들이 많이 쏟아져 나오기 시작한 1950년대 중반 풍경부터 살펴보기로 하자.

1950년대의 선물 스캔들

1950년대 중반부터 지겨울 정도로 반복되는 기사는 공직자들의 '선물 금지령'이다. 심지어 군까지 그런 캠페인에 나서곤 했다. 예컨대, 1954년 11월 육군 참모총장은 기자회견을 열어 하급자가 상급자에게 선물을 보내는 폐습을 철저히 금하겠다고 밝혔다.[18]

이런 '선물 금지령' 또는 '선물 자제령'은 이후 50년 동안 지속된다. 그럼에도 놀라운 건 50년 동안 선물을 둘러싼 공직자들의 스캔들이 끊임없이 발생했다는 점이다. 1955년 5월 부산시가 시의원 34명에게 시가 4만 5,000환인 고급 오메가 손목시계 한 개씩을 선물로 주고 의회 개원 3주년 기념식 행사비로 46만 환을 쓰는 등 200만 환을 지출해 물의를 빚은 사건에 서부터 출발해보자(1955년에는 쌀 80킬로그램짜리 한 가마니가 1만 환이었다).

이 사건과 관련해 《조선일보》는 "현재 시 재정의 고갈로 말미암아 시급을 요하는 부산 시내 도심 지대 중 교통량이 가장 많은 남전 앞 보수천 교량의 보수 공사는 수십만 환만 있으면 할 수 있음에도 불구하고 예산이 없다고 착수치 못하고 있으면서 아직도 앞으로 임기가 1년이 남아 있는 시의원들에게 150여만 환의 고액을 들여 오메가 시계를 선사했다는 것은 시민들이 아무리 생각하여도 이해할 수 없는 처사라고 시 당국을 비난하고 있다. 또 약 200만 환의 경비를 시의원 자신들이 세입이라는 명목으로 자기 자신이 오메가 금시계를 받기 위해 추가경정예산안을 통과시켰다는 것은 사욕을 위해 공을 희생시킨 결과라고 비난하고 있다"고 했다.[19]

이 사건은 4만 2,000환짜리를 4만 6,500환으로 계상해 차액 10만 2,000환을 의회 사무를 담당하는 시 직원 두 명의 후생비로 쓰려고 했던 것까지 드러나 형사 문제로 비화됐다. 시의회 의장은 "시의원이 시계 한 개쯤 선물 받은 것이 무슨 문제라고 각 신문이 대문짝같이 보도하고 있는지 이해하기 곤란하다"고 했다. 반면 경상남도 도지사는 "이 문제에 대해 시민 전체의 비난이 비등되고 있는데 고급 시계를 선물한 사실은 너무 지나친 처사인 것 같고 받은 의원들도 책임이 없을 수 없다"고 했다. 검사장은 "상식을 벗어난 처사라고 보지 않을 수 없어 검찰청으로서도 이중오 부장검사로 하여금 진상 규명을 하도록 시달했다"고 했다.[20]

이런 '뻔뻔한 선물'과 더불어 '선물 가로채기'도 자주 일어나는 사건이었다. 1955년 12월엔 전쟁고아양친회라는 단체의 한국 지부가 미국에서 양자녀들에게 크리스마스 선물을 사주라고 보내온 6,000달러 중 10분의 1만 선물을 사는 데 쓰고 나머지는 가로채는 사건이 발생해 물의를 빚었다.[21]

이기붕과 김두한

고위 공직자가 선물을 거절하는 건 미담이 됐다. 1956년 12월 29일자《조선일보》에 실린 기사를 보면 이런 일도 있었다. "이번 크리스마스에 고관과 권세 있는 정치인들 집에는 선물 왕래가 허다했다. 이기붕 국회의장댁에도 상당히 들어왔는데 이 의장은 그것을 전부 돌려보내라고 명령해 측근자들은 반송하느라고 진땀을 뺐다는 소식. 이 의장의 청백을 모르고 보낸 인사들이 얼마나 무색했을 게냐고 아는 사람만이 안 화제. (중략) 한편 모방직 회사에서는 세모의 촌지라 해 수십 의원들에게 옥양목 1필의 배급권을 보내왔는데 이것을 받은 김두한 의원은 당장에서 '비서로 하여금 해방동을 찾아가서 가장 어려운 집에 주고 오도록 할 것'을 결정. 이뿐만 아니라 나라를 위해 몸을 바친 자기 어버이의 유가족분으로 나오는 광목도 매년 어려운 사람에게 나눠주었다고. 소년 시대를 가난하게 지낸 김 의원이 어려운 사람의 사정을 알아주는 것이나 요즘 세태에 쉽지는 않은 일."

그건 정말 '쉽지는 않은 일'이었다. 1958년 12월 2일자《조선일보》기사를 보더라도 그렇다. "김 내무 장관은 크리스마스와 연말을 계기로 선물을 가지고 다니는 일을 내무부 산하 직원만이라도 없어야 한다고 관하에 시달했다고. 이에 '선사를 하는 것을 왜 무슨 힘으로 막겠느냐'고 물으니

'폐단이 많다니 그리 하지 말라고 했지요' 라고 김 장관은 답변. 과연 내무부 산하 직원이 김 장관의 말대로 그렇게 할는지 궁금한 일이지만 선사받을 층이 받지 아니하면 될 터인데……."

1959년 1월엔 체신부 직원들이 발전기 등을 구입하면서 업자들에게 뇌물을 받은 사건이 터졌는데, 뇌물 목록에는 피아노 한 대도 포함돼 있어 눈길을 끌었다. 당시 신문에는 가끔 "고급 순 독일제 이바하, 바이스, 심멜 각종 피아노가 입하" 됐다는 광고가 실렸다. 피아노는 부유층의 상징으로 한 대당 100만 환이나 하는 고가였다.[22]

당시에는 쌀 한 가마니가 1만 1,400환이었다. 피아노 한 댓값이 쌀 90가맛값과 비슷했으니 피아노는 선물이 아니라 뇌물이라는 건 누구라도 알 수 있는 일이었지만, 만 환이나 천 환 단위로 내려가면 그 경계가 모호했다. 당시 자유당 정권의 2인자 이기붕은 이런 기준을 제시했다.

"요새 연말 선사(선물)로 값비싼 물건이나 수표를 보내는 실례가 많다는데 이것은 폐풍이라고 생각하네. 1,000환, 2,000환짜리 물건이라면 예의로써 주고받아도 상관없겠지마는 만 환 이상인 물건은 예의를 떠나서 뇌물의 성질을 가졌다고 볼 수 있단 말이야."[23]

이에 대해 이기붕이 남긴 선물 목록을 연구한 김진송은 다음과 같이 논평했다. "매사에 청렴하고 결백한 그가 충분히 할 수 있는 말이었다. 그러고 보니 그의 방명록에 적혀 있는 물품 목록에는 1,000환이나 2,000환짜리 물건들만 그득하다. 포도 한 상자, 국화 한 다발, 마늘 한 접, 옥수수 한 초롱 등이 그에게는 뇌물일 수는 없었을 것이다. 그런데 그의 물품 명세에 정말 1만 환이 넘는 물건이 없었던가? 쌀이 몇 섬씩 들어오는 것은 뭐란 말인가? 그가 정말 공사에 분명하고 청렴한 사람이었다면 그가 기록한 문서는 엄격한 자기 관리를 하기 위한 방편이 아니었을까? 출입인 명부의 실체는 정말 그것이었을까?"[24]

누구에게 아첨하려고
사과 상자를 들고 가는가

이승만과 이기붕이 개인적으로 얼마나 청렴했건, 자유당 정권은 부정부패로 무너졌다. 제2공화국을 무너뜨리고 새로 들어선 쿠데타 정권은 적어도 겉으론 '청렴'을 제1덕목으로 내세웠다. 1961년 9월 18일 밤 국가재건최고회의 의장 박정희는 추석을 맞아 다음과 같은 내용으로 담화를 발표했다.

"낡은 제도하에서 명절 때마다 인사를 갖춘다는 명목으로 공무원 상하 간에 또한 일반 시민이 공무원에게 선물을 하는 폐습이 있었다. 이와 같은 행위는 선물의 내용과 증수贈收의 형식 여하를 막론하고 일종의 음성적인 증수회였던 것은 부인할 수 없다. 명절 때마다 선물을 해야 하는 일이 잘된다거나 또는 윗사람에게 잘 보임으로써 덕을 본다든가 하는 일은 이제부터 있을 수가 없다. 만약에 선물을 증수하는 자가 있으면 엄격히 처벌할 것이니 각자가 낡은 관념을 청산하고 맡은 바 직책에 정진할 것을 강조하는 바다."[25]

1961년 12월 1일 육군 참모총장은 박정희의 뜻을 받들어 예하 전 장병에게 크리스마스와 연말연시에 검소하게 생활하도록 당부했다. 그는 선물

교환이나 축하연을 일체 금지하고 크리스마스카드와 연하장은 군인들끼리는 물론 민간인과 교환하는 것을 삼가고 외국인과의 크리스마스카드 교환도 되도록 제한하라고 시달했다.[26]

박정희의 명령은 잘 지켜졌을까? 아무래도 아닌 것 같다. 1963년 12월 23일 박정희는 "청와대로 선물을 보내지 말도록" 하라고 관계 장관에게 지시하면서 지금까지 들어온 선물은 사회사업 기관에 기증하라고 했다.[27] 3년 뒤인 1966년 12월 17일에는 국무총리 정일권이 전국 공무원에게 "연말연시를 기해 공무원 상호 간의 선물, 카드의 교환 등 일체의 허례를 삼가라"고 지시했다.[28]

왜 자꾸 그런 지시가 반복돼야 했을까? 1966년 9월 22일자《중앙일보》칼럼〈선물과 뇌물〉에 그 답이 있을지도 모르겠다. 이 칼럼은 "요즈음엔 추석 선물마저 뇌물로 타락하고 만 것 같다. 특히 도시가 그럴 것이다. 거리의 상점마다 특수한 포장으로 싼 추석 선물이 전시돼 있다. 얼마 안 있으면 선물 상자나 술병을 든 사람들이 분주한 거리를 누비게 될 것이다"며 다음과 같이 말했다.

"그런데 도무지 그 풍경이 아름답게 느껴지지가 않는 것이다. 인정이 메마른 세상인데도 선물을 나누는 그 광경이 도리어 추악하게 보이는 것이다. '저 자는 또 누구에게 아첨하려고 사과 상자를 들고 가는가?' 그러한 생각이 앞서는 것이다. '추석 민폐의 상납'을 없애라는 내무부의 지시만 보더라도, 지금껏 그 선물 상자란 게 어떤 것인지 짐작이 간다. 선물이 뇌물로 타락해버린 살벌한 세상이 새삼 원망스럽다."

정작 뇌물이 아니라 진짜 선물을 하고 싶은 사람들은 그럴 만한 능력이 없어 범죄를 저지르기도 했다.[29] 선물을 가장한 절도와 밀수에서부터 선물 과자에 독약을 넣는 보복에 이르기까지 선물을 이용한 범죄도 많이 나타났다.[30]

명절 선물 없애기 운동

경제개발이 이루어지면서 백화점의 선물 경기도 서서히 고개를 들기 시작했다. 1968년 추석엔 '상품권 경기'가 붐을 일으켰다. 갑작스러운 붐이었던 만큼 부작용도 많았다. 1968년 10월 17일자 《조선일보》는 "금년 추석 경기는 '상품권'으로 대표되는 백화점 경기였다 해도 과언이 아니다"며 다음과 같이 보도했다.

"16일 현재 어느 백화점은 1억 5000만 원어치 상품권을 팔았노라 자랑할 만큼, 명절을 보내는 친지간의 정성이 숱한 상품권에 담겨 오고 갔다. 추석이 지난 지도 열흘. 막상 상품권으로 현물을 바꾸려고 백화점에 들어간 소비자는 눈에 띄지 않게 교묘한 상인들 농간에 부닥쳐 선물 보낸 이의 성의를 의심하고 돌아서는 수가 허다하다. 어느 백화점이나 직매장을 가릴 것 없이 상품권을 발행한 상인은 서로 비슷한 생각을 갖고 있는 것 같다. 돈은 미리 받아놨으니 물건이야 아무것이나 줘버리면 어떠랴 하는 태도다."[31]

이즈음 높이 쳐주는 선물은 단연 외래품이었다. 특히 선물용 양주와 양담배가 기승을 부려 전국밀수합동수사반이 나서 대대적인 외래품 선물 단속에 들어가곤 했다.[32] 그런 풍조와 더불어 과자 상자에 수표를 넣고 금 명함으로 인사를 하는 등 뇌물성 선물이 유행하자 일부 여성 단체는 선물 을 주고받지 말자는 운동을 전개하고 나섰다.[33] 정부는 연말연시 공무원 암 행감찰을 정례화하기 시작했는데, 암행감찰반의 주요 역할은 공무원에게 들어오는 선물 감시였다.[34]

그런 선물 파동은 보통 사람들에겐 먼 나라 얘기였다. 1971년 연말을 앞두고 한 백화점이 서울 시내 3대 백화점에 1시간 동안 들어가는 손님 수 와 나오는 쇼핑백을 조사해보니 거의 모든 고객이 눈요기만 하고 간다는 결론이 나왔다. 평균해서 열두 명 중 열한 명이 물건을 사지 않고 구경만 하고 나오는 '아이쇼핑족' 이었다는 것이다.[35]

이는 역으로 백화점 선물 경기가 '상납 문화' 의 덕을 보고 있다는 사 실을 말해주는 것이기도 했다. 1972년 백화점계의 최대 사건은 선물권 · 상 품권 특수였다. 신세계의 경우 추석 매출에서 선물권 · 상품권 비중이 80 퍼센트를 차지했다.[36] 1974년엔 불법 추석 상품권까지 나돌았다. 정부는 지 정된 업소에서 발행하는 금액 표시 상품권만 허가했으나 물품 표시 '선물 권', '인환권' 심지어는 '영수증' 이란 이름으로 상품권이 남발된 것이다.[37]

1975년 추석을 앞두고 여성 단체들은 '추석 바로 지내기' 캠페인을 벌 이면서 명절 선물을 다 같이 없애자고 호소하고 나섰다.[38] 그러나 선물이 곧 뇌물이었기에 선물 없애기는 더욱 기대하기 어려운 일이었다.

1976년 추석을 앞두고 국무총리 최규하는 "몇 년 전만 해도 추석 등 명 절에 선물을 교환하거나 지나친 허례허식의 폐단으로 사회에 물의를 야기 한 일이 있었다" 며 "이번 추석을 전후해서는 선물의 교환이나 허례허식으로 국민의 빈축을 사는 일이 없도록 전 국무위원은 소속 공무원과 산하단체 임직원을 지도·감독해 서정쇄신의 내실화를 기하도록 하라"고 지시했다.[39] 물론 하나 마나 한 지시였지만 그렇다고 잠자코 있을 수는 없는 일이었겠다.

1970년대에도 선물 관련 범죄가 심심치 않게 일어났다. 변심한 여자 애인에게 독약을 넣은 샴페인을 선물로 줬는데 엉뚱한 사람이 마시고 숨진 사건, 연말 선물을 못 한 사위에게 "장래성 없는 녀석"이라고 하자 사위가 장모를 목 졸라 죽인 사건 등이 신문 사회면을 장식했다.[40]

"선물을 못 받으면 고독해진다"

한국인의 독특한 선물 문화에 대해 최초로 심층 분석한 사람 중 하나가 이규태일 것이다. 그가 1975년 9월 20일자 《조선일보》에 쓴 〈선물론〉에서 선물을 "탈 쓴 뇌물"로 규정하면서도 선물을 못 받으면 고독해진다고 했다.

"명절 때마다 선물을 없애자는 계몽운동이 벌어지고 또 많은 시민이 의당 그리해야 한다고 생각들을 하고 있다. 한데 계몽하러 가두에 나선 분이나 또 그리해야 한다고 생각하는 사람들도 정작 주는 선물, 받는 선물이 없고 보면 막연한 소외감을 느끼지 않는다는 법은 없을 것이다. 그것은 이제까지 주고받던 것이 끊어진 데 대한 허전함 때문이 아니라 선물이 밀착시키고 있는 한국 사회의 어떤 연대 의식에서 외톨로 나가떨어져 있다는 구조적 고독 때문인 것이다."

이규태는 한국인은 선물을 주고받는 걸 좋아하는 특이한 민족 기질이 있다고 풀이했다. 그는 "아마 해외여행을 하신 분이 공통되게 갖는 관심과 고충은 돌아올 때 사 가야 하게끔 강요받는 선물 걱정일 것이다" 면서 "누구라 선물은 요구하지 않았는데도 강요받고 있다는 데는 한국인의 의식 속에 그것을 강요하는 어떤 공통분모가 도사리고 있기 때문일 것이다"고 했다.

"비행기 속에서나 보세구역의 면세 판매점에 줄지어 서서 면세로 살수 있는 술과 담배를 최대한 사는 것이 상식처럼 돼 있음도 이 공통분모의 작용인 것이다. 서구인은 여행 중에 자기가 마시고 피울 분량만큼만 사는데 반해 한국인은 자신이 먹고 피울 것에 선행해서 친척, 동료, 이웃, 전별 나와준 사람에게 담배 한 갑이라도 나눠줄 그런 선물 의식 때문에 그것들을 산다."

이규태는 "한국인에게 유독 두드러진 선물 생리는 한국인의 신앙에서 찾아볼 수가 있다. 곧 너무 잦은 각종 제사에 그 원인이 있다고 본다" 며 "제사를 지내면 '음복飲福' 이라 해 제주祭酒와 제사 음식을 나눠 먹는 습속이 수반되는데 각종 공동 제사 때도 소나 돼지 등 신神에게 바친 희생물을 제사 후에 반드시 한 점씩이라도 나눠 먹는 습속이 있다"라며 선물을 공동체를 결속시키는 것으로 해석했다.

"음복과 희생 음식을 나눠 먹는 건 제사가 끝났으니 나눠 먹자는 뜻에서가 아니라 그 제사 음식에 신의神意가 깃들어 있으니 그 신의를 자기 속에 나눠 갖는 상징적 취득 행위인 것이다. (중략) 선물이란 바로 신의의 분배 행위요, 그 분배 행위로 어느 한 집단의 공동체 의식을 신명神命으로 보장받는 행위였던 것이다. 바로 어느 공동사회를 또는 어느 집단을 강하게 결속시키고 공동 운명체임을 자각시키는 그 접착제 노릇을 선물이 대행했던 것이다."

선물膳物이라는 말 자체가 제사상에 올린 음식이란 뜻이라고 설명한 이규태는 "곧 어떤 커뮤니티의 공동 의식을 결속시키는 신통력 있는 음식이란 뜻이며 그것은 그 커뮤니티에 나눠줘야 한다는 필연성 때문에 요즈음 뜻인 선물로 전화한 것뿐이다. 복덕방福德房은 토지나 가옥 소개업소란 뜻이 돼버렸지만 옛날의 복덕방은 각종 부락제部落祭 때 제상에 차린 음식이나 희생됐던 짐승의 살코기를 나누는 곳이었다. 개개인을 가문이란 공동 의식에 너트로 죄어 결속시키는 행위였던 것이다"고 했다.

"그러기에 가제家祭가 구심체가 된 가족 커뮤니티, 부락제가 구심체가 된 촌락 커뮤니티의 귀의의식歸依意識과 희생을 무릅쓴 강한 공동 의식은 온 세계 다른 나라에서 볼 수 없는 특이한 것이었다. 다만 그것이 가문이나 부락에 국한하고 국가라는 차원까지 승화되지 못했기에 약체 국가의 비애를 면할 수 없긴 했지만……. 국가라는 집단을 위해서는 비굴했던 사람이 가문이라는 집단의 명예를 위해서는 자결할 수 있었던 한국인의 특이한 정신 체질이 이에 비롯된 것이다."

이어 이규태는 "설렁탕으로 통칭되는 선농탕先農湯도 풍작을 비는 선농신先農神에게 희생한 소, 그 소에 깃든 신의神意를 나눠 먹는 제사 음식이었다"며 한국 음식에 국물 음식이 많은 이유에 대해 다음과 같이 설명했다.

"더러는 한민족이 가난했기에 적은 육류 등 재료를 많은 사람이 나눠 먹기 위한 슬픈 습속으로 보는 이도 있으나 음식 재료의 많고 적음에 아랑곳없이 한 집단을 이루고 있는 멤버는 똑같이 평등하게 나눠 먹음으로써 공동체 의식을 강화하고 확인하는 생존의 지혜에서 나온 것으로 보인다. 국물 좋아한다면 요즈음엔 뇌물이나 노력의 대가 이외의 수입을 좋아한다는 말로 타락했으나, 국물 좋아하는 우리 한국인의 식성은 집단에 있어 개인적 계약보다 가족적 종신 고용, 능력 차별보다 평등주의를, 계약적 기계주의보다 인간적 정실주의를 체질화시켰다."

이규태는 집단의식을 배양하는 양식이 바로 국물이요, 선물이라며 "아무에게도 강제받지 않는데도 선물을 해야겠다고 생각하고 또 하지 않으면 소외감이 나는 뜻은 의식구조의 소산인 것이다. 그것은 우리의 소중한 유산이요, 단결의 구심求心 수단이다. 우리는 이 순수한 선물 의식에서 불순한 선물 의식을 걸러내는 게 계몽의 대상이요, 자각의 대상이 돼야 할 줄 안다"고 결론 내렸다.[41]

돗자리 사건과 피라미드형 화장품 선물 사건

공직자의 선물을 둘러싼 정부의 '이벤트'는 1980년대에도 계속됐다. 1980년 8월 11일 정부는 공직자가 공직에 관련해 받은 선물 가운데 국가에 귀속시키는 물품의 기준을 미화 100달러 이상, 한화 10만 원 이상으로 결정하고 국무총리 훈령으로 각 부처에 시달했다(1980년 월 신문 구독료는 1,500원).[42]

1980년 추석을 앞두고 공무원 선물을 단속하는 암행감찰반이 뜨자 관공서에서는 선물을 받지 않는다는 간판까지 내걸었다.[43] 1981년 추석을 앞

두고 집권 여당인 민주정의당은 당원들끼리 선물을 교환하는 것을 금지했다.[44]

그럼에도 '선물 사고'는 어김없이 일어났다. 가장 대표적인 사건이 1981년 9월 국회 문공위 '돗자리 사건'이었다. 6월 초 교육공무원법 개정안 심의 과정을 전후해 문공위 소속 의원 아홉 명이 대한교련으로부터 13만 8,000원에 이르는 화문석을 한 장씩 받은 사실이 뒤늦게 불거진 것이었다(1981년 월 신문 구독료는 2,500원).[45]

이에 《조선일보》는 사설에서 "주고받는 사람들의 명분은 선물이겠지만 실속은 뇌물성이 감염된 그런 선물임에는 그것이 10만 원대의 물건이라서가 아니라 주고받는 시기 등으로 미뤄 자명하다. 우리는 먼저 우리나라의 선물이 적지 않이 이 뇌물악에 감염됐다는 것을 개탄하며 따라서 명분에 은폐된 그만한 오염 정도는 죄악시 않는 풍조, 최소한도 그만한 오염 선물을 두고 받을까, 말까 하는 양심적 둔감에 이번 사건이 크게 경종을 울렸다고 본다"라고 했다. 사설은 다음과 같이 주문했다.

"공직자에게는 사시사철 밤낮으로 이 뇌물악이 가진 명분과 탈을 쓰고 예민하게 파고들 틈을 노리고 있으며 한편으로 그 명분과 탈을 합리화시켜 죄악감을 면하려는 성향이 있다고 보며, 이번 사건으로 대담하게 맘을 바꿔 먹는 기회가 됐으면 하는 것이다. 다만 선물이라는 사회 관행에서 뇌물이라는 독소를 제거하는 데 그쳐야지 빈대 때문에 초가삼간 태우는 식으로 선물선善까지 서리 맞는 일은 없어야 할 줄 안다. 곧 선물을 악용하는 통폐가 이번 기회에 어떤 방식으로든지 씻겨져야지 그 악성惡性 때문에 선善한 관행마저도 죽여서는 안 될 줄 안다."[46]

선물 중독은 보통 사람들에게까지 파고들어 1981년 가정주부들을 울리는 '피라미드형 화장품 선물 타기'라는 신종 사기가 등장했다. 정가 4만 3,300원어치 화장품을 그냥 가져가는 조건으로 다섯 명을 회원으로 데려와야 하는데, 다섯 명을 다 채우지 못하면 물건은 갖되 소개를 못한 사람 수에 따라 한 사람당 9,000원씩 돈을 내야 했다 물론 주부들은 대부분 선물에 눈이 뒤집혔을 때엔 미처 깨닫지 못했지만, 다섯 명을 채운다는 건 매우 어려운 일이었다.[47]

　　1981년 연말을 앞두고 국무총리 남덕우는 또다시 공무원 선물 교환 금지령을 내렸다.[48] 1983년 2월 14일엔 대통령 전두환은 "모든 공직자들은 앞으로 해외여행에서 선물을 사 와 주고받는 일이 일체 없도록 하라"며 "공직자들이 여행을 마치고 귀국할 때는 지위 고하를 막론하고 통관 휴대품 검사를 철저히 하라"고 지시했다.[49] 물론 말이 그렇다는 것이었다.

일제 전기밥솥 선물 사건

보통 사람들의 선물 중독이 적나라하게 드러난 사건이 있었으니, 그건 바로 1982년 김포공항을 뒤덮은 일제 전기밥솥 사건이었다. 1982년 일본에서 돌아오는 친구를 마중하러 김포공항에 나간 김세원은 공항 풍경을 다음과 같이 묘사했다.

　　"막 일본에서 들어온 비행기가 착륙했고 그 비행기에 탑승했던 승객들이 잠시 후 몰려나왔다. 그들은 뭔가 똑같은 물건 하나씩을 들고나왔다. 여자, 남자, 노인, 그다음 사람 또 그다음 사람도 마치 단체 주문이라도 한 듯이. 아연했다. 밥통이었다. 일제 밥통. '얘, 저게 웬일이냐?' 난 저 많은 사람들이 하나같이 들고나오는 밥통이 놀라워서 바보처럼 물었다. '너, 모르니? 일본 갔다 하면 저 밥통 하나씩 들고 온단다. 밥도 되고 보온도 되고.' (중략) 며칠 후 여러 사람과 저녁을 먹게 됐다. 이런저런 얘기 끝에 관광 얘기로 꽃을 피우게 됐고 난 그 밥통 얘길 꺼냈다. 그러자 그중 한 남자가 자기도 며칠 전 일본에 갔다 오면서 그 코끼리 표인지 강아지 표인지 하는 밥통을 사 왔다고 했다. 부인이 하도 여러 번 부탁하길래. 그 밥통을 그냥 들고 들어오긴 좀 창피한 생각에 트렁크 속에 놓았단다. 김포공항에서 처음엔 세관원이 '아, 선생님은 안 가져오셨군요' 했다가, 트렁크 속에서 밥통이 나오자, '아, 선생님도 역시군요' 해서 얼굴이 화끈거렸다고 했다."[50]

1983년 신경정신과 의사 이시형은 "온천을 다녀와도 선물을 사 들고 온다. 여행의 즐거움보다 선물의 부담으로 마음이 무겁다. 선물 걱정 때문에 외국 여행을 못하겠다는 소심증의 사람도 있다. 우리나라 관광지의 그 많은 기념품 상점들이 꾸려나가는 것만 보더라도 알 수 있다. 구경은 뒷전이고 선물 고르기에 정신이 없다. 우리의 이런 강박증이 해외에서도 발동하는 통에 국제적 망신을 요즈음도 당하고 있다"고 개탄하면서 선물 준비 원칙을 정하면 아주 편하다고 했다.

"우선 명절이니까 선물을 해야 한다는 강박증에서 벗어나야 한다. 그러고는 상대방에게 선물을 주고도 기분이 좋은 경우에만 하는 것을 원칙으로 하라. 주고도 마음이 꺼림칙하면 선물의 참뜻이 어디엔가 왜곡돼 있다는 증거다. 뇌물일 수도 있고 빚일 수도 있는 억지 선물이지, 당신의 진심은 아니다. 그다음 원칙은 나보다 나은 사람에게는 선물하지 않는다는 것이다. 받는 쪽에서 아첨이 아닌가 오해할 수도 있고 웃음거리가 될 수도 있다."[51]

물론 이는 비현실적인 처방이었다. 선물은 나보다 나은 사람에게 하는 것이 상식으로 통용되고 있었기 때문이다. 1983년 11월 한국소비자연맹이 서울, 대구, 춘천의 소비자 모니터와 일반 시민 1,426명을 대상으로 선물을 주고받은 것에 대해 조사했다. 월수입이 40만 원에서 50만 원 사이인 계층을 중심으로 조사한 결과를 보면 명절 때 주고받는 선물이 본래의 소박한 뜻과는 달리 의례적이거나 보답의 뜻이 담긴, 또 이해관계 때문에 한다는 경우가 전체의 55.8퍼센트였다. "순전히 이해관계 때문에 한다"는 20퍼센트, "선물을 받았기 때문에 할 수 없이 보답으로 한다"는 18.6퍼센트 등이었다.[52]

미국 쇠고기 선물 사건

일제 전기밥솥 사건에 이어 1985년엔 '미국 쇠고기 선물 사건'이 일어났다. 구정 무렵에 매일 한국인 여행객들이 미국 쇠고기 400킬로그램가량을 김포공항으로 들여온 것이다. 대부분 검역필증이 없어 세관에서 압수당했다. 국립동물검역소 김포공항 주재관 강기백은 "쇠고기를 압류할 때마다 한심하다는 생각과 함께 이를 쳐다보는 외국인들에게 민망스러워 얼굴이 붉어진다"고 했다.[53]

이와 관련해 이규태는 "역사적 이유 때문에 쇠고기가 값지고 소중하다는 유전적 인식이 그분들 잠재의식 속에 살아 꿈틀거리고 있을 것이요, 또 '이밥(쌀밥)에 고깃국' 한 번 먹어보는 것이 소원인 구세대나 전쟁 세대의 사람이 조국의 현실에 어두워 그 소원을 푸는 비원悲願이 거기에 담겨 있기도 할 것이요, 또 옛날 대가족이나 동네 사람끼리 한솥밥, 한솥국을 끓여 먹고 와자지껄 어울리고 싶은, 그야말로 어원적 의미의 선물膳物로서 쇠고기를 선택했음직도 하다"라고 풀이했다.[54]

1985년 외채절감운동이 벌어지면서 '해외 선물 없애기' 운동이 기업들 사이에서 벌어지기도 했다.[55] 이런 분위기에서도 1985년 7월 국회 상공위 소속인 K의원이 해외 시찰을 마치고 귀국하면서 넥타이와 볼펜 등 유권자들에게 줄 선물을 대형 상자째 들여와 논란을 빚었다.[56]

1987년 선물 경기는 대통령 선거 바람이 휩쓸었다. 민주정의당은 유권자들에게 쌀, 이불, 과일, 청주 등 대대적인 선물 공세를 폈다.[57] 이런 정치적 선물 경기는 1988년 봄 총선에까지 이어졌다. 한 유권자는 "그동안 받은 선물만 해도 1985년 2·12선거 때 받은 대여섯 가지 10여 개보다 훨씬 많은 10여 가지 20여 개에 이른다"고 말했다.[58]

그래 놓고선 민정당 정권은 공무원에 대한 대대적인 선물 단속 캠페인을 벌이곤 했다. 특히 1990년 추석을 앞두고 벌인 캠페인은 유난스러웠다. 선물이 몰릴 만한 이권 부서의 공직자 집 앞엔 특별 점검반이 카메라를 휴대하고 '잠복근무' 한다는 소문까지 퍼졌다. 각 부처는 회의 때마다 "특별 점검반이 집 주위를 지키고 있을지도 모르니 아예 선물 받을 생각조차 하지 말라"고 경고했고 전국 주요 경찰관서는 청사 정문에 "추석 선물은 사

양합니다'라고 쓴 입간판을 세웠다.[59]

이에《조선일보》는 "각 백화점들은 지난해 추석 대비 평균 25% 정도의 매출 신장을 기록, '대목 경기'를 누린 셈"이라며 "서슬 퍼런 사정의 칼 앞에서도 올해 추석 선물은 할 만한 사람과 받을 만한 사람에게는 전부 오고 갔다는 느낌"이라고 꼬집었다.[60]

선거는 선물 축제

1990년 10월 5일자《국민일보》는 "공식적인 통계는 아니지만 우리나라 선물 시장의 규모는 연간 3조 5000억 원에 달하는 것으로 알려졌다. 물론 이 액수는 시장을 통해 거래되는 선물 상품만을 계산한 것으로 은밀하게 거래되는 '현금 선물'까지 합치면 그 액수는 천문학적 숫자가 될 게 분명하다"고 했다.

"떡값이란 미명 아래 명절 때 오가는 금액이 어느 정도인가는 2년 전 염보현 전 서울시장의 재판 과정에서 드러난 사례로도 짐작이 간다. 당시 염 시장에게 뇌물을 준 혐의로 법정에 선 어느 건설업자는 문제의 돈이 뇌물이 아니라 명절 때 인사조로 바친 '관심료'라고 강변했다. 그런데 떡값이라는 금액이 자그마치 9000여만 원이나 돼서 세인을 깜짝 놀라게 한 바 있다. (중략) 홍콩의 언론까지 조롱해 마지않은 뇌물 만능 풍조를 뿌리 뽑지 않는 한 우리의 선물 문화는 부패의 상징에서 헤어날 수 없을 것이다."

그러나 1991년 추석엔 한 술 더 떠 최고 1000만 원이 넘는 유사 상품권까지 나돌았다. 100만 원에서 300만 원을 호가하는 카르티에 핸드백과 구두 교환권을 비롯해, 500만 원짜리 고급 밍크코트 상품권, 700만 원짜리 롤렉스 골드 시계와 파텍스 시계 교환권, 500만 원에서 1000만 원짜리 귀금속 물품 주문서 등이 '선물' 목록에 오른 것이다.[62]

이런 유행은 1991년 연말까지 지속됐다. 부유층만 탓할 일도 아니었다. '소비자 문제를 생각하는 시민의 모임'이 서울시민을 대상으로 전화 조사한 결과 응답자 대부분이 연말연시 선물 비용으로 한 달 생활비의 3분의 1 이상을 쓴다고 대답했다. 이와 관련해 서울대 교수 조동성은 "선물 문화가 발달해 있는 구미 등 선진 사회의 경우 선물은 그야말로 부담 없는 '정성의 표시'로 정착돼 있음을 보게 된다"며 "20달러 이상을 넘으면 '인격 모독'이나 '이상한 사람'으로 인식된다"고 말했다.[63]

그러나 한국에선 그런 걱정을 할 필요는 없었다. 선거조차 선물 축제로 즐기면 되는 일이었다. 1992년 서울시 마포구 상암동 상암국민학교 5학년 2반 어린이들이 '지난 3·24총선거를 보고'라는 제목으로 쓴 글을 읽어보면 다음과 같은 '축제'가 벌어졌다.

"선거 때 반장 아줌마가 와서 비누 세트를 돌렸다. 그리고 '이거 옆집 좀 가져다줄래' 하며 나에게 한 세트를 떠맡겼다." "후보 아저씨가 보낸 편지 속에 극장표 넉 장이 들어 있었다. 어쩌구 저쩌구 글도 써 있었다. 나는 그것을 엄마에게 보여주지 않고 친구들이랑 극장에 가서 실컷 구경했다." "(할아버지 회갑연에) 한 후보가 2만 원을 가져왔다. 30분 뒤 다른 후보는 10만 원을 가져왔다. 사람들은 돈을 많이 낸 후보에 대해 '역시 그 후보'라며 좋아했다." "친구 엄마가 엄마에게 맛있는 것을 사줄 테니 '약속다방'으로

명절, 경조사, 연말연시 등에 드는 선물 비용이 한 달 생활비의 3분의 1 이상이 될 정도로 선물은 우리에게 특별하다. 인간적인 유대 관계를 확인함과 동시에 모종의 거래 관계가 형성되었음을 암시하기 때문이다. 1991년 12월 24일자 《동아일보》 기사.

오라고 해 같이 갔다. 다방에는 아줌마들이 모여 음식을 먹고 있었다. 나도 사이다 한 컵을 마셨다. 뇌물을 먹은 셈이다." "우리 엄마는 후보를 쫓아다니면서 관광을 하고 돈도 받은 것 같다. 엄마는 작은아버지한테도 전화를 걸어 구경도 하고 돈도 벌지 않겠느냐고 했다. 나는 그런 엄마가 창피하다."[64]

YS시계 사건

1992년 대통령 선거는 손목시계 선물이 판을 친 선거였다. 1992년 11월 민주자유당 · 민주당 · 국민당 등 3당의 손목시계 주문량은 40만여 개에 이르렀다. 9월 초 민자당은 오리엔트시계에 김영삼 후보의 이름과 '대도무문' 등의 글귀가 박힌 손목시계 3만여 개를 개당 1만 3,000원에 주문한 데 이어 삼성시계에도 개당 1만 1,000원에 5만여 개를 주문해 10월까지 모두 납품받았다. 국민당도 9월 초 삼성시계에 당 상징과 이름을 새긴 카파 손목시계 5만여 개를 개당 1만 1,000원에 주문했고 11월엔 민주당 또한 손목시계 1만여 개를 납품받았다. 시계 제조업체의 한 관계자는 "정당의 선거용 손목시계 주문은 한꺼번에 5,000개에서 5만 개씩 대량으로 들어오는 것이 특징이며 전체 주문량의 90퍼센트를 민자당과 국민당 등 두 당이 차지하고 있다"고 말했다.[65]

민자당은 손목시계뿐만 아니라 탁상시계 분야에도 진출했다. 11월 30일 서울 청량리경찰서는 민주당 공명선거대책위원회의 신고로 (주)로미코시계 사무실을 수색해 탁상시계 8,000여 개를 발견했는데, 이 탁상시계 뒷부분에는 '대도무문'이라는 김영삼의 휘호가 새겨져 있었으며 앞면에는 12시와 3시를 나타내는 자리에만 김영삼을 뜻하는 아라비아숫자 '0'과 '3'이 표기돼 있었다.[66]

12월 4일엔 오리엔트시계 성남 공장에서 선거용 손목시계가 대량 발견됐다. 이 회사 직원들은 "선거일이 공고된 뒤 작업에 더욱 박차를 가해 이삼 일 간격으로 5,000개에서 1만 개씩을 계속 민자당에 납품했다"고 말했다. 민주당과 국민당 관계자 30여 명은 증거물을 확보하기 위해 공장으로 몰려갔으나 회사 쪽이 공장 문을 내린 채 막자 주변을 봉쇄하고 시계 외부 반출을 막으며 밤샘 농성을 벌이는 진풍경이 벌어지기도 했다.[67]

이런 사태로 세간엔 이른바 'YS시계' 또는 '03시계'가 화제가 됐는데 이 시계 하나 못 받은 사람은 바보라는 말까지 나돌았다. 이런 여론을 감지한 김영삼은 12월 8일 "최근 극히 일부지만 민자당 안에서 불미스러운 일이 일어났다는 보고를 받았다. 국민 앞에 죄송스럽다는 말씀을 드린다. 앞으로 다시는 이런 일이 발생하지 않도록 관계자들에게 엄중하게 지시했다"고 말했다. 이와 관련해 민자당 대변인실은 "김 후보의 이 같은 사과는 '시계 사건'과 관련된 것"이라고 밝혔다.[68]

1993년 문민정부의 출범은 선물 문화를 바꿨을까? 그렇진 않았다. 김영삼은 YS시계 사건에도 불구하고 강력한 사정 드라이브를 걸었지만, 결과적으론 구세력 청산용 이벤트가 되고 말았다. 잠시나마 '청렴'을 상징하는 고급 선물 문화가 발달했다는 게 변화라면 변화였을까?

1993년 2월 26일자 《동아일보》는 "관공서와 기업체, 금융계, 교육계의 인사철인 요즈음 선물용 난이 불티나게 팔리고 있다"며 "난이 선물용으로 크게 인기를 끌게 된 것은 선비를 상징하는 의미가 좋고 뇌물이나 청탁형 선물로 느껴지지 않는 데다 공간을 많이 차지하지 않고 오래 간직할 수 있을 뿐 아니라 전화 한 통화면 배달이 가능한 편리한 상품이기 때문"이라고 소개했다. 가격은 5만 원대에서 수백만 원대까지 천차만별이나 보통 5만 원에서 20만 원대 난이 가장 잘 팔리는 것으로 나타났다.[69]

1년 후엔 산삼이 가세했다. 1994년 2월 15일자 《세계일보》는 "이번 설에 1000만 원 안팎인 산삼 세트가 선물용으로 상당량 팔려 나간 것으로 밝혀져 정부의 윗물맑기운동을 무색케 하고 있다"고 보도했다.[70] 그러나 걱정할 일은 아니었다. 운동이 안 먹히면 다시 이름을 바꿔 새로운 운동을 벌이면 되는 일이었다.

먹고 먹히는
선물 사슬 관계

1994년 8월 31일 정부는 '추석 선물 안 주고 안 받기 운동'을 추진하겠다고 선포했다.[71] 물론 성과가 있을 리 만무했다. 19년 만에 부활된 상품권이 뇌물 제공 수단으로 이용된다는 이유로 다시 폐지해야 한다는 주장이 정부 사정 당국에서 나왔다는 사실이 그걸 잘 말해줬다.[72]

운동 이름 바꾸기가 실패하면 그다음 카드는 늘 '암행감찰'이었다. 1994년 12월 14일 감사원은 선물·금품 단속을 위해 정부종합청사와 일선 시·군·구청의 민원 창구 등을 대상으로 암행감찰을 벌이기로 했다고 발표했다.[73]

이 반복되는 레퍼토리가 지겨웠던지 1994년 12월 16일자 《세계일보》는 〈선물 단속이나 할 때인가〉라는 사설을 통해 "이 나라 공직 사회가 이처럼 부패해 있는 것은 명절 때의 선물 주고받기 풍조 때문이 아니다. 그보다 더 원천적으로 직권을 남용한 뇌물 주고받기가 평소에 소리도 없이 이루어졌었다. 이러한 근원적 병인은 제대로 파헤쳐내지 못하면서 선물 단

수이나 한다면 국민이 이 정부를 진실로 신뢰할 수 있을지 의문이다"고 비판했다.[74]

그러나 선물 의식이야말로 '근원적 병인'인 걸 어찌하랴. 1995년 들어선 뇌물성 선물 목록이 금 노리개, 행운의 열쇠, 비단 이불, 가정상비약, 도자기, 서화 작품, 갈비 세트 등으로 매우 다양해졌다. 이는 전국에 걸쳐 교육위원 후보들이 교육위원을 추천하고 선출하는 지방의회 의원들에게 보낸 선물 목록이었다.[75]

선물은 먹고 먹히는 사슬 관계를 형성했다. 지방의회 의원들은 국회의원들에게, 국회의원들은 유권자들에게, 이해관계가 있는 유권자들은 교육위원들에게 선물을 보냈다. 1995년 9월엔 국회의원들이 해외여행에서 돌아오면서 넥타이 등 선물용품을 무더기로 사들여 오는 바람에 김포세관이 골치를 썩였다. 립스틱 1,000세트, 장미 기름 600통, 넥타이 1,000개, 허리 가방 1,200개 등 국회위원들의 '보따리 추태'가 도마 위에 올랐다.

이에 《경향신문》은 "지역구 유권자들에게 조그만 정표라도 돌리지 않고는 왠지 내년 선거에서 표를 찍어주지 않을 것 같은 의원들의 조바심이 딱하기도 하다. 하지만 이것이 우리 정치의 엄연한 현실인 것을 어쩌랴. 국회의원들의 행각을 무작정 채신머리없다고 탓할 수만도 없는 이유가 여기에 있다"라면서 다음과 같이 꼬집었다.

"정치를 하기 위해서는 어떻게든 유권자들의 환심을 사지 않으면 안될 것 같은 강박관념이 이들로 하여금 선물 가게에서 마구잡이로 물건을 쓸어 담게 했을 것이다. 선물을 사는 데 쓴 돈이 많고 적은 게 문제가 아니다. 유권자들의 환심을 사기 위해 쓸 돈은 많고 이를 위해 어떻게든 '떡값'

을 받지 않을 수 없는 풍토가 문제인 것이다." [76]

1995년 12월엔 수천억 원에 이르는 비자금을 조성한 혐의로 기소된 전 대통령 노태우의 비자금 사건 공판에서 뇌물을 준 재벌 총수들이 한결같이 새로운 선물 이론을 내놓는 진풍경이 벌어졌다. 그들은 전 대통령 노태우에게 200억 원에서 300억 원씩을 바쳐놓고도 그것이 뇌물이 아니라 성금, 공어, 선물 등이라고 주장했다. [77]

1996년 4월엔 보통 사람들이 주고받는 사과 상자가 화제가 됐다. 쌍용그룹 전 회장이자 신한국당 국회의원인 김석원이 전 대통령 전두환의 비자금 61억 원을 현찰로 사과상자 25개에 담아 회사 경리부 창고에 보관해오다 발각됐기 때문이다. 1997년 2월엔 한보그룹 총회장 정태수가 은행장들에게 사례금을 주면서 사과 상자를 이용한 것으로 밝혀졌다. 정태수는 1996년 7월과 9월에 제일은행장 신광식과 조흥은행장 우찬목에게 각각 4억 원을 주면서 사과 상자 하나에 2억 원씩 넣어 전달했는데, 2억 원을 넣은 사과 상자의 무게는 대략 26.4킬로그램이었다나? [78]

선물의, 선물에 의한, 선물을 위한 세상

1998년에 출범한 국민의 정부는 선물 문화를 바꿨을까? 이 또한 어림없는 일이었다. 시민사회라고 하는 선물 문화의 뿌리가 온존한 가운데 '위에서부터 아래로' 변화를 시도하는 데엔 명백한 한계가 있었다. 이는 1999년 5

월 15일 스승의 날에 학교가 문을 닫는 일까지 일어난 것으로 충분히 입증됐다. 교사가 학부모, 제자들에게 스승의 날 촌지나 선물을 받아 생길지 모르는 잡음을 예방하기 위해 서울시 529개 초등학교 교장들이 이날 하루 학교 문을 닫기로 결정한 사건이었다.[79]

1999년 5월 이후 한국 사회를 떠들썩하게 만든 이른바 '옷 로비 사건'은 이렇다 할 비리의 실체는 발견되지 않았을망정 상류층의 기이한 선물 문화를 엿보게 하는 기회를 제공했다.

1999년 5월 26일자 《한겨레》는 "거액의 외화 해외 밀반출 혐의로 구속 중인 최순영 신동아그룹 회장의 부인 이형자 씨가 김대중 정부 실세들을 상대로 '남편 구명'을 위해 로비를 하는 과정에 장관 부인들의 단골 의상실에서 1억 원대가 넘는 옷을 샀고, 한 장관급 부인은 이 의상실에서 2000여만 원짜리 밍크코트를 전달받았다가 되돌려주었다는 사실이 확인됨으로써 의혹은 커지고 있다"며 "한 장관급 부인은 최 회장 부인 이 씨의 로비에 대해 장관 부인들 사이에서 문제가 제기되자 적극 해명하면서 '재벌 총수 부인들이 장관급 이상 부인들에게 옷 등을 선물하는 것은 관례'라고 말하기까지 했던 것으로 알려지고 있다"고 했다.[80]

1999년 5월 29일자 《조선일보》에는 "상류층 간 선물이나 뇌물 주고받기는 선물이 관례화된 명절 때 이뤄지는 게 보통이다. 설날이나 추석 같은 명절을 이용해 '안면'을 터야 결정적인 부탁을 할 수 있기 때문이다. (중략) '품위' 있는 선물로는 고서화가, '가격'이 센 선물로는 밍크코트, 보석류가 꼽힌다"는 깨알 같은 기사가 실렸다.[81]

1999년 6월엔 고가 미술품이 선물을 가장한 뇌물로 흔히 사용된다는 게 화제가 됐다. 1999년 6월 22일자 《국민일보》는 "각종 뇌물 수수 사건에서 고가의 그림은 빠지지 않는 품목이다"며 "뇌물을 주는 사람과 받는 사람의 관계가 어색해 노골적으로 현찰을 건넬 수 없을 상황에서는 더욱 적절한 품목이다. '품위'를 유지하면서 '성의'를 표현할 수 있고 유통 경로가 복잡해 수사기관의 계좌 추적을 염려하지 않아도 된다. 더욱이 뇌물을 받는 사람이 거실 벽에 이름 있는 화가의 그림 한 점을 걸어두고 싶은 사회적 지위에 있다면 '이보다 더 좋은 뇌물은 없다'는 것이다"고 꼬집었다.[82]

늘 그랬지만 선물 경기는 상류층에만 국한된 건 아니었다. 1999년 9월 20일자 《국민일보》는 "대형 백화점이 매장마다 선물 세트가 동이 나 추가 제작에 들어가는 등 전례 없는 추석 특수를 누리고 있다. 수십만 원대 초고가 선물 세트는 내놓자마자 매진돼 없어서 못 파는 지경. IMF를 고비로 자리 잡은 절약형 소비가 경기회복을 틈타 뇌물용 소비 패턴으로 되돌아가는 것이 아니냐는 지적까지 일고 있다"고 했다. 이 기사에서 명품 세트 열 개를 구입한 40대 남자는 "사업상 막힌 곳을 뚫기 위해 구입했다"며 "일단 추석 때 비싼 선물을 해야 다음에 손을 쓸 수 있는 것이 아니냐"고 말했다.[83]

1999년 12월 한 결혼정보 회사가 수도권에 사는 30대에서 50대 기혼 여성 600여 명에게 물어본 결과 3분의 1이 남편의 승진 등 출세를 위해 로비한 경험이 있다고 털어놓았다. 이와 관련해 《한국일보》 논설위원 송태권은 "세기의 마감을 앞두고 우리의 현대 정치·경제사를 뒤집어보면, 그것은 '로비의, 로비에 의한, 로비를 위한' 세상이었다. 1952년 전란 중의 대한 중석 뇌물 수수 사건을 필두로 최근 드러난 대한생명 전 방위 로비에 이르기까지, 반세기가 로비에서 시작해 로비로 저물고 있다"고 했다.[84]

새 천 년도 '로비의, 로비에 의한, 로비를 위한' 세상이자 '선물의, 선물에 의한, 선물을 위한' 세상이 될 것이 분명했다. 2000년 8월 24일자 《문화일보》는 "대형 백화점들이 400만 원대 일제 혼마 골프채 등 고가 수입 상품을 추석 선물용으로 내놓고 판촉 경쟁을 하고 있다. (중략) 320만 원짜리 코냑 리처드 헤네시, 223만 원짜리 엔슬리 오반 접시와 찻잔 세트도 주요 제품으로 판촉하고 있다"고 했다.[85] 2000년 추석 때엔 1999년에 처음 선보인 50만 원권 고액 백화점 상품권이 1999년보다 세 배 넘게 팔렸다.[86]

2001년 추석 땐 백화점 상품권 매출이 전년보다 배 이상 늘었다. 백화점 상품권 시장 규모는 매해 늘어 1998년 3760억 원에서 1999년 7550억 원, 2000년 1조 3650억 원에 이어 2001년에는 2조 원대를 기록했다.[87]

블랙 앤드
화이트 티셔츠 사건

2002년 4월, 제16대 대통령 선거 국면에서 때 아닌 '시계 사건'이 일어났다. 4월 30일 민주당 대통령 후보 노무현이 전 대통령 김영삼을 상도동 자택으로 찾아가 자신의 손목시계를 가리키며 "이 시계가 기억나실지 모르겠습니다. 총재님이 1989년에 일본 다녀오시면서 사다 주신 겁니다"라고 말한 사건이었다. 노무현이 김영삼에 기대서 지역주의와 영합하려 했다는 혹독한 비판이 뒤따랐다. 노무현은 이 사건 직후 지지율이 추락하기 시작했다.

2002년 5월엔 '선물 받은 티셔츠' 논란이 일었다. 한 벌에 15만 원에서

60만 원을 호가하는 고급 골프웨어인 '블랙 앤드 화이트' 티셔츠 때문이었다. 한나라당 부대변인 채성령은 "12일 MBC 〈9시 뉴스〉 화면에 잡힌 노무현 후보의 티셔츠는 40만 원이 넘는다"면서 "서민인 것처럼 거짓 연기를 해온 노 후보는 더 이상 진짜 서민의 가슴을 멍들게 하지 말라"고 비판했다. 이에 노무현 캠프 쪽은 "어울릴 것 같다며 어떤 사람이 선물로 줘 입었지만 외제인지, 고가인지 전혀 몰랐다"라고 해명했지만 한나라당은 다시 논평을 통해 "40만 원짜리 최고급 외제 골프웨어는 선물이 아니라 뇌물 수준"이라며 "노 후보가 정말 서민 생활을 했다면 최고급 외제 골프웨어를 선물하겠는가"고 추궁했다.

그러자 민주당 부대변인 김현미는 "이회창 후보가 얼마 전 티브이 인터뷰에서 블랙 앤드 화이트 셔츠를 입었다는 제보 전화를 받았지만 우리는 그런 브랜드가 있는지도 몰랐다"면서 "유명 브랜드를 즐겨 입어 한 눈에 알아보는 한나라당과는 다르다"고 비아냥댔다. 이에 대해 이회창 쪽은 "민주당은 이 후보가 귀족이라고 주장해왔는데 그 논리대로라면 이 후보가 그 옷을 입는다 해도 무슨 문제가 되느냐"면서 "이 후보가 요즘 입는 옷은 남대문시장에서 산 것으로, 한 벌에 이삼만 원짜리"라고 반박했다.

이와 관련해 《국민일보》는 "참으로 이 같은 티셔츠 논란은 무척 한가해 보인다. 더구나 설전의 대상이 되는 티셔츠가 평범한 가정의 한 달 치 식비에 해당되고, 샐러리맨이 1년에 한두 번 사 입는 비싼 정장 한 벌값이라는 점에서 서민의 서글픔은 더하는 것 같다"고 개탄했다.[88]

이 사건은 이후 탄생할 참여정부의 성격을 예고한 것이었을까? 참여정부는 집권 초부터 각종 선물 스캔들로 얼룩지기 시작했지만 늘 '10분의

1'론으로 대응했다. "불법 자금이 한나라당의 10분의 1이 넘으면 사퇴하겠다"는 노무현의 발언에서 비롯된 상대적 비교 우위론이었다.

2003년 3월 대통령 노무현의 최측근인 민주당 국가전략연구소 부소장 안희정이 대학 친구들에게 승용차를 선물 받은 것과 관련해 논란이 제기됐다. 안희정은 "뇌물이나 대가를 주고받은 것처럼 보일 수 있다는 점을 사려 깊이 생각하지 못해 많은 분들께 죄송하다"고 사과한 뒤 차를 돌려줬다.[89]

2003년 5월엔 전북 익산시의 한 건설 업체 대표가 시청 공무원과 감리단 직원에게 뇌물을 준 뒤 "폭로하겠다"며 세 배나 많은 돈을 요구한 희한한 사건이 벌어졌다. 수사에 나선 경찰은 시청 공무원과 감리단 직원들에게 건네진 뇌물 목록을 보고 깜짝 놀랐다. 차량 세차비 2만 5,000원뿐만 아니라 신발장 구입비(8만 원), 우족 세트(15만 원), 주유 상품권(30만 원), 휴가비(110만 원) 등 1년여 공사 기간 동안 70여 차례에 걸쳐 1억 2000만 원어치를 뇌물로 건넸기 때문이다.[90]

이에《세계일보》는 "익산시 공무원들의 '업자 등치기'는 룸살롱 접대, 현금과 갖가지 선물 요구, 심지어 공과금·세차비 대납에 이르기까지 치사하고 추잡하기가 이를 데 없다. 더구나 이들은 한 사람이 뇌물을 받은 뒤 '윗선'으로 상납하거나 이를 구실로 연거푸 여럿이 돈을 뜯는 등 조폭만도 못한 행태를 일삼았다"고 개탄했다.[91]

선물 경제에 발목 잡히다

그러나 그런 "조폭만도 못한 행태"는 익산시에만 국한된 게 아니었다. 전국에 걸쳐 만연된 한국형 문화였다. 새로운 정권이 출범할 때마다 들고나오는 '공직 사회 정화'는 2003년에도 어김없이 나타났다. 2003년 추석을 앞두고 민관民官을 가리지 않고 '추석 선물 안 주고 안 받기 운동'이 시작됐다.

2003년 8월 중순 포스코 회장 이구택은 14개 계열사와 관련 회사 대표이사, 임원에게 "작은 성의 표시라 하더라도 추석 선물을 받으면 엄벌하겠다"는 공개서한을 발송했다. 8월말에는 기업은행장 김종창이 여신 거래 업체 7,000여 곳과 전 직원 7,700여 명에게 추석 선물을 보내지도, 받지도 말자는 이메일을 보냈다. 김종창은 "직원들이 선물·금품·향응을 받는 등 윤리에 반하는 행위를 할 경우 연락을 주면 즉시 시정하겠다"며 거래 업체에 신고 전화번호와 팩스 번호까지 알렸다. 9월 1일 국민은행장 김정태는 월례 직원 조회에서 "이번 추석 명절에 어떠한 경우라도 고객들에게 선물을 받지 말라"고 지시했다. 그밖에도 거의 모든 대기업이 '추석 선물 안 받기' 캠페인을 전개했다.

그러나 한국형 '선물 경제'의 규모가 워낙 컸기 때문에 캠페인이 성공하는 것도 문제였다. 선물 경제에 발목이 잡혔다고나 할까? 유통 업계는 "가뜩이나 불황으로 어려운데 선물 안 받기 운동까지 퍼져 걱정된다"며 "자칫 소비 위축으로 국민경제에 주름살을 더할 수도 있다"고 주장했다. 농림부 장관 허상만도 "추석 때 선물을 하지 말라는 것은 말이 안 된다"며 "돈 봉투 같은 뇌물을 돌리지 말라는 것이지, 쌀이나 사과 같은 농산물 선

물까지 돌리지 말라는 것은 아니다"라고 반박했다.[92]

괜한 우려가 아니었다. 2003년 9월 KT가 자사 직원 3,175명을 대상으로 윤리 경영에 관해 조사했는데, 인사철과 명절에 상사에게 선물한 적이 있느냐는 질문에 "한두 번 했다"고 응답한 직원이 32퍼센트, "몇 번 했다"는 응답이 26퍼센트, "매년 했다"가 14퍼센트로, 전체의 72퍼센트가 선물을 준 적이 있다고 대답했다. 이에 견줘 "한 번도 안 했다"는 응답자는 28퍼센트에 그쳤다. 선물의 필요성에 대해서는 "경우에 따라서" 또는 "반드시 필요하다"는 긍정론과 "사라져야 한다"는 부정론이 각각 50퍼센트씩으로 팽팽하게 맞섰다. 또 선물과 뇌물을 구분하는 기준으로는 "금액에 상관없이 대가성이 있으면 무조건 뇌물"이라는 답이 40퍼센트로 가장 많았고 "10만 원 이상이면 뇌물"이라는 응답이 34퍼센트, "30만 원 이상"이 17퍼센트를 차지했다.[93]

'추석 선물 안 받기' 캠페인이 2004년에도 전개되자 대한상공회의소는 부패방지위원회, 국무조정실, 산업자원부 등에 〈합리적 선물 문화 정착에 대한 업계 의견〉이라는 건의문을 제출했다. 이 건의문은 '추석 선물 안 받기' 캠페인으로 추석 경기가 가라앉고 있다고 지적하면서 소비 심리 활성화와 미풍양속 유지를 위해 무조건 선물 안 주고 안 받기보다 합리적인 선물 문화의 정착이 더 바람직하다고 주장했다.[94]

'선물 안 받기 운동'에서
'선물 주고받기 운동'으로

경제가 어려워지자 2004년 연말엔 대한민국 정부 출범 이래 최초로 '선물 주고받기 운동'이 벌어지기 시작했다. 국무총리 이해찬이 "연말연시에는 미풍양속 차원의 선물을 주고받자"며 선물 문화의 부활을 거론하자, 부패방지위원회가 선물 가이드라인을 제시하고 각 부처 장관들도 본격적인 선물 보내기 캠페인에 나섰다.

국회 산업자원위원회 소속 여야 의원들도 동참했다. 산업자원위원회 위원장 맹형규는 "경제 불황과 내수 경기 위축으로 계층을 불문하고 지갑을 열려고 하지 않아 경기 침체의 악순환이 되풀이되고 있다"며 "이런 악순환을 끊자는 취지에서 선물 주고받기 운동을 펼치기로 했다"고 밝혔다.[95]

2005년 1월엔 대한상공회의소가 선물 주고받기 운동에 박차를 가했다. 대한상공회의소 회장 박용성은 전국 상공인들에게 보낸 서한문에서 "지금이야말로 경제 주체들이 건전한 소비를 통해 우리 경제에 활력을 불어넣어야 할 때"라며 '합리적 설 선물 주고받기'의 필요성을 역설했다. 동원F&B도 선물 보내기 운동에 동참했다. 이 회사 대표이사인 박인구는 "설이나 명절에 정이 가득 담긴 선물을 보내고 어려운 사람과 아랫사람을 돕는 것은 미풍양속의 하나"라며 "다소 부작용이 있다 해서 선물 안 주고 안받기 운동까지 벌이는 것은 빈대 잡으려다 초가삼간 태우는 격"이라고 주장했다.[96]

선물 주고받기 운동 덕분에 유통 업계의 얼굴이 활짝 폈다. 2005년 2월 2일자 《세계일보》는 "특히 주요 백화점은 최근 선물 세트 판매액이 지난해 같은 기간보다 40%나 신장했고, 3만 원짜리 이하 선물 세트는 무려 140% 나 늘었다는 소식이다. 지난해 말까지 극심한 소비 침체로 울상을 지었던 것과는 전혀 다른 분위기다. 어쨌든 '선물 주고받기 운동'으로 소비 시장이 활기를 띠고 있다니 반가운 일이다. 경제 주체들의 건전한 소비문화가 침체에 빠진 우리 경제를 살리는 하나의 기폭제가 될 것이라는 게 전문가들의 의견이고 보면 더욱 그렇다"고 전했다.[97]

2006년 5월엔 '유시민 시계 사건'이 터졌다. 보건복지부는 부처 홍보와 기념품 용도로 3만 3,000원짜리 손목시계를 남녀용 각 50개씩 모두 100개를 제작했는데, 시계 뒤쪽에 '증 보건복지부 장관 유시민'이라고 새겨져 있었다는 것.[98]

《조선일보》는 "현 정권에선 노무현 대통령과 고건 전 국무총리 정도가 이름을 새긴 손목시계를 만들었고, 장관급이 손목시계를 배포한 것은 드문 일이다. 이해찬 전 총리에 이어 한명숙 총리는 은수저와 티스푼 등을 기념품으로 쓰는데 케이스 속에 넣는 천에만 본인 이름을 새기고 있다. 천정배 법무부 장관이 손목시계를 활용하고 있으나, 외국 귀빈에 한정해 지금까지 20여 개만 선물했다고 법무부는 말했다. 유 장관의 전임자인 김근태 전 장관은 볼펜을 선물용으로 썼고, 정세균 산자부 장관은 국내 방문객에 주는 선물은 없다고 한다"며 '유시민 시계'의 튀는 면을 부각시켰다.[99]

《동아일보》 논설위원 권순택은 이렇게 꼬집었다. " 'YS시계'가 현 정권에 교훈이 되지도 못한 모양이다. 개혁의 전도사를 자처한 유시민 보건복지부 장관은 취임 후 자신의 이름을 새긴 3만 3,000원짜리 손목시계 100개를 돌려 반反개혁적 예산 낭비라는 비판을 받았다. 노 정부가 이른바 혁신 사업을 한다며 쓴 809억 원의 국민 세금 가운데 수천만 원이 홍보용 손목시계 만드는 데 들어갔다고 한다. 지난해 법무부는 3840만 원을, 경찰청은 530만 원을 시계 구입하는 데 썼다. 혁신 동아리 및 직원 포상, 과거사진상규명위원회 참석 수당, 별정직 공무원 심사 수당, 직원 승진 연수에도 혁신 사업 예산이 집행됐다. 개혁이다, 혁신이다 '무늬 좋은 소리' 요란했지만 이 정부의 본질도 '홍보 시계' 수준 아닌가."[100]

감동을 주는 선물 이야기

지금까지 선물 문화의 어두운 면만 다룬 것 같아, 균형을 맞추기 위해 밝고 따뜻한 이야기도 소개하는 게 좋겠다.

2006년 12월 11일자 《한국일보》는 "지난 9월 기아자동차 정의선 사장 등 임직원 70여 명은 주말을 이용해 수해를 입은 강원도 평창군으로 감자 캐기 등 봉사 활동에 나섰다. 그러나 이 봉사 활동 사실은 이틀이나 지난 화요일에야 뒤늦게 언론에 공개됐다. 정 사장 일행은 수년 전부터 정기적으로 비공개로 봉사 활동을 펼쳐왔는데, 헌신적 도움에 감명받은 지역 주민들이 기아차 직원들의 만류에도 불구하고 언론에 알렸기 때문이다. 이처럼 기아차의 클린 기업 활동은 요란함을 거부한다. 첫째도 실질적 도움이고, 둘째도 실질적 도움이다"고 했다. 기사에는 기아차의 선행이 몇 가지 더 소개됐다.

"지난달 21일 열린 '연탄나눔' 행사도 그런 경우다. 이날 기아차 우리 사주 조합 사회봉사단 60여 명은 '사랑의 연탄나눔 운동'과 함께 강원도 인제군 지역 독거노인과 결손 아동 등에게 연탄 5,000여 장과 쌀 50포대, 생필품 등을 전달했다. 기아차는 또 주요 명절 때면 독특한 이웃 돕기 활동을 벌인다. 기아차는 투명 경영의 일환으로 직원들이 명절 때 협력 업체나 거래선으로부터 선물을 받는 것을 일절 금지하고 있으나, 때론 발송처 없이 선물이 배달되는 경우가 있다. 기아차는 어디로 돌려줘야 하는지도 모르는 이 선물들을 불우 이웃 돕기에 사용하고 있는데, 올 연말에도 추석 때 들어온 선물을 본사 인근의 서울시 우면동 사회복지관에 기증할 예정이다."[101]

2006년 12월 14일자《경향신문》는 '선물 예찬론'을 특집으로 실었다. 기자 백승찬은 "선물을 주는 손이 살짝 스치는 그 순간, 둘 사이에는 미묘한 애정, 우애, 신뢰의 전류가 흐릅니다. 선물은 값을 매길 수 없습니다. 따라서 선물을 주고받을 때 같은 값어치로 교환할 수 없습니다. 우리는 날로 드세지는 자본주의 사회가 '등가교환'이라는 원리에 의해 움직인다는 사실을 잘 알고 있습니다. 그러므로 선물은 오차 없이 완벽해 보이는 자본주의적 삶의 양식을 허무는 작은 실천입니다"라고 했다. 글은 다음과 같이 이어졌다.

"'모든 선물은 뇌물'이라고 주장하는 사람들도 있습니다. 어떤 선물이든 결국 자신의 아량을 받는 이에게 알리거나, 향후 관계를 돈독히 하는 '목적'을 가졌다는 이유에서입니다. 정신분석학자들의 가시 돋친 지적은 일리가 있습니다. 그러나 잠시, 선물을 받았을 때의 기분을 돌이켜봅시다.

(중략) 산타클로스를 자처하는 누군가가 머리맡에 선물을 두고 갔을 때 밝게 웃었던 어린 시절을 떠올려봅시다. 산타클로스는 자신을 과시하기 위해 어린이에게 선물했을까요?"

이어 백승찬은 "선물로는 돈이나 상품권이 최고"라는 사람이 많아진 대세를 거스르고 '쓸모없는 것'을 선물해보자고 제안했다. 생활에 얼마나 쓸모 있는지를 따지지 말고 내가 그 사람을 어떻게 생각하는지 마음을 돌이켜보자는 것이다.

"아름다운 생각을 하면 아름다운 선물, 아니면 그 반대의 선물이 생각날 것입니다. 그러므로 선물을 한다는 건 그 사람과 나의 관계를 새로이 설정한다는 뜻입니다. 수십만 원짜리 양주, 1백만 원짜리 백화점 상품권이 아니라 풀로 엮은 반지, 마음을 담은 쪽지 하나가 좋은 선물입니다. 양주와 상품권은 '사물'이지만, 풀반지와 쪽지는 영혼이고 마음이기 때문입니다. 우리의 영혼은, 아직까지 가치를 매길 수 없는 영역에 있습니다. 형태를 띠고 있지만 사물이 아니고, 가격이 있지만 가치를 매길 수 없는 선물을 해봅시다." [102]

수녀 이해인은 "얼마 전 어느 교도소에 가서 특강을 하고 나올 때 어느 수용자가 흰 종이에 겹겹이 싸서 건네준 목각으로 만든 새, 울산의 어느 초등학교에 가서 교과서 수업을 했을 때 5학년 어린이들이 일일이 장식을 해 적어준 편지 모음, 시골에 사는 어느 독자가 손수 농사지은 것이라며 보내준 찹쌀과 콩, 해외의 독자가 우리 어머니께 전하라며 보내온 고사리, 친지들이 보내온 편지지와 덧버선 등등……. 나의 책상에는 송구할 정도로 정성이 깃든 선물들이 가득합니다. 때로는 선물로 받는 물건 자체보다도 선물을 주는 이의 마음과 어떤 표현들이 더 감동을 줄 때가 있습니다"라며 다음과 같이 말했다.

"우리가 민감하게 깨어 있지 못하고 대충, 건성, 무심히 살기에 놓쳐버리기 쉬운 것들이 얼마나 많은지요! 날마다 마음의 눈을 크게 뜨고 일상의 밭에 숨어 있는 보물을 찾는 것이야말로 우리가 창의적으로 만들어가는 선물이 아닐까 생각해봅니다. 극히 평범하고 사소한 것에서도 '나는 행복하다'고 말할 수 있는 놀라운 선물의 발견에 충실해야겠습니다. 우리의 삶이 충실하면 할수록 가족, 친지, 이웃에게도 무상으로 건네주는 좋은 선물이 될 것입니다. 선물은 기쁨, 사랑, 나눔, 감사, 축제, 기다림, 설렘, 그리움 그리고 아름다운 기도입니다."[103]

결국 문제는 계급인가? 없는 사람들의 선물은 훈훈한 감동을 자아내곤 하지만 있는 사람들의 경우엔 그렇지 않으니 말이다. 2012년 설을 앞두고 백화점에서 인기리에 판매된 고가 선물 세트엔 3000만 원짜리 상품권, 2700만 원짜리 위스키, 1700만 원짜리 와인 등이 있었다는데,[104] 이걸 선물이라고 볼 수 있을까? 아니면 이런 물음 자체가 잘못된 것일까?

온라인 선물 경제의 가능성

그 어떤 부작용에도 불구하고 한국의 유별난 선물 문화가 지니고 있는 잠재적 가능성에도 주목해보는 게 좋겠다. 그건 바로 새로운 선물 경제gift economy의 가능성이다. 선물 시장의 규모를 가리키는 선물 경제가 아니라 비교적 의미가 순수한 선물이 사회체제에서 큰 몫을 담당할 수 있다는 의미에서의 선물 경제다.

온라인에서 일어나는 협동과 관련해 쓰이게 된 선물 경제라는 말은 참여자들이 단기적 이익을 바라지 않고 지원과 정보, 일, 다른 제품 등을 제공하는 동맹과 공유의 경제를 의미한다.[105] 시장 가격으론 꽤 비싼 값을 부를 수 있는 전문적인 조언도 온라인 공동체에선 무료로 제공하는 경우가 많은데, 그 이유를 따져보는 게 매우 중요하고도 의미 있는 일이라는 것이다. 현실 세계에선 가능하지 않은 그런 일이 왜 온라인 공동체에선 가능한 걸까?

미국의 사회학자 피터 콜록Peter Kollock은 인터넷의 온갖 문제에도 불구하고 "인터넷의 놀라움은 소음이 너무 많다는 것이 아니라 의미 있는 협동이 존재한다는 것"이라며 다음과 같이 말했다.

"온라인 상호작용이 상대적으로 익명적이고, 중앙 관리 기구가 없으며, 어떤 사람에게 금전적 또는 물리적인 제재를 부과하는 것이 불가능하다는 점을 감안할 때, 인터넷이 문자 그대로 만인의 만인에 대한 투쟁의 상태가 아니라는 점은 놀라운 것이다. 사회적 질서를 공부하는 학생에게 설명될 필요가 있는 것은 온라인 공동체에서 발생하고 있는 갈등의 정도가 아니라 상당한 정도의 공유와 협동이다."[106]

사이버공간에서 제공되는 많은 혜택은 공공재public goods와 속성이 유사하다. 공공재란 이른바 사회간접자본이라고 하는 전기, 전화, 수도, 도로, 교육 등과 같은 것으로, 그 생산에 대한 기여와는 상관없이 누구나 그 혜택을 누릴 수 있다.[107]

현실 세계에서 공공재를 제공받으려면 집단의 행위가 필요한 반면에 온라인에선 단 한 사람이 제공하는 정보나 조언도 공공재로 변화할 수 있다. 콜록은 이 같은 특성은 "온라인 상호작용의 놀라운 속성이며 인간 사회의 역사상 전례가 없었던 것"이라고 주장했다.[108]

우리는 오프라인에서 그런 공유와 협동의 문화를 키워나갈 수는 없는가 하는 데에도 관심을 둬야 할 것이다. 우선 온라인에서 공유하고 협동할 수 있게 하는 동기부여 요인을 살펴볼 필요가 있다. 여러 가지가 있을 것이나 가장 중요한 게 '인정욕구'다. 쉽게 말해 남들이 알아주는 맛이라는 것이다.

남들이 알아주는 맛이라는 건 오프라인 세계에도 있지만 매우 부실하다. 공동체가 깨졌기 때문에 언론을 통해서 알려져야만 한다. 이게 대단히 번거롭다. 선행을 한 사람 스스로 언론에게 알리자니 낯 뜨겁고 어떤 경로로 언론에 보도됐다 하더라도 다른 뜻이 있는 걸로 오해받기 십상이다.

실제로 윤리 의식이 높은 해커들이 자신들을 윤리 의식이 높지 못한 크래커들과 구분하는 한 가지 기준이 바로 자화자찬自畵自讚이다. 해커 세계에서 자화자찬은 절대 금기다. 그렇다고 해서 해커에게 인정욕구가 없느냐 하면 그건 아니다. 오히려 정반대다. 인정욕구가 매우 강하기 때문에 인정을 받는 과정을 중요하게 생각하는 것이다.[109]

온라인 공동체에선 이타적인 기여에 대한 공정한 평가가 가능하다. 반면 오프라인 세계에선 공정한 건 둘째 치고 아예 평가할 대상조차 되지 않는다. 우리는 "저널리즘의 생명은 비판"이라고 주장하는 기존 저널리즘의 대원칙에 의문을 제기할 필요가 있다.

저널리즘의 비판 기능을 약화시키자는 게 아니다. 사람들의 정당한 인정욕구를 진작시켜 협동하고 공유하는 문화가 싹틀 수 있게끔 저널리즘이 기여하는 것도 소홀히 해선 안 된다는 말이다. 지금과 같은 '미담 발굴' 기사 수준을 한 단계 끌어올려 그걸 상례화하는 동시에 기사의 흥미성을 높이려 애써야 한다. 주로 힘 있는 개인에게만 가는 선물 행렬이 사회와 공동체를 향해서도 갈 수 있게끔 우리 모두 지혜를 모아보자는 것이다.

이건 의외로 중요한 문제다. 어쩌면 인류의 미래와 관련해 그 어떤 이념 논쟁보다 더 중요한 문제인지도 모른다. 우리가 흔히 말하는 '미국식'이란 건 인간의 탐욕과 그걸 동력으로 삼는 치열한 경쟁을 예찬하는 문화다. 미국은 그런 방식으로 세계의 유일무이한 패권 국가가 될 정도로 충분한 보상을 받았다. 그러나 부작용이 너무 크다는 걸 이젠 거의 모든 사람들이 깨닫게 됐다.

리처드 티트머스는 《선물 관계: 인간의 혈액에서부터 사회정책에 이르기까지》(1972)에서 수혈용 혈액을 구입하는 미국의 상업적인 제도와 혈액을 기증하는 영국의 자발적인 제도를 비교했다. 영국식 제도가 미국식 제도에 견줘 상대적으로 낮은 오혈汚血 비율, 혈액 손실, 환자의 부담을 보였다.[110] 이와 유사한 사례들은 많다. 문제는 동기 부여다. 인정투쟁의 문제다.

우리 인간은 남들이 인정해주는 맛으로 세상을 산다. 그래서 그 인정을 얻기 위해 험난한 투쟁을 한다. 한국인은 사회·문화적으로 워낙 동질적인 사람들이어서 똑같아지려는 평등 욕구가 강하기 때문에 그만큼 인정투쟁 의지도 강하다고 볼 수 있다. 이게 바로 한국을 발전시킨 원동력이기도 하다. 선물을 받지 못하면 고독해진다는 말 또한 선물이 한국인의 인정투쟁과 관련돼 있다는 사실을 말해준다. 문제는 다시 인정욕구 충족 기준

의 왜곡과 획일화다. 을 위에 군림하는 갑질을 통해 인정욕구를 충족하겠
다니, 이건 너무도 천박하고 야비하지 않은가 말이다.

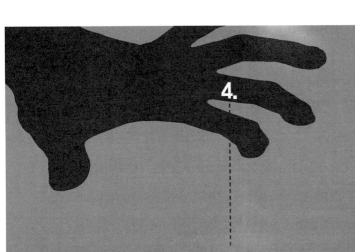

4.

권력자의 갑질에 시달려온
을의 반란
시위의 역사

한국인은 '심정'에 죽고 산다

한국 민주주의는 '심정心情 민주주의'다. 심정은 외국어로 번역하기가 매우 어려운 단어다. 지극히 한국적인 개념이기 때문이다. 최상진은 한국 문화와 한국인의 심리를 이해하는 데 가장 중요하고 핵심적인 개념은 심정이라고 했다. 그는 심정을 "마음이 일어난 상태와 상황"이자 "움직인 마음과 움직인 마음의 정황"으로 정의했다. 최상진은 한국어에서 마음이란 단어는 영어 'mind'보다 좁은 의미로 사용된다고 설명한다. 'mind'는 이성reason과 감정passion을 모두 포괄하나, 한국어 마음은 주로 'passion'과 관계가 많다. 한국 선거에서 나타나는 동정표는 한국인이 심정에 약함을 에둘러 암시한다. 최상진은 심정 소통 방식이 가장 발달한 민족은 한국인이라고 추측했다.

최상진은 '섭섭한 심정', '야속한 심정', '억울한 심정', '답답한 심정', '죽고 싶은 심정', '서러운 심정', '울고 싶은 심정' 등의 사례에서 볼 수 있듯이, 심정은 주로 부정적 상황에서 발동한다고 평가했다. 심정 표현 언어의 기저를 보면 그런 심정을 표현하는 사람 속에 무엇인가를 추구하거나 원하거나 싫어하거나 회피하려는 욕구나 동기가 전제돼 있다는 것이다. 대체로 이런 욕구나 동기가 원하거나 기대하는 방향으로 결실을 맺지 못할 때 심정이 발동한다. 반대로 원하거나 기대하는 방향으로 나타나고 동시에 그런 결과를 낳은 상대의 행동에 좋은 마음이 기대 이상 실려 있을 때에도 '눈물겹도록 고마운 심정'과 같은 심정이 일어날 수도 있으나, 대체로 부정적 결과에 대한 심정이 보편적이라는 것이다.[1]

한국 민주주의의 원동력은 바로 심정이 폭발한 시위示威였다. 4·19혁명에서부터 6월항쟁에 이르기까지 한국 민주주의의 주요 성과는 모두 시위가 낳은 결과였다. 한국인에게는 차분히 대화하고 토론할 마당이 없었고, 그런 경험도 별로 없었다. 잠자코 인내하다가 어느 순간 어떤 사건을 계기로 일시에 욱하고 폭발하는 패턴이 반복돼왔다.

김주열, 박종철, 이한열이라는 이름이 말해주듯, 결정적 계기는 늘 개인의 죽음이었다. 이게 바로 심정 민주주의의 불가사의한 대목이다. 광주에도 수많은 김주열, 박종철, 이한열들이 있었건만, 왜 '광주 학살'에서 6월항쟁까지 7년이라는 세월이 걸려야 했을까? 극심한 언론 통제로 그들의 죽음이 심정의 폭발을 불러오지 못했기 때문이었을까?

한국은 심정의 폭발이 없으면 그 어떤 일이 벌어져도 아무 일 없다는 듯 잘 굴러가는 사회다. 큰 흐름에서 보아 그렇다는 말이다. 선거는 늘 그

점을 입증해주는 생생한 드라마다. 평소 실력보다 그 어떤 계기에 의한 '심정의 폭발'이 더 중요하다. 세계를 자주 놀라게 만드는 한국의 독특한 시위 문화는 바로 그런 심정 민주주의의 관점에서 이해할 필요가 있다.

시위란 '위력이나 기세를 떨쳐 보임' 또는 '많은 사람이 특정한 공동의사를 표시하는 행위'를 말한다. 한국은 자타가 알아주는 '시위 공화국'이다. 부정적인 의미로만 하는 말은 아니다. 한국처럼 유혈 테러가 드문 나라도 없다는 점에 주목할 필요가 있다. 다소 폭력적이긴 하지만, 드러내놓고 폭력적인 테러보다는 심정을 호소하는 시위가 발달해 있다는 건 우리의 장점으로 여길 수도 있는 것이다. 물론 시위를 하지 않으면 기본적인 소통조차 어려운 풍토가 유발하는 사회경제적 비용은 심각하게 생각해볼 문제지만 말이다. 그 어떤 가치판단을 내리기에 앞서 한국 시위의 역사를 해방 이후부터 차분하게 살펴보기로 하자.

해방 정국의 반탁 시위

1945년 12월 28일 미국·소련·영국 세 나라 수도에서 발표된 모스크바 3상회의 결정은 한국의 신탁통치에 관한 내용을 담고 있었는데, 이는 국내에서 격렬한 찬·반탁 논쟁을 불러일으켰다. 12월 31일 오후 1시 신탁통치반대국민총동원위원회의 주관으로 서울운동장에서 대규모 반탁대회가 열렸다. 신문은 영하 20도의 강추위를 무릅쓰고 애국 일념에 불타는 시민 30만 명이 운집했다고 보도했다.[2]

당시 서울 인구가 120만 명이었으니 이 집계가 맞다면 서울시민의 4분의 1이 모인 셈이었다. 시위 군중은 신탁통치안에 대한 항의 표시로 사흘째 철시撤市 상태인 시내 중심가를 행진한 끝에 서울운동장에 집결했는데, 사람들이 어찌나 많이 모였는지 "동대문 뒷산이 하얗게 덮일 정도"였다.[3]

1946년 1월 7일, 우익을 대표하는 학생들의 총연합체로서 '반탁전국학생연맹'이 결성돼 위원장에 24세 청년 이철승을 선출했다. 해방 후 반공학생운동에 기수가 됐던 '학련'이 탄생한 것이다. 이날 학생들은 서울운동장에서 1만여 명이 참가한 가운데 오전 10시부터 반탁대회를 열고 "우리는 오직 조선 사람이라는 자각으로 신탁을 반대하며 즉각적인 자주독립을 요구한다"는 결의문을 채택했다.[4]

이승만은 비서실장 윤치영을 보내 대회를 격려했지만, 이 대회는 자발적인 집회는 아니었다. 겨울방학 중인데 1만여 명을 모으는 게 쉬운 일이었겠는가? 서울에 사는 남녀 중학생들은 학교로 소집됐다. 김우종은 다음과 같이 말한다.

"학교에 모두 집합해서 출석 점검을 한 후 4열 종대를 짓고 교사들의 지휘를 받으며 서울운동장으로 향하는 것이다. '아무도 도중에 도망칠 생각은 하지 마라. 서울운동장에 가서 출석을 부를 테니까' 일제시대부터 이미 이런 일에는 익숙해져 있으니까 학생들은 어김없이 아침 8시까지 학교 운동장에 집합해 출발했다. (중략) 당시는 중학이 6년제이니 꼬마들부터 지금의 고교생까지 다 함께 모인 셈이다. (중략) 영하의 추위에 귀가 얼고 코가 얼고 뺨도 허여멀겋게 핏기를 잃고 있어서 '신탁통치 결사 반대'를 외쳐도 입은 잘 열리지 않았다."[5]

한편 1월 9일에 좌익을 대표하는 학생들은 '재경학생 행동통일촉성회 (학통)'를 결성하고, "민족의 완전한 자주독립의 길을 앞당기기 위해 모스크바 3상 회의를 지지한다"는 내용의 성명서를 내고 시위에 들어갔다.[6]

1월 18일 오후 2시 반탁학련은 서울시 정동교회에서 학생 수천 명이 참가한 가운데 '반탁 및 반공 전국 학생 성토대회'를 개최했다. 오후 5시 성토대회가 끝나고 남녀 학생 500명을 포함한 군중은 미국 영사관과 소련 영사관에 결의문을 전달했다. 이어 조선호텔과 반도호텔을 거쳐 을지로에 있는 조선인민보사에 몰려가 문선文選 케이스를 뒤엎고 인쇄기에 모래를 뿌리고 그날 찍은 신문을 모조리 불태우는 등 조선인민보사를 파괴했다. 그리고는 인사동에 있는 조선인민당 당사와 안국동에 있는 서울시 인민위원회와 부녀총동맹 사무소를 짓밟는 등 좌익 단체 본부들을 모조리 습격했다.[7]

미군 헌병과 군정청 경찰관들이 제지하자 반탁학련 데모대는 김구에게 반탁학생대회의 경과를 보고하기 위해 김구가 주도하는 반탁국민총동원위원회가 있는 서대문 경교장으로 향했다. 신문로에 이르렀을 때 좌익 학병동맹원들과 충돌했다. 이 충돌로 남녀 학생 40여 명이 부상을 입었다. 서대문경찰서와 종로경찰서는 합동으로 출동해 반탁 학생 간부 10여 명과 학병동맹원들을 체포했다. 그날 김구는 반탁학련 간부들의 보고를 듣고 격려했다.[8]

1월 19일 새벽에 경기도 경찰부는 장택상의 지휘로 삼청동 학병동맹 본부를 포위했다. 18일의 충돌에 대한 책임을 학병동맹에 묻겠다는 것이었다. 학병동맹원들과 경찰 사이에 총격전이 벌어져, 결국 학병동맹원 세 명이 죽고 세 명이 부상당했으며, 경찰 쪽에서도 두 명이 부상당했다.[9] 이 1·18사건은 "좌우 학생운동사상 대대적인 첫 유혈 사태"로서 학생운동의 좌·우 대립에 경찰이 개입해 총격을 가해 최초의 희생자를 낸 사건이었다.[10]

하루 종일
기를 들고 나서는 사람들

반탁 시위가 대표적인 시위였다는 것일 뿐, 해방 정국은 온갖 종류의 정치 시위로 몸살을 앓았다. 해방 후 5개월을 경과한 1946년 1월 말 남한에서 운영되고 있는 공장은 40퍼센트에 불과했고 그나마 생산력의 25퍼센트 수준에 지나지 않았다. 이는 전 공장의 단 10퍼센트만이 가동되고 있다는 사실을 의미하는 것이었는데, 여기에 정치투쟁이 져야 할 책임이 작지 않았다. 1946년 1월 19일 군정 장관 아처 리치Archer Leach는 다음과 같은 경고문을 발표했다.

"건장한 조선 남녀들이 하루 종일 기를 들고 나서 있는 것을 볼 때 조선이 어떤 정도로 경제 회복에 관심을 가지고 있는가를 의심하게 된다. 독립의 첩경은 경제 회복이다. 진정 애국자이거든 빨리 직장으로 돌아가라."[11]

오기영은 리치의 말이 "응당 나와야 할 조선인 지도자에게서 나오지 않고 미국인 군정관의 입으로부터 조선을 위해 조선인 지도자와 민중에게 경고하는 말이었다는 것이" 자신을 슬프게 만들었다며 이렇게 개탄했다.

"이것이 지도자들끼리의 태업이면 또 한 번 나을 것을, 이들은 저마다 제 주장을 세우기 위해 쩍하면 직장에 있는 근로인들을 가두로 불러내고 있다. 말인즉 화려해 끌려다니는 민중을 제각기 제 민중이라 하고 우리의 주장을 민중은 이렇게 지지한다고 자랑하지마는 하루의 시위 행렬에 참가하기 위해 전후 삼사일의 태업이 있지 않으면 안 된다는 사실을 지도자들은 고려하지 않고 있다. (중략) 지도자의 분열은 당연히 민중의 분열을 결과해 직장마다 좌우의 편싸움이 벌어지고 이래서 또 공장에는 먼지가 앉은 채 기계는 동록銅綠이 쓸었다." [12]

그러나 당시 지도자들에게 시급한 건 공장보다 이념이었다. 1946년 5월 12일 이승만이 이끄는 독립촉성국민회의 주도로 서울운동장에서 개최된 독립전취戰取 국민대회가 끝나자 수만 군중이 시내에서 시위하면서 "부셔라 공산당", "소련을 타도하라"는 구호를 외쳤다. 우익 청년들은 트럭 여러 대에 분승해 그날 오후 6시를 전후해 소련 영사관 앞에서 소련을 비난하고 《조선인민보》, 《중앙신문》, 《자유신문》 등 모스크바 결의안을 지지하는 신문사를 습격해 사무실을 파괴했다.[13] 5월 19일 이승만은 독립촉성국민회의 인천 지부 주최로 인천 공설운동장에서 열린 반탁대회에 참가해 청중 6만 명(당시 인천 인구는 20만 명)을 앞에 놓고 이렇게 열변을 토했다.

"나는 본래 싸움을 좋아하는 싸움꾼이요. 그래서 50여 년간을 싸워왔소. 우리가 왜적에게 눌려 지내온 것은 우리가 싸울 줄 모르기에 그렇게 된 것이오. 이제 우리는 우리나라를 찾기 위해서 싸워야 하겠소. 여러분도 나와 같이 싸움꾼이 됩시다. (중략) 공산당은 우리나라를 팔아먹으려 하오. 우리는 이들과 싸우지 않으면 아니 되오. (중략) 공산당들은 저들이 조국이라고 부르는 소련으로 가서 살라고 쫓아버립시다. 우리 대한 사람만은 대한 사람끼리 보존합시다." [14]

국립서울종합대학안
파동 시위

대학도 시위로 몸살을 앓았다. 1946년 3월 30일 미군정은 '무허가 학교 폐쇄령'을 공포해 민족적이고 진보적 성향인 학교, 학원, 강습회를 폐쇄했다. 게다가 전국으로 확산하는 문맹퇴치운동마저 금지했는데, 이는 좌익이 문맹퇴치를 "정치 이데올로기를 삼투시키기 위한 기초 공작"으로 이용하는 것에 대한 대응이었다.[15]

그러자 서울에 있는 17개 학교 학생들이 궐기해 "무허가 학교 폐쇄령 반대!", "친일 악질 반동 교원 추방" 등의 구호를 내걸고 투쟁을 전개했다. 이 투쟁에 참가한 학생은 미군정청 발표만으로도 4만 명 이상에 달했다.

무허가 학교라는 이유로 폐쇄된 서울 법정대학 학생들은 4월 6일 미군정청 청사 앞에서 항의 성명문을 낭독하고 연좌 농성을 벌였지만, 미군정은 학생 600명을 전원 검거하는 등 강경하게 대응했다. 미군정은 '군사 점령의 목적에 적극적으로 반대하고 있는 모든 교사들'에 대한 해임에도 열성을 보여 미군정 3년간 남한에서 해직된 교육자 수는 1,100명에 이르렀다.[16]

1946년 7월부터 1947년 2월까지 7개월 동안 한국 사회를 뜨겁게 달군 이른바 '국립서울종합대학안(국대안)' 파동은 교육 영역이 그렇게 이념적·정치적 논란의 주요 이슈로 등장한 상황에서 벌어진 일이었다.

1946년 7월 13일 미군정청 기자실에 문교부 부장 유억겸이 문교부 차장 오천석을 대동하고 나타났다. 오천석의 설명으로 전격 발표된 것이 바로 국대안이었다. 이 안은 경성대학(법문학부, 이공학부, 의학부)과 서울 및 근교에 있는 아홉 개 전문학교(경성의학전문, 경성치과전문, 경성법학전문, 경성광산전문, 경성고등공업학교, 경성고등상업학교, 경성사범학교, 경성여자사범학교, 수원농림전문)를 종합대학교로 통합하는 것이었다. 이는 엄청난 논란과 그에 따른 격렬한 투쟁을 불러일으켰다. 학생들의 시위가 계속되자 1946년 11월 18일 유억겸은 다음과 같은 담화를 발표했다.

"학생들이 평화스럽게 집회하는 권리는 오직 민주주의적 정부 조직 밑에서만 향유할 수 있는 권리다. 민주주의 국가에서 허용된 모든 권리와 같이 집회의 특권을 남용하여서는 안 된다. 남조선에 있는 국립서울대학 학생도 현존 교육 방침과 일상 면학에 방해되지 않는 한 집회의 자유를 가졌었다. 그러나 집회는 수업에 방해되지 않는 시간과 장소를 택해야만 된다. 만일 집회의 자유가 공부를 하려는 다른 학생을 방해한다면 이는 민주주의 교육을 떠난 것이다. 어떠한 단체가 학교를 지배하려 한다든가 민주주의적 교육 방침을 침범하려는 것은 결국 국가의 교육제도를 혼란케 하는 결과를 초래할 것이다." [17]

그러나 국대안 파동은 이런 점잖은 원론으론 진정될 수 없는 '이념 투쟁'이었다. 국대안 파동 기간 동안 아홉 개 대학 학생 8,400명 중 총 4,956명이 제적당하고 교수와 강사는 429명 중 380명이 교단을 떠났다. 국대안에 대한 미군정의 강력한 의지를 말해주는 통계였다. [18]

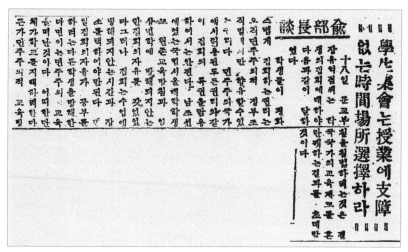

해방 정국은 온갖 종류의 정치 시위로 몸살을 앓았다. 교육 영역도 예외가 아니었다. 이른바 국립서울종합
대학안(국대안) 파동은 교육 영역이 이념적·정치적 논란의 주요 이슈로 등장한 상황을 잘 보여준다.
1946년 11월 19일자 《조선일보》 기사.

대구의 기근 시위

그런 이념 시위의 다른 한편에선 '기근饑饉 시위'가 일어났다. 1946년 10월
1일에 발생한 대구항쟁은 쌀 문제에서 시작됐다. 1946년 4월 《영남일보》에
실린 기사 제목 그대로 '해방의 선물은 기근'이라는 말이 실감 나는 세상
이었다. 설상가상雪上加霜이었다. 5월에는 콜레라까지 발생해 대구시민
1,200여 명이 사망하는 참극이 빚어지면서 외부에서 반입되는 쌀이 끊겼
고, 6월에는 수해가 나 쌀 대체 작물이 큰 피해를 입었을 뿐만 아니라 교통
마저 두절되는 바람에 굶어 죽는 사람이 속출했다.[19]

대구의 정치적 사정도 다른 지역과는 달랐다. 대구의 좌익 세력은 일

제하에서 어느 세력보다 더 치열하게 민족해방운동을 전개해왔기 때문에 시민들의 강한 신뢰를 얻어 해방 후에도 각 부문별 대중조직을 결성해 폭넓은 지지 기반을 확보하고 있었다. 반면에 우익 세력엔 친일파가 많아 대중적 기반이 매우 취약했다.[20]

10월 1일 정오 대구시청 앞에서는 부녀자와 어린이 1,000여 명이 모여 쌀을 달라고 요구하는 시위를 벌였다. 오후 2시 30분에는 대구역 앞에서 동맹파업에 들어간 노동자 500여 명이 경찰과 충돌했는데, 시위를 해산하는 과정에서 경찰의 발포로 시위대 한 명이 사망했다.

이 사망으로 이튿날인 10월 2일에는 시위대의 숫자가 걷잡을 수 없이 늘어났다. 이들 가운데 일부는 전날 경찰의 발포로 사망한 사람의 주검을 메고 시위에 참여할 만큼 시위를 격렬하게 전개했다. 시위대는 대구경찰서로 쳐들어가 무기를 탈취해 무장을 꾸리고 시내 파출소 대부분을 점령해 버렸다.[21]

10월 2일 오후 6시쯤 미군정은 대구 지역에 계엄령을 선포하고 전차를 앞세워 시위를 진압했다. 그러나 그 여파는 경상남도와 경상북도 농촌 지방을 거쳐 다른 지역으로 급속히 확대되면서 전국적인 농민 봉기의 성격을 띠게 됐다. 11월 상순까지 전국 90개 군 이상에서 항쟁이 연속적으로 일어났다.

예컨대, 선산 지역의 항쟁은 10월 3일 오전 9시께 박상희(박정희의 형)가 2,000여 명을 이끌고 구미경찰서를 공격함으로써 시작됐다. 군중은 구미면사무소와 선산군청도 공격해 식량 130여 가마니를 탈취했다. 박상희는 분노한 군중으로부터 경찰관을 보호함으로써 많은 인명 피해가 난 경북의 다른 지역과 달리 유혈 사태를 막을 수 있었다. 선산 지역의 항쟁은 6일 경찰에 진압됐으며 박상희는 그 과정에서 사살됐다.[22]

12월까지 전국으로 확대된 10월항쟁에는 약 300만 명이 참여했는데, 경찰 200명 이상이 살해됐고, 죽은 관리와 시위자, 민간인은 1,000명이 넘었다. 체포된 사람은 3만 명으로 추산됐다.[23] 언론인 오기영은 월간《신천지》1947년 11월 호에 쓴 글에서 이 사건에 대해 이렇게 말했다.

"나는 일찍 만보산 사건을 빌미로 일어났던 중국인 배척 사건을 평양에서 목격하고 제 살을 깎고 뼈를 저리게 하는 압박자에게는 지친 듯이 유순하던 조선 사람이 이역에 와서 날품팔이하는 고독한 중국인에게는 어이 이리 잔인한가를 통탄했습니다. 그러나 그때는 그래도 만주에 있는 동포가 학대됐다는 적개심에서 폭발된 참극입니다마는 40년이나 우리의 피를 빨던 왜구는 뺨 한 개 친 일 없이 주지 말라는 돈까지 몰래 주어서 고이고 이 돌려보내더니 이제 골육 간에 이런 피를 흘리다니 이래도 이 땅에 풍년을 주는 하늘의 은혜가 그지없이 두렵습니다. 외적에게 무력하고 내쟁內爭에는 용감한 백성이라고 나의 어느 선배는 말한 일이 있는데 이번 사건을 통해 나는 이것을 통감하는 자입니다."[24]

3·1절 기념식 유혈 사태

1946년 12월 이승만은 미국을 방문했다. 점령군 사령관 존 하지와 사사건건 충돌하자 미국 정부 관계자들을 직접 상대해 자신의 뜻을 관철시키겠다는 뜻이었다.[25] 이승만은 미국으로 떠나기 전에 한국민주당, 김구 진영 등 다른 우익 세력과 다음과 같은 계획을 세워놓았다고 한다.

"반탁, 반군정, 반하지 운동의 일환으로 시위와 폭동을 일으킨다. (중략) 김구는 사태 발전의 적절한 단계에서 체포돼 투옥되고, 순교자로 집중 조명을 받는다."[26]

12월 7일 미국에 도착한 이승만은 한국이 통일 국가를 건설할 때까지 전 인구의 3분의 2를 차지하는 남한에 단독정부를 세워야 한다는 방안을 미국 국무부에 제출하는 등 남한만의 단독정부 수립을 촉구하는 외교 활동을 적극적으로 펼쳤다.[27] 방미 기간 동안 이승만은 국무부 내 일부 분자가 "미국의 대한 정책을 방해"하고 있으며 "하지 중장은 공산 분자를 도울 뿐만 아니라 그들의 도구 구실을 하고 있다"라고 주장했다.[28]

우익 진영은 김구의 주도로 1947년 1월 18일 전국반탁학련 반탁궐기 대회 1주년을 기념해 1946년과 같은 대대적인 반탁 데모를 계획했다. '몇 사람의 희생도 불사하는 소요'를 일으키겠다는 것이었다.[29] 그러나 이 계획은 미군정의 첩보망에 걸렸다. 미군정은 설득과 경고를 병행하면서 계획을 무산시키고자 했다. 이승만도 1월 16일 워싱턴에서 전문을 보내 김구에게 과격한 시위를 중지할 것을 요청했다.[30] 이승만의 요청은 신문에도 크게 보도됐다.[31]

이승만의 만류와 하지의 경고로 김구는 반탁 시위를 보류했다. 1월 18일 우익 진영의 반탁 행사는 천도교당에서 학생들 주도로 열린 '매국노소탕대회'와 '탁치반대투쟁사 발표대회'로 축소됐다. 이 자리에서 김구는 오늘만은 과격한 행동을 삼가고 조용히 해산해줄 것을 당부했다.[32]

크게 시위하지 못한 아쉬움 때문이었을까? 해방 뒤 두 번째로 맞는 1947년의 3·1절 기념행사는 좌우의 충돌로 망가지고 말았다.《조선일보》는 이날 사설에서 "민족아! 커라, 좀 더 커라! 숭고崇高해라!"라고 외쳤지만,[33] 당시 한국 사회는 왜소와 옹졸을 향해 치닫고 있었다.

3·1절 기념식은 1946년과 마찬가지로 두 파로 나뉘어 치러졌다. 좌파는 남산공원, 우파는 서울운동장이었다. 그걸로도 모자라 유혈 사태까지 빚어졌다. 기념식을 마치고 시위행진을 벌이던 두 세력이 남대문 근처에서 충돌한 것이다. 양쪽이 격렬하게 투석전을 벌여 많은 부상자가 발생했으며, 정체를 알 수 없는 총기 발포로 두 명이 사망했다.[34] 비슷한 충돌이 빚어진 부산과 제주도 등 지방에서는 경찰 발포로 16명이 죽고 22명이 중경상을 입었다. 이날 라디오에선 서울방송국이 3·1절 특집극(노래극)을 위해 만든 〈우리의 소원〉이라는 노래가 흘러나오고 있었다.

"우리의 소원은 통일/꿈에도 소원은 통일/이 정성 다해서 통일/통일을 이루자/이 나라 살리는 통일/이 겨레 살리는 통일/통일이여 어서 오라/통일을 이루자"

이승만과 김구의
마지막 합작품

1947년 5월 21일 서울에서 제2차 미소공동위원회가 열렸다. 한민당은 '참여해 반대한다'는 명분을 내세워 공위 협의에 참가할 것을 주장하면서 6월

19일 74개 정당, 사회단체와 함께 '임시정부수립대책협의회'를 구성했다. 이에 대해 이승만은 "회의에 참가해서 신탁을 반대할 수 있다는 말은 우리로서는 해석키 곤란하다. 속이고 들어가서 반대하겠다는 것은 자기의 신의를 무시하는 자"라고 불만을 토로했다.[35]

6월 23일까지 협의를 청원한 단체는 남한에서 425개 단체, 북한에서 38개 단체로 모두 463개 단체였는데, 이들 단체의 인원을 모두 합하면 7000만 명이 넘었고, 그중 80퍼센트가 남한에 거주하는 사람들로 돼 있었다. 대부분 엄청나게 인원을 과장해서 기재한 것이다. 한 단체가 여러 명의로 등록하는 등 유령 단체들이 많았고, 친목회와 동창회 같은 단체도 많았다. 민전은 한민당에서 유령 단체를 수백 개 만들어 미소공위에 잠입시켰다고 비난했다.[36]

6월 하순 공위 참여에 찬성하는 혁신파와 민주파가 한국독립당에서 이탈해 신한민족당과 민주한독당을 결성했다. 이 사건으로 이승만과 김구만 고립됐다. 한민당의 변화에 격노한 이승만과 김구는 공위 협의 청원서 제출 마감일인 6월 23일에 전국 여러 곳에서 반탁 시위를 벌이게끔 주도했다.[37]

'6·23반탁데모'는 이승만과 김구의 '마지막 합작품'이었다. 두 사람은 공동 서명한 〈소집장〉을 각지 독촉 지부장에게 보내 군중을 조직적으로 동원했다.[38] 6월 23일은 단오절이자 미소공위 참여 단체의 등록 마감일이었다. 더욱 중요한 건 그날이 서윤복 일행의 거족적 환영대회가 열리기로 돼 있는 날이었다는 사실이다. 전국이 들떠 있었다.

6·23반탁데모는 그 들뜬 분위기를 이용하겠다는 것이었다. 6·23반

탁데모의 기수인 전국학련도 학생 총동원령을 내렸다. 서울 시위를 주도한 전국학련의 반탁 시위대는 소련 공위 대표단에게 돌을 던지는 등 맹활약했다. 학생 시위대는 시위가 끝나고 이승만을 찾아가 상세히 보고했다. 이승만은 전국학련의 지도자인 이철승을 부둥켜안고 눈물을 글썽이며 격찬했다.[39]

이 장면을 이철승은 다음과 같이 증언했다. "저의 인사를 받은 이 박사는 눈물을 글썽이며 그저 내 손을 잡고 얼굴을 씰룩씰룩하면서……. 나는 이 박사 앞에 가면 그 카리스마와 '학' 같이 고귀한 풍채, 그 독특한 언변 앞에 말려들어 '나'라는 존재는 없어지고, 멍하니 우러러만 봤습니다. 나는 보고를 하면서 나도 모르게 눈물을 흘렸습니다. 이 박사가 '자넨 건국 공신이야. 큰일을 해냈어!' 하며 부둥켜안고 격찬을 해주는 겁니다."[40]

이승만의 극찬에도 불구하고, 6·23반탁데모는 대규모 군중을 동원하는 데 실패했다. 미군정은 6·23반탁데모를 '희가극적인 시도'로 평가했다. 6월 29일과 7월 4일에 다시 시도된 반탁 시위의 결과도 미미했다.[41]

우의마의 시위

한국전쟁은 이후 벌어질 반공 시위의 전성시대를 예고하는 민족사적 비극이었다. 아직 전쟁이 끝나지 않은 1953년 원단元旦, 설날 아침 이승만은 '북진통일'을 휘호로 쓰면서 다시금 북진 통일의 의지를 천명했다. 2월 부산에서 학생들은 북진 통일을 절규하는 시위를 대대적으로 벌였다. 아니, 1953

년 내내, 적어도 휴전협정을 맺은 7월 27일까지 북진 통일 시위는 전국을 휩쓸었다.

반공의 화신인 이승만을 지지하는 것 역시 일종의 반공 시위인 셈이었다. 1956년엔 이른바 '우의마의牛意馬意 시위'가 맹위를 떨쳤다. 이 시위는 이승만이 3월 5일 개최된 자유당의 정부통령 후보 지명대회에서 대통령 후보로 지명받자 불출마를 선언하면서 "제3대 대통령에는 좀 더 박력 있는 인사가 나와 국토 통일을 이룩해주기 바란다"고 말한 것에서 비롯됐다.[42]

3월 6일부터 이승만이 사랑하는 '민의民意'의 발상지라 할 부산에서부터 온갖 관변 단체가 총궐기하기 시작했다. 3월 10일 이승만은 외국 기자들에게 국민이 강청하면 재고려할 것을 시사하면서 "나는 그들이 원하는 것이라면 무엇이든지 할 생각으로서 자살을 원한다면 자살이라도 하겠다"라고 말했다.[43]

국민이 원하면 자살도 할 수 있다는 대통령을 위해 무엇을 아끼랴. 그날부터 더욱 뜨겁게 불붙은 시위의 백미는 3월 12일 동원된 노동자와 농민들이 경무대 앞으로 우마차牛馬車 800대를 끌고 행진한 사건이었다. 우차와 마차는 서울시 통행이 규제돼 있기 때문에 이 행진은 불법이었지만, 자유당에 동원돼 "노동자들은 이승만 박사의 3선을 지지한다"는 함성을 질러대니 감히 아무도 막을 수 없는 일이었다. 서울 거리는 우마의 분뇨로 냄새가 코를 찔렀다. 14일에는 마사회의 마상 시위가 벌어졌고, 선거권이 없는 남녀 중·고등학생들도 수업 시간에 교기를 앞세우고 비를 맞으며 시위에 돌입했다.[44]

한 언론인은 우차와 마차를 동원해서 이승만의 출마를 촉구하는 시위를 풍자해 '우의牛意, 마의馬意, 민의民意'라는 말을 만들어냈다.[45] '민의' 조작이 지나쳐 소나 말의 의사까지 동원했다는 뜻이다. 그래서 '우의마의牛意馬意 정치'라는 말도 사람들 입에 오르내렸다.

재일교포 북송반대 시위

1959년 2월 13일부터 남한에선 이후 10개월 동안 지속될 북송반대 시위가 포문을 열었다. 여당은 물론 야당까지 참여해 초당적인 '재일 한국인 북송반대 전국위원회'를 만들자는 결정이 내려진 가운데 비 내리는 서울에서 남녀 고등학생들이 규탄대회를 열었으며, 철도 노동조합원 2,000여 명은 트럭 30여 대에 분승해 서울 시내를 돌면서 반대 시위를 벌였다. 3월 5일까지 21일 동안 벌어진 시위 횟수는 4,312회로, 736만 명이 참가한 것으로 발표됐다.[46] 그런 시절이었다. 그래서 이런 이상한 일도 벌어졌다. 1959년 2월 서울시 중구 묵정동에서 일어난 일이다.

"학교 주변의 정화를 위해서는 밤거리의 여인을 추방·단속하는 방침도 좋으나 경찰에서는 '재일교포 송북반대 데모에 참가하라'고 속여가지고 포주와 매음부를 집합시킨 후 52명을 검거함으로써 그 단속 방법이 졸렬하다고 해 화제를 던지고 있다."[47]

이 사건은 당시 재일교포 북송반대 데모의 실체에 대해 많은 걸 시사한다. 포주와 매음부들까지도 데모에 참여하지 않으면 안 될 정도로 관제 데모 동원 능력이 탁월(?)했다는 사실을 말해주는 걸로 볼 수 있지 않을까?

한국전쟁 이후 벌어진 시위는 포주와 매음부까지도 데모에 참여하지 않으면 안 될 정도로 규모가 컸다.
정치 지도자들이 정치적 목적을 달성하기 위해 주도한 시위가 얼마나 극렬했는지 짐작할 수 있다.
1959년 2월 22일자 《조선일보》 기사.

그래서 그렇게 엉뚱한 함정 단속도 가능하지 않았겠느냐는 것이다. 신문 기사는 매음부들이 함정 단속에 '분격憤激'했다고 했는데, 당시로선 더할 나위 없이 신성했을 반공反共을 그런 용도로 써먹다니, 이거야말로 반공 투사들이 분격했어야 할 일 아닌가?

1959년 7월엔 훗날 유행하게 될 촛불시위의 원조라 할 수 있는 '초롱불 시위'도 벌어졌다. "16일 밤 9시 30분부터 서울시 명성여자고등학교 2부 학생 정원 500명은 폭우가 내리는 서울 거리에 초롱불을 들고 재일교포 북송반대를 외치면서 시가행진을 했다. 그런데 야간 고등학생 500명은 2부 담임선생 24명의 인솔하에 쏟아지는 폭우 속에서도 우장을 갖추지 않고 질서 정연하게 을지로 3가를 출발해 시청 앞으로 해서 광화문 그리고 종로 3가를 돌아 약 1시간 20분에 걸친 시가행진을 했던 것이다." [48]

그러나 여고생들의 그처럼 헌신적인 야간 초롱불 시위에도 불구하고 재일교포들은 북송되고 말았다. 놀라운 건 그 후에 벌어진 일이었다. 북송선이 떠나자마자 그동안 무슨 시위가 있었느냐는 듯 적막이 감돌았기 때문이다. 갑작스러운 적막에 미국 대사관도 놀랐다. 게다가 북송선이 떠나자마자 이승만 정권은 1950년대 초중반과는 달리 일본이 성의를 보이면 한일회담을 계속하겠다고 말했으니 그것도 이상한 일이었다. 서중석은 국가보안법 파동과 재일교포 북송반대 시위의 관계에 주목한다.

"이승만의 외교가 일인 독단인 데다가 무리와 억지가 정치적 의도와 뒤섞여 있는 것이라면, 야당은 그래도 어느 정도 적절한 대책을 제시했어야 했다. 그런데 재일교포 북송반대 시위가 국가보안법 파동에서 야당 공세를 무력하게 만드는 것이었는데도 불구하고 또 일부 당원이 국가보안법 개정안 통과 반대와 재일교포 북송반대를 병행하자고 주장한 것조차 묵살하면서, 조병옥 등 민주당 지도부는 초당 외교를 들고나와 자당의 대일 정책, 재일교포 정책은 밝히지도 않은 채 정부와 자유당에 질질 끌려다녔다. 그러다가 재일거류민단의 정부·여당 불신 성명이 나오자 그때서야 정부의 대일 정책을 비판했다. 극우반공주의자들의 한심한 정신 상태를 단적으로 말해주는 한 예였다." [49]

2 · 28 대구 학생 시위

1960년 2월 27일 3 · 15정부통령선거를 앞두고 대구에서는 자유당의 유세가 있었다. 이날 자유당은 이발소, 목욕탕, 음식점 등 행정 당국의 허가가 필요한 모든 업체에 휴업을 명령했다. 유세장에 사람을 끌어들이기 위해서였다. 대구시 주변 군민들에게까지 교통 편의를 제공하고 동장들이 사람들을 동원했다.

이튿날 역시 대구에서 민주당 부통령 후보 장면의 유세가 있었다. 이번엔 정반대 일이 벌어졌다. 이날은 일요일이었음에도 자유당은 교육감과 학교장들에게 지시해 학생들을 등교하게 했다. 일요일 등교의 명분도 희한했다. 경북고등학교는 학기말시험, 대구고등학교는 토끼 사냥, 경북사범대학 부속고등학교는 임시 수업, 대구상업고등학교는 졸업생 송별회, 대구여자고등학교는 무용 발표회 등이었다. 대구의 일요일 강제 등교령에 대해 《동아일보》 기자 이만섭은 다음과 같이 보도했다.

"각 중 · 고교에서는 '졸업식 연습', '수업 준비', '학예회', '음악회' 등을 명목으로 민주당 강연회가 시작되는 하오 1시에 학생들을 전원 등교하게 했다. (중략) 모 학교에서는 학생들이 이에 불만을 나타내며 교사에게 항의하자 '너희들도 사회생활을 해보면 알게 된다'고 말해 우리나라 교사들의 특수한 고민을 토로하기도 했다. (중략) 교사들에게 특별수당으로 1,000환씩 지급한 학교도 있으며, 또 어떤 학교에서는 가정방문을 한다는 핑계로 학생은 물론 학부모까지 집에 붙들어뒀다." [50]

일요일 강제 등교령은 장면의 유세장에 사람들이 모이지 않도록 하기

위해서 벌인 일이었지만, 28일 유세장엔 대구 유권자 29만 명 가운데 20만
명이 모여들었다. 학생들도 공분公憤을 느끼고 있었다. 학교는 학생들에게
일요일 등교 지시를 25일에 내렸는데, 그날 밤 경북고, 대구고, 경북사대부
고의 학도호국단 간부 학생들이 몰래 만나 일요일 등교 후에 항의 시위를
하기로 약속했다.[51]

그 약속에 따라 경북고등학교 학생 800여 명은 "학교를 정치도구화하
지 말라"는 구호를 외치며 가두시위에 나섰다. 다른 학교들도 시위에 들어
갔다. 학생들은 시민들의 박수를 받으면서 대오를 지어 경북도청, 자유당
도당 당사, 도지사 관사 등으로 몰려다니며 시위를 벌이다가 저녁 7시 40분
에 해산됐다.[52] 비극적인 현실이었지만, 2·28 대구 학생 시위를 다룬 다음
과 같은 신문 기사 하나가 미소를 머금게 만든다.

"대구중학교에서는 학생들을 일일이 교실에 몰아넣고 밖으로 쇠를 채
워 학생들이 유리창을 깨뜨리고 나오려고 아우성을 치자 학교 당국에서는
학생 1인당 과자 두 개와 눈깔사탕 한 개씩을 나누어주어 무사했다고 한
다."[53]

3·15 부정선거 항의 시위

1960년 3월 3일 3·15정부통령선거를 앞두고 민주당은 한 양심적인 경찰
관의 도움을 받아 경찰의 비밀 공문 〈9할 5분 득표를 목표로 한 사전 투표,
공개투표, 환표, 환함〉을 폭로했다. 3월 4일 민주당은 사립대학의 총장과

학장이 자유당 중앙선거대책위원회 지도위원으로 취임한 것은 교육공무원법 위반이라는 공문을 발송했다.[54] 그러나 3·15선거는 심판관이 없는 선거였으므로 그 어떤 폭로와 항의에도 자유당은 꿈쩍하지 않았다. 자유당이 원하는 건 실력 행사였을까?

3월 5일 오후 서울운동장에서 열린 장면의 정견 발표회에 참가한 청중 가운데 고교생을 주축으로 한 1,000여 명이 종로를 거쳐 광화문 동아일보사 앞까지 가두 행진을 벌였다. 시위대는 목소리 높여 "부정선거 배격하자", "썩은 정치 갈아보자" 등을 외쳤다.

3월 8일 대전에서는 고교생 1,000여 명이 시내 곳곳에서 시위를 벌였고, 부산에서도 비슷한 시위가 벌어졌다. 대전고등학교 학생들은 "학원에서 선거운동이 웬말이냐"고 외치면서 다음과 같은 결의문을 발표했다.

"소위 올챙이 정치인들이 무슨 강연을 한답시고 걸핏하면 우리를 동원해 자유당 선전을 했다. 선생님들에게 선거운동을 강요해 수업에도 막대한 지장이 있었다. 최근 잇달아 일어나는 여러 가지 우리의 뜻에 배치되는 도 당국과 학교 당국의 처사에 대해 당국은 그 잘못을 깨닫고 조속히 학원의 자유 보장과 대전고의 이름을 더럽히지 않도록 강력한 시정책을 강구할 것을 결의한다. 1. 학원의 정치도구화를 배격한다. 2. 자유로운 학생 동태를 감시 말라. 3. 《서울신문》의 강제 구독을 단호히 배격한다. 4. 진리를 탐구하는 신성한 학원에 여하한 사회적 세력의 침투도 용납할 수 없다."[55]

3월 10일에는 대전상업고등학교 학생 300명, 수원농업고등학교 학생 300명, 충주고등학교 학생 300명이 시위에 참여했다. 12일에는 부산 해동고등학교와 청주 청주고등학교 학생들도 시위를 했고, 13일 서울에서는 일요일인데도 공명선거를 요구하는 고등학생들이 궐기했다.[56] 이런 일도 있었다.

"13일 정오를 기해서 서울 시내 몇 곳에서 학생 데모가 결행된다는 정보를 얻은 경찰은 미도파 앞과 시 공관 앞, 국제극장 앞 등에 병력을 동원. 이날 경찰이 신경을 쓰는 곳에는 학생들이 삼삼오오 모여들어 눈치를 살피면서 정오 '싸이렌' 소리를 기다리는 듯 역시 신경전. 그러나 소방서의 정오를 알리는 '싸이렌'은 정오가 지났는데도 울리지 않았겠다. 중부소방서 말에 의하면 '싸이렌'이 '고장 수리 중'이었다는 것."[57]

서울 중부소방서 사이렌이 고장 나지 않았더라면, 3월 13일의 서울 시위는 규모가 좀 더 커졌을 것이다. 선거 전날엔 이런 일도 벌어졌다.

"14일 하오 3시에 발표할 예정이던 서울대학교 입학시험 합격자 발표는 합격자 명단을 게시하지 않고 서울대학교 학보와 라디오방송으로 발표했다. 서울대학교 각 단과대학별로 합격자 명단을 게시해 발표하던 종래의 방법을 쓰지 않고 학보와 라디오를 통해서 발표한 까닭에 대해서 학교 당국은 굳이 말하지 않았으며 그것은 불합격된 지원자들이 모종의 데모를 할 우려가 없지 않아 취해진 것으로 보이고 있다. 이날 각 단과대학에 몰려든 지원자들은 학교 구내에 들어가지 못했으며, 경찰 백차와 기마 경관대까지 동원된 곳도 있었다."[58]

너는 그날 무엇을 하고 있었느냐

자유당 정권은 4·19혁명으로 무너지고 말았다. 자기 딸이 4·19 데모 대열에서 빠진 게 부끄럽고 괴롭다는 어느 아버지가 1960년 5월 2일자 《조선일보》에 "너는 그날 무엇을 하고 있었느냐?"라고 추궁하는 글을 기고했다는 게 흥미롭다.

이 아버지는 "인옥아, 내 사랑하는 딸아! 내가 이 글을 신문에 투고해 세상에 널리 읽히고자 하는 것은 나만이 딸을 가진 애비가 아니고 또 나와 같이 너희 학교에 딸을 보낸 7,000의 부모, 형제자매들이 모두 내 심정과 같을 것을 생각하고 이 부끄러움을 이 고통을 함께 나누고 함께 울고자 함이로다. 구태여 너희 학교 이름을 여기서 밝히지 않는다 해도 한마디로 서울 시내에 있는 '대학교'라는 이름을 가진 학교 중에서 저 4·19 데모대에 나서지 않고 빠져버린 대학교라면 둘도 있지 않고 하나밖에 없기 때문에(나는 그렇게 알고 있다) 세상 사람은 누구나 다 짐작할 것이다"며 다음과 같이 말했다.

"너희 학교는 00여 년의 역사를 가지고 빛나는 전통을 자랑하며 수많은 현모양처와 여성 지도자를 배출해낸 이름 높은 학교였다. 세상에서는 너희 학교 학생들에 대해서 사치와 방종하는 경향이 있다느니 다른 학교보다 학비가 많이 든다느니 하는 세평도 없지 않으나 나는 너희 학교의 역사와 그만한 시설과 그만한 학생 수효로 보아서 그러한 세평은 도리어 이해력이 부족한 소치라고 생각하고 역설도 하고 반박도 하여왔다. 그것은 내 딸이 다니는 학교라 해서만 하는 말은 아닐 것이다. 그러나 나는 완전히 할 말이 없게 된 '부끄러운 아버지'가 되고 말았다. (중략) 너는 정녕 그 젊은 기수旗手들 속에 네 생명을 바쳐 사랑하는 애인 한 사람 없었더란 말이냐? 서글픈 일이다. 분한 일이다. 네 젊음을 스스로 모독한 시대의 고아가 되고 말았구나. 어찌 네가 가슴에 '뱃지'를 달고 이 태양 아래 활보할 수 있으랴! 총탄에 넘어진 아들딸을 가진 부모들의 비통함보다, 털끝 하나, 옷자락 하나 찢기지 않은 너를 딸로 둔 이 애비의 괴로움이 더 깊고 크구나. 인옥아! 어서 '뱃지'를 떼고 교문을 나와 병원으로 달려가거라. 죄인과 같은 부끄러움과 겸손한 태도로 아직도 병상에서 신음하는 그 젊은 영웅들 앞에 네 피를 아낌없이 쏟아라. 그 젊은이들이 너 같은 여자의 피라도 받아준다면……. 그리고 그만 시골로 내려오너라. 그 편이 한결 애비 된 내 마음이 편할 것 같다. 그리하여 아버지와 함께 조용히 생각해보자! 결코 '부잣집 맏며느리'를 만들기 위해서 너를 대학에 보낸 애비는 아니라는 것, 네가 잘 알 것이다. 이 찬란하고 장엄한 역사의 아침 앞에서 이렇게 흥분하지 않고는 못 배길 것만 같다."[59]

이와 대비되는 사건도 있었다. 4·19 시위에 가담했다가 미아리고개에서 얼굴에 총탄을 맞고 죽은 한성여자중학교 2학년 학생 진영숙은 미리 어머니 앞으로 이런 '유서'를 써두었다.

"시간이 없는 관계로 뵙지 못하고 떠납니다. 끝까지 부정선거 '데모'로 싸우겠습니다. (중략) 저는 아직 철없는 줄 압니다. 그러나 국가와 민족을 위하는 길이 어떻다는 것을 알고 있습니다. 저의 모든 학우들이 죽음을 각오하고 나가는 것입니다. 저는 생명을 바쳐 싸우려고 합니다. 데모하다가 죽어도 원이 없습니다. 어머니, 저를 사랑하는 마음으로 무척 비통하게

자기 딸이 4·19 데모 대열에서 빠진 게 부끄럽고 괴롭다는 어느 아버지가 "너는 그날 무엇을 하고 있었느냐?"며 추궁하는 글을 1960년 5월 2일자 《조선일보》에 기고했다. 한국 민주주의의 원동력은 바로 이러한 심정이 폭발한 시위에 있었다. 드러내놓고 감정에 호소하는 문화에 바탕을 둔 심정 민주주의는 한국의 독특한 시위 문화를 잘 설명해준다.

생각하시겠지요. 온 겨레의 앞날과 민족의 해방을 위해 기뻐해주세요."

이 유서는 1965년 4월 '4월혁명동지회' 가 "사위어가는 4·19의 불길을 가연加燃시키고자" 출간한 《4월 혁명》이라는 책에 수록됐다. 신형기는 이 15세 소녀의 죽음을 국가와 민족을 위한 숭고한 희생으로 간주하는 것이 옳은 일일지 묻는다.

"4·19는 잔혹한 폭력을 증오하고 비장한 희생을 찬미하는 '도덕적' 감정을 확산시켰다. 눈앞에서 자행되는 불의不義의 폭력은 두려움을 불러일으키는 것일 테지만 공포는 일순 분노로 바뀔 수 있는 것이기도 하다. 그녀는 정의의 부름을 들었을 것이다. 그리고 그녀는 순수한 마음에서 이 부름을 회피하지 않아야 한다고 생각했을 것이다. 왜냐하면 그녀에게 그 부름은 국가와 민족의 부름이었기 때문이다. 그런데 이것이 바로 용해-귀속의 메커니즘이었다. 즉, 그녀는 분노와 의기 속으로 용해됨으로써 국가와 민족에의 귀속을 새롭게 확인한 것이며, 나아가 쇄신된 국가와 민족을 상상하게 된 것이다. 이로써 국가주의는 다시 작동할 수 있었다."

신형기는 4·19 정신을 만든 메커니즘에서 국가주의가 작동한 흔적을 읽는 것은 어려운 일이 아니며, 바로 이런 국가주의 정신을 구현할 역사 주체의 등장은 필연적이었다는 점에서 5·16쿠데타가 성공할 수 있었다고 주장한다.[60]

갓난아기가
젖을 늦게 주어도 울면서 데모

혁명의 감격이 지나쳤던 걸까? 4·19혁명은 한국을 '데모 공화국' 으로 만들고 말았다. 1960년 11월 25일자 《조선일보》에 실린 기사 〈데모! 데모!: 만병통치 이젠 면역〉은 "독재를 무너뜨리던 4·19의 데모를 고비로 데모는 만능萬能. 그리하여 크고 작은 데모는 탱크처럼 거리에 굴러가고 굴러 왔다가 굴러가고 굴러 오는 사이에 데모의 위력은 땅에 떨어져 요즈음은 갓난아기가 젖을 늦게 주어도 울면서 데모. (중략) 그것도 어머니는 데모라고 부른다" 며 다음과 같이 말했다.

"성명서에 진정서, 건의문에 호소문, 탄원서에 결의문 그리고 혈서 그 뒤를 이어 데모가 일어난다. 밥을 달라는 데모, 직업을 달라는 데모, 값이 비싸니 싸게 하라는 데모, 누구를 타도하라는 데모, 지지 안 한다는 데모, 절대 지지한다는 데모, 각종 데모가 하루에도 몇 차례씩 일어난다. 확성기를 앞세운 데모, 말없이 '푸라카드' 를 들고 행진하는 데모, 요구가 관철될 때까지 단식하겠다는 데모, 하늘을 지붕 삼고 그대로 주저앉겠다는 농성 데모, 배를 가르는 할복 데모 등등. '제발 이제 데모만은 그만둬주었으면…….' 이렇게 말한다면 당장에 데모대가 덮칠 것은 뻔한 노릇. 그러나 다시 한 번 말하지 않을 수 없는 노릇. '데모는 제발 이제 그만!' " [61]

때는 바야흐로 데모의 전성시대였다. 당시 상황을 몹시 괴롭게 생각했던 리영희는 "민주당 정권은 내부 분열로 날을 보내고, 처음으로 자유를 맛본 각계 대중은 조급한 개혁을 요구해 밤낮으로 데모를 벌였다. 막강한 독재 정권을 쓰러뜨린 데모의 힘을 알게 된 학생들과 각 이익집단은 모든 문제를 직접 국회의사당으로 들고 갔다"며 다음과 같이 말했다.

"개인 연간 평균 소득 93달러(9만 3,000환), 한 달 평균 7,700환, 그나마 극심한 소득 편중으로 실제 소득은 그보다 훨씬 적었다. 대중의 생활은 말이 아니었다. 정치혁명과 함께 경제적 개혁을 기대했던 대중은 배신감에 사로잡혔다. 대중의 생활은 문자 그대로 '도탄塗炭'이었으니 그 심정은 이해하고도 남음이 있다. 국민은 즉각적인 경제 향상을 허약한 정부에 요구하고 나섰다. 민주주의적 절차를 거치는 정치를 요구해서 혁명한 국민이 이제는 독재적 수법에 의한 '기적奇蹟'을 민주당 정부에 요구하게 됐다. 민주당 정부는 궁지에 몰렸다."[62]

민주당 정권 10개월 동안에 일어난 가두 데모 건수는 모두 2,000건이었으며, 데모에 참가한 연인원은 약 100만 명이었다. 매일 평균 데모가 7.3건 일어났으며, 매일 평균 3,867명이 서울 거리에서 가두 데모에 참가했다.[63] 오죽하면 "데모로 해가 뜨고 데모로 해가 진다"는 말까지 나왔을까? 초등학생들이 "교사 전근 반대"를 내세워 데모를 하는가 하면 "어른들은 이제 데모를 그만하라"고 요구하며 데모를 하기도 했다.[64]

한일회담 반대 시위

5·16쿠데타 후 수년 동안 잠잠해진 시위 열풍은 1964년 봄부터 다시 터져 나왔다. 박정희 정권은 1964년 3월 들어 한일회담을 재개하면서 '3월 타결,

4월 조인, 5월 비준' 방침을 밝혔지만, 그런 강행 의지만큼이나 강한 야당과 학생들의 반발이 폭발했다. 야당, 사회 · 종교 · 문화단체 대표 200여 명은 3월 6일 '대일굴욕외교반대 범국민투쟁위원회'를 발족시키고 〈구국선언문〉과 〈대정부경고문〉을 발표했다. 이들은 "한일회담의 즉시 중지, 일본에 대한 반성 요구, 민족정기 고취"를 슬로건으로 내거는 한편 한일회담의 대안으로 "청구권 27억 달러, 평화선의 40해리 전관수역"을 제시하고 3월 15일부터 회담 저지를 위한 본격 유세에 돌입했다.[65]

3월 22일 장준하 등이 연사로 나선 서울 장충단공원 유세엔 70만 명이 몰려들었다. 이 뜨거운 열기는 이틀 후 3 · 24데모를 촉발시키는 동력이 됐다.[66] 3월 24일, 4 · 19 이래 최대 학생 시위가 서울에서 발생했다. 서울대, 연세대, 고려대 학생 등 약 5,000여 명이 모여 '제국주의자 및 민족반역자 화형집행식'이라는 이름으로 일본 총리 이케다와 이완용의 화형식을 열고 "한일굴욕외교반대"를 외치며 가두로 진출했다. 이후 시위는 전국으로 확대됐고 고등학생과 일반 시민들까지 참여했다. 3월 26일엔 이런 일까지 벌어졌다.

"하오 4시 30분쯤 세종로 네거리에서 데모대에 참가했던 균명고교 1년 이훈주(16) 군은 평소 호주머니에 넣고 다니던 연필 깎는 칼로 자기 배를 찔러 자살을 기도했으나 친구들의 만류로 죽지는 않고 수도의대 부속병원에서 응급 가료를 받고 있다."[67]

이 시위는 6 · 3비상계엄령 선포로 진압되고 말았지만, 해가 바뀌어 1965년 2월 19일 한일협정 기본조약이 가조인된 날 다시 대규모 시위가 발생했다. 대학 개학 이후 시위는 본격화돼, 3월과 4월 내내 시위와 단식 농성이 전개됐다. 4월 15일엔 이런 일도 있었다.

"여대생이 데모하는 남학생에게 식수를 떠다주다가 경관으로부터 종아리를 맞고 경찰서에 연행됐다. 고려대학교 정외과 3학년 김 아무개 양은 15일 하오 1시쯤 안암동 로터리에서 데모하던 동교 남학생에게 먹을 물을 떠다 주어 데모를 지원했다고 성북 경찰서에 연행됐다. 더구나 김 양은 경찰봉으로 종아리까지 맞았다고." [68]

4월 16일 문교부는 "한일회담 반대 시위로 정상 수업이 어려운 서울 고교 이상의 학교는 4월 말까지 학교 책임자의 재량으로 임시 휴교토록 하라"고 긴급 지시를 내렸다. 이에 따라 거의 모든 대학과 서울시 65개 고등학교가 휴교에 들어갔다. [69]

1964년 3월 6일에 발족한 '대일굴욕외교반대 범국민투쟁위원회' 는 4월 17일 서울 효창공원에서 대규모 집회를 열었는데 집회는 인근 파출소를 점거하는 사태로까지 발전했다. 이 사태로 14명이 구속됐다. 이날 서울 시내 고등학교 세 곳 학생 3,000여 명도 서울 시내에서 시위를 벌였다. 정부는 4·17시위를 폭동으로 규정하고 시위 학생에게 현역 징집영장을 발부하기 시작했다. 또 이날 서울대에서는 15일부터 단식 농성에 들어간 학생 39명이 법대 학장 유기천의 요청으로 동대문경찰서에 연행되고 단식 농성 주동자 열두 명은 4월 24일자로 무기정학 처분을 받았다. [70]

한일협정 반대 시위

1965년 5월과 6월에도 전국에서 데모가 일어났지만, 날이 갈수록 데모하기가 힘들어졌다. 1965년 6월 24일자 《조선일보》에 이런 기사가 실렸다. "이제 학생 데모는 불가능하다는 게 일반 시민들의 정평. 학생들의 무조직적인 데모 수법에 비해 경찰의 데모 방지책은 고도화하고 포악하다는 인상을 두고 한 말인 듯하다. 학생들이 교문을 나와 경찰 저지선을 돌파하지 못하고 연좌하면 경찰은 교통법규에 어긋난다고 최루탄, 연막탄을 터뜨리고, 도망하지 않는 학생은 무장 경찰이 몰려들어 뭇매질을 하고 대기한 트럭에 짐짝처럼 주워 실으니 감히 앞장설 학생이 없다는 것." [71]

8월 14일 오전 한일협정 비준 동의안이 여야의 심한 몸싸움 끝에 야당 의원이 불참한 가운데 국회 본회의를 통과했다. 이젠 학생들의 집단 데모도 불가능한 상황이었다. 9월 4일 박정희 정권이 고려대, 연세대에 무기 휴업령을 내리는 등 초강경 자세로 나왔기 때문이다.

1964년에서 1965년에 걸쳐 일어난 한일회담 반대 시위의 마지막은 9월 6일이었다. 이날 서울대 상대에선 최루탄과 군화 화형식이 열렸다. 이 화형식에 대해 집권당 일각에서는 서울대 상대의 폐교 조치까지 거론했다. 박정희 정권은 시위에 대해 '사전 처벌'이라고 하는 발본색원 작전으로 들어갔다. 서울대 문리대 학생운동의 본거지라 할 민족주의비교연구회는 해체됐고 김중태 등 14명은 구속·기소됐다. 서울대 법대 교수 황산덕, 김기선은 파면됐다. 그 이전에 고려대에선 김성식, 이항녕, 김경탁 등이 정치교수로 몰려 쫓겨났다. [72]

한일회담에 비판적인 언론에 대한 테러도 감행됐다. 9월 7일 밤 11시 45분께《동아일보》편집국장 대리 변영권의 보문동 집 대문이 폭파되는 사건이 일어났다. 근처에 검은색 군용 지프차가 서 있다가 폭발 후 사라진 것이 목격됐다. 1시간 뒤인 8일 새벽 0시 40분엔 동아방송 제작과장 조동화의 성수동 집에 괴한들이 들이닥쳐 조동화를 강제로 차에 태운 뒤 장위동까지 끌고 가 길에서 집단 구타했다.

9월 8일 오후에는 동아방송 부국장 최창봉의 집에 "가족들을 죽여버리겠다"는 협박 전화가 걸려왔다. 또《동아일보》기자 이채주의 집엔 북한에서 보낸 것처럼 된 불온 문서 한 장이 투입됐다. 군 특수부대의 소행임이 분명했지만 진상을 규명할 수는 없었다. 야당은 이 사건을 정치 테러로 단정하고 9월 18일 국회 차원의 특별조사위원회를 구성해 진상 규명에 나섰지만 '특수 기관원의 소행'이라는 결론만 내리는 데 그쳤다.[73]

시위가 불가능해진 상황에서 할 수 있는 일은 죽음으로 항거하는 것뿐이라고 생각했던 걸까? 1965년 9월 27일 한 대학생이 할복자살을 시도하는 사건이 벌어졌다.

"국회의사당 앞에서 한일회담 비준 반대를 외치며 할복자살하려던 건국대 2년생이라는 이두형 군이 국회 경비원의 제지로 미수에 그쳤다. 이날 이 군은 의사당 정문 앞에서 가슴에 태극기를 붙이고 한일회담 비준 반대 플래카드를 들고 과도로 배를 찌르려다가 경비원 10여 명에게 제지당했다."[74]

3선 개헌 반대 시위

1969년 9월 박정희의 3선 개헌에 반대하는 시위가 폭발했다. 9월 8일 연세대 학생들이 벌인 데모엔 경찰의 신종 무기가 선을 보였다.

"연세대 학생 데모 진압에 MPG-100 가스탄 발사총이란 신형 무기가 새로 등장했다. 얼핏 보아 엽총같이 생긴 이 총은 주로 나무로 된 발사대 위에 올려놓고 사냥용 산탄 모양 추진탄을 장진한 후 총구에 붙은 발사기(직경 4.75인치)에 원통형 MPG-100(크기 약 7x15cm)을 넣어 쓰도록 돼 있다. 발사 각도를 30도, 40도 혹은 45도로 변화시켜 사거리를 조종할 수 있는 이 총의 유효사거리는 80~90m. 이 총은 갑작스러운 데모 사태가 벌어졌을 때 상대방의 투석 등으로 피해를 받지 않고도 쉽게 데모를 진압할 수 있는 게 장점이라고." [75]

학생들의 격렬한 데모에도 불구하고, 1969년 9월 13일 3선 개헌안이 국회 본회의에 회부됐다. 야당 의원들은 급히 '개헌안철회권고동의안'을 제출했다. 13일 오후 2시 본회의에서 야당의 동의안은 재적 의원 158명 중 찬성 44표밖에 얻지 못해 폐기됐다.

약 2시간 뒤인 오후 3시 50분께 국회의장 이효상의 세 번째 정회를 신호로 공화당 국회의원들은 모두 본회의장에서 퇴장하고 신민당 의원들은 단상을 점거한 채 무기한 농성에 들어갔다. 본회의장을 빠져나온 공화당 의원들은 집에 돌아가지 않고 각 상임위 단위로 몇몇 호텔에 투숙했다. 14일 새벽 1시, 지휘 본부로 지정된 반도호텔에 모인 당의장 윤치영 등 지휘부는 2시 정각에 국회 제3별관에서 모이라고 알렸다. [76]

14일 새벽 2시 50분, 공화당과 무소속 의원 122명은 야당 의원들에게 점령돼 있는 국회 본회의장을 버리고, 길 건너편인 국회 제3별관 3층 특별위원회실에 집결해 25분 만에 개헌안을 날치기로 통과시켰다. 국회의장 이효상은 의사봉이 미처 준비돼 있지 않자 국회 직원이 가져다준 주전자 뚜껑으로 탕탕탕 책상을 쳤다. 윤금자는 이 장면을 이렇게 설명했다.

"이효상 의장은 일제 때 동경제국대학 독문학과를 나와 경북대학교 문리대 학장을 지낸 지성인이다. 저서도 있고 시집도 낸 문화인이다. 또 독실한 가톨릭 신자이기도 하다. (중략) 그러나 학식이 있으면 무얼 하고 지성인이면 어쩌겠는가. 집권자가 시키는 대로 도둑고양이들처럼 엉뚱한 곳에 모여 개헌안을 날치기 통과시키기 위해, 주전자 뚜껑이나 두들기는 인간으로 전락하고 말았으니." [77]

개헌안 날치기 통과 후, 고교생들의 데모를 방지하기 위한 가정방문이 실시됐다.

"서울시 교육위원회는 고교생들의 데모를 막기 위해 지난 20일부터 시내 각 학교마다 데모할 우려가 있는 문제 학생 열 명씩을 골라 교사들로 하여금 이들 학생들의 집을 호별 방문토록 지시했다. 이에 따라 각 학교 교사들은 문제 학생의 가정방문을 하고 학부형과 학생들에게 데모를 하지 않겠다는 각서를 받고, 매일 일기를 써 보이도록 타이르고 있다." [78]

박정희 정권은 고교생에 대해선 가정방문과 각서로 대응한 반면, 가장 격렬한 개헌 반대운동을 벌인 '4·19 6·3 범청년회'에 대해선 소탕 작전으로 밀어붙였다. 국민투표를 앞두고 벌인 끝내기 작업이었다. 그 모임의 사무총장을 맡았던 최형우는 중앙정보부로 끌려가 20여 일 동안 고문을 당

했다. 3선 개헌을 반대해서 사회를 혼란케 했으니 북괴를 이롭게 한 용공분자라는 것이었다.[79]

개헌안에 대한 국민투표는 10월 17일로 예정됐다. 박정희 정권은 유권자들을 상대로 돈과 밀가루를 퍼붓기 시작했다. 박정희 정권이 유권자 매수를 위해 쓴 돈은 1500만 달러로 추산됐다.[80] 투표 결과, 총 투표자 1160만 4,038명 중 찬성 755만 3,655표, 반대 363만 6,396표, 무효 41만 4,014표였다. 투표율은 77.1퍼센트, 찬성률은 65.1퍼센트였다. 선거가 끝나자 전국의 공화당 지구당 요원 8,471명을 대상으로 논공행상 잔치판이 벌어졌다. 각 지역별 찬성표 비율에 따라 포상금 60만 달러가 차등 지급됐다.[81]

부정부패 규탄 시위

1971년 4·27대통령선거가 끝난 뒤 서울대 문리대 등을 중심으로 한동안 4·27선거 무효 투쟁이 전개되다가 2학기부터는 교련 반대 투쟁이 일어났다. 이에 발 맞춰 서울대 등 각 대학에서는 교수들의 대학 자주 선언이 나와, 9월 한 달은 교수의 자주 선언에 대한 학생들의 지지와 교련 철폐 운동이 광범위하게 전개됐다.

10월 4일 고려대에서는 특권층 부패자로 관계의 이후락, 정계의 김진만, 군부의 윤필용 등의 명단을 공개하면서 박정희 정권의 부정부패를 규탄하는 철야 농성이 벌어졌다. 이에 가장 격분한 건 수도경비사령관 윤필용이었다. 10월 5일 새벽 수도경비사 헌병대 병력 30여 명이 고대에 난입해 농성 학생들을 구타하고 학생 다섯 명을 불법 연행해 가는 사건이 일어났다. 이 같은 군의 학원 난입 사건에 자극돼 부정부패 규탄 데모는 연세대, 전남대 등으로 확산했다. 이와는 별도로 10월 5일 원주에서는 지학순, 김지하 등 가톨릭 교인 1,000여 명과 학생들이 박정희 정권의 부정부패를 규탄하는 횃불 데모를 전개했다.[82]

10월 12일에는 국방부 장관과 문교부 장관의 공동 명의로 교련 거부 학생 전원 징집 담화가 발표됐다. 그러자 학생들의 학원 자유 수호 시위는 한층 격렬해져 10월 12일, 14일에는 학생 1만여 명이 거리로 쏟아져 나왔다. 학생들은 부정부패자 공개를 요구하면서 군인들의 학원 난입을 규탄하고 중앙정보부 철폐를 요구하는 구호를 외쳤다. 이 구호는 박정희 정권의 최대 약점들을 건드린 것이었다. 이에 박정희 정권은 10·15위수령 발표로 대응했다.

10월 15일 박정희는 특별법령 9개 항을 발표하면서 서울 여덟 개 대학에 무기 휴업령을 내렸다. 서울대 등 주요 대학엔 위수군이 진주하면서 학생 1,889명을 연행했다. 이어 전국 23개 대학에서 학생 177명이 제적됐다. 제적된 학생 대부분이 강제 징집됐으며 군대에서도 보안사의 감시를 끊임없이 받게 됐다.[83]

학생들이 할 수 있는 거라곤 삭발, 침묵시위밖에 없었다. 1971년 11월 연세대의 풍경이다. "연세대학교에는 요즘 머리를 면도로 민 중머리 학생들이 늘어나 이채. 중머리 대학생들의 삭발의 변은 '무언의 항거를 상징한다'는 것. 이들은 모두 교내 친목 모임인 제대파 학우 회원들이다. 휴업령이 풀리면서부터 눈에 띄기 시작, 23명으로 늘어났는데 학교 당국은 '그것

까지야 막을 수 없지 않느냐'고." [84]

긴급조치 시대의 시위

1974년 8월 15일 오전 10시 서울시 장충동 국립극장 대극장에서 열린 광복절 기념식장에서 박정희 암살 기도 사건이 터져 대통령 부인 육영수가 사망하는 비극이 발생했다. 정부는 범인 문세광이 조총련의 사주를 받아 도시락에 숨긴 권총으로 저격을 시도했다고 발표했다. 문세광은 일본 정부가 발행한 여권으로 입국했고, 일본 경찰에서 훔친 권총을 저격에 사용했기 때문에 이 사건은 한일 두 나라의 외교 분쟁으로 비화했다.

박정희는 참모들에게 일본과의 단교斷交는 물론 '도쿄 폭격론' 까지 거론할 정도로 격앙됐지만,[85] 한국의 국력이 그렇게 세계 나갈 수 있는 처지는 아니었다. 10여 일간에 걸친 한일 교섭이 진전을 보이지 않자 8월 27일에는 전국 34개 단체 20여만 명이 서울운동장에 모여 규탄대회를 개최했고, 9월 6일에는 시위 군중이 일본 대사관에 난입하는 사건이 발생하는 등 반일 감정이 최고조에 달했다.[86]

1974년 9월 11일자 《조선일보》는 '반일 데모가 20여 일 계속되면서 일부 지방에서는 일본인의 '출입 금지' 와 서비스 거부로 번졌다. 음식점, 다방, 이발관 출입문에는 출입 금지 표지가 붙고 숙식과 교통 편의 제공 거부운동이 한창이다. 구호도 점차 극렬해졌다. 8월 21일 데모가 처음 시작될 때는 8 · 15 사건의 배후 수사를 촉구했으나 21일 동안 212개 단체, 74만

3,478명(경찰 집계)이 참가, 일본 대사관 난입, 데모 대원의 할복, 단지 등 극한 항의를 하면서 구호도 '일본인과 일본 기업의 축출' 등으로 변질됐다"고 보도했다.[87]

　결국 미국이 분쟁을 조정하기 위해 개입하는 등 우여곡절 끝에 일본이 자민당 부총재 시이나를 진사 사절로 파견하고 사태 수습 협조를 담은 총리 다나카의 친서를 전달하면서 사태는 진정됐다. 이 사건은 박정희 정권의 민주화운동에 대한 탄압을 일시적으로 다소 완화시키는 효과를 가져왔다.

　박정희는 긴급조치 해제에 즈음한 특별 담화에서 광복절 경축식장 참변을 보고 국민은 북한 공산주의자들의 흉계를 깨닫게 됐을 것이고, 정부가 취해온 긴급조치의 참뜻도 이해했으리라고 믿는다는 논리를 펼쳤다. "8·15 사건을 계기로 국민 총화가 굳건히 다져졌음을 보고 긴급조치를 해제한다"는 것이었다.[88]

　그러나 그게 끝은 아니었다. 1975년 5월 13일에 나온 긴급조치 9호는 1974년 1월 8일에 나온 긴급조치 1호 이래로 그동안 공표된 긴급조치의 모든 반민주성을 포괄한 긴급조치의 결정판이었다. 긴급조치 9호 이후 대학 캠퍼스엔 시위를 할 수 있는 최소한의 자유마저 없었다. 기관원들이 아예 대학 캠퍼스에 죽치고 있었기 때문이다.

　서울대의 경우엔 1975년 2월 28일 동숭동 캠퍼스 철수식을 하고, 3월 14일 관악 캠퍼스로 이전해 개강했다. 이에 맞춰 서울대 정문 앞에는 지상 2층, 지하 1층으로 기동 경찰 300여 명이 휴식하며 대기할 수 있는 규모를 자랑하는 동양 최대 파출소가 건립됐다.[89] 군사작전식 '5분 대기조'가 대학 정문 앞에 죽치고 있는 상황에서 어떤 시위건 5분 이상을 끌기가 어려웠다. 그런 숨 막히는 상황으로 심지어 '하' 사건이라는, 사건 아닌 사건까지 세인의 입에 오르내렸다. 이에 대해 장세현은 다음과 같이 말한다.

"시위라고 해봤자 학교 곳곳에 감시의 눈초리가 번뜩이기 때문에 짧으면 몇십 초, 잘해야 5분을 넘기기 어려운 시절이었다. 시위가 시작된다는 신호는 먼저 첫마디를 '학우여!' 하고 크게 외치는 것이다. 그런데 어떤 경우는 '학우여!' 도 다 못하고 '하' 하고 입을 떼면 곧바로 경찰이 들이닥쳐 끌고 가는 바람에, 이를 일컬어서 '하' 사건이라는 별명이 붙었다는 얘기다. 시위다운 시위도 못하고 무지막지 머리채를 잡혀 끌려가는 동료들을 보다가 가슴에 모두들 혹을 하나씩 달고 선술집에 가 울분과 회한을 삭인다. 그러다가 막걸리를 몇 사발 먹고 유신 독재의 악랄함에 울화통을 터뜨리면 그때 몇 마디 한 것이 화근이 돼 긴급조치 위반으로 끌려간다. 막걸리 마시다 한 말 때문에 잡혀갔다고 해서, 이른바 '막걸리 긴급조치' 로 불리는 이 어처구니없는 해프닝. 이 대목에 이르면 차라리 비애를 넘어 공허한 웃음만 나온다." [90]

1984년에서 1985년 사이에
벌어진 민주화 시위

비애를 넘고, 공허한 웃음을 넘어 이게 인간이 사는 세상인가 하는 근본적인 회의를 품게 만든 건 1980년 5월 광주민주화 시위에 대해 신군부가 저지른 잔인무도한 학살이었다. '광주 학살' 로 집권한 신군부의 폭압에 침묵하던 한국 사회는 1984년부터 다시 시위 국면에 접어들었다. 1984년 5월 18일 민주화추진협의회(민추협) 출범으로 민주화 열기가 일기 시작했다. 민추협은 출범일에 발표한 〈민주화투쟁선언〉을 통해 다음과 같이 밝혔다.

"전두환 정권은 소수의 부패한 특권층만을 위해 절대다수 국민을 핍박하고 수탈해오고 있다. 우리는 우리 국민의 긍지와 자존심을 회복시키고 국가의 존엄을 해치는 군부독재를 청산해서 국민이 자신의 정부를 선택할 수 있고 시민의 참여가 보장되는 민주 정부의 수립을 위해 민주화는 더 이상 지체할 수 없다는 판단 아래 이를 위해 민추협을 발족한다." [91]

이후 벌어진 시위에 대해 5공화국 정권은 시위 진압을 위한 신기술로 대응했다. 1984년 5월 31일자《조선일보》는 경찰의 신기술을 다음과 같이 소개했다.

"대학생 시위가 격화되자 경찰은 효과적이고 신속한 진압을 위해 32발, 64발 다연장 최루탄 발사기를 개발하는 한편, 최근에는 가스차에 먹물 분사기를 장치해 사용하고 있다. 고압 펌프를 이용한 먹물 분사기는 학생들이 투석을 하며 가두 진출을 할 경우 먹물을 뿜어 시위가 끝난 후 옷에 묻은 먹물로 주동자를 색출하는 데 이용한다는 게 경찰 측의 설명이다. 29일 오후 외국어대생들이 시위를 했을 때도 경찰은 학생들이 화염병까지 던지며 가두 진출을 시도하자 먹물 분사기로 먹물을 뿌려 진압했었다." [92]

그러나 최루탄 발사기나 먹물 분사기로 막을 수 있는 시위가 아니었다. 광주 학살 때 전국적으로 항거하지 못했다는 죄의식으로 괴로워하던 끝에 들고 일어난 시위가 어찌 그 따위 것들에 굴복할 수 있었으랴! 그러나 미련한 5공화국 정권은 경찰력을 강화하는 방식으로 대응했다. 1984년 10

월 24일 서울대에서 펼쳐진 장면을 잠시 감상해보자.

"경찰이 서울대에 투입된 24일 6,000여 정사복 병력이 포진한 캠퍼스에는 무거운 침묵이 깔렸다. 교수들은 허탈해하고 학생들은 목소리를 죽였다. 경찰 지휘 본부도 '교수들과 학생들이 침울해 있고, 울먹이는 학생도 있다'고 상부에 보고했다. 광장 대신 학과 사무실에서 간간히 소규모 모임이 있긴 했으나 시끄러운 집회나 시위는 없어졌다. 그러나 경찰을 투입해 응시율을 높이겠다던 목적은 빗나가 시험을 거부한 학생은 전날에 못지않게 많았다. (중략) 경찰의 삼엄한 경비 속에서 이날 오전 10시 사범대 수학교육과와 과학교육과 1학년생들이 독어 시험을 치르던 2동 104호 강의실에서는 대상자 34명 중 10명만이 시험을 치렀다. 그러나 이들 중 여학생 한 명은 시험이 시작되자마자 눈물을 흘리며 뛰쳐나갔다. 이어 다른 여학생 네 명도 백지 답안지를 내고 시험장 밖으로 나와 먼저 나온 학생과 부둥켜안고 눈물을 흘렸다."[93]

대학 내에서조차 집회와 시위를 할 수 없다면 어디로 가야 할까? 서울대만 대학인가? 열흘 뒤인 11월 3일 연세대에선 전국 42개 대학 2,000여 명이 참여한 가운데 '학생의 날 기념식 및 군사독재퇴진 궐기대회'를 개최하면서 '민주화투쟁학생연합'을 결성했다. 이들은 민정당 당사를 점거하기로 마음먹었다.

1984년 11월 14일 오후 4시 30분께 서울시 종로구 안국동. 겨울을 예고하는 싸늘한 늦가을 비가 부슬부슬 내리고 있는 가운데 고려대, 성균관대, 연세대생 264명이 민정당 중앙당사를 향해 돌진하는 사건이 벌어졌다. 학생들은 〈왜 우리는 민정당사를 찾아왔는가〉라는 유인물을 살포하면서 건물 9층으로 올라가 철제문을 안에서 걸어 잠근 다음 창문에 기다랗게 '노동법 개정하라', '전면해금 실시하라'는 플래카드를 내걸고 농성에 들어갔다.[94]

학생들은 민정당이 12·12와 5·17 이후 일당독재 체제를 제도적으로 확보하고 567명에 이르는 정치인을 정치풍토쇄신법으로 묶어놓은 상태에서 군부 세력을 중심으로 만든 군사 정당일 뿐이며 독자적인 정치 역량과 정치사상 없이 물리력과 금력을 바탕으로 급조된 정당이라고 주장했다. 덧붙여 민정당은 대중성이 결여된 철새 정치인들의 집합소이자 소수 지배 정당에 불과할뿐더러 폭력 정권의 합법적 외피로서 의회 민주주의의 위장물이라고 강하게 비판하면서 민정당의 즉각적인 해체를 요구했다.[95]

학생들은 또한 총학생회 인정, 노동자 권익 옹호. 노동악법 철폐, 전면해금 실시, 집시법·언론기본법 폐지 등을 요구 조건으로 내걸고 민정당 대표 권익현과의 면담을 요구했지만, 권익현은 "폭도와는 타협 없다. 당장 투항하라"라고 대응하면서 경찰에 무력 진압을 요청했다. 그리고 다음 날 새벽 4시 30분 쇠파이프로 중무장한 경찰 수백 명이 당사 벽을 부수고 최루탄을 난사하며 무력 진압을 감행해 이로부터 20여 분에 만에 점거 농성에 참여한 학생들은 모두 체포됐다. 이 중 180명이 구류를 살고, 19명은 구속·수감됐다.[96]

그러나 시위는 1985년까지 계속 이어졌다. 최루가스에 대응하는 '신기술'도 개발됐다. 1985년 5월 12일자《조선일보》에 실린 기사를 보자.

"경찰의 최루가스에 대항하는 갖가지 기발한 방법이 속출하는 가운데, 서울대생들은 최근 식품 포장용 투명 폴리에스터 비닐인 '유니랩'을

눈물 방지용 눈가리개로 사용, 눈길을 끌고 있다. 지난 10일 오후 서울대생 1,500여 명과 경찰이 교문을 사이에 두고 2시간 반 동안 벌인 치열한 '공방전'에서 일부 학생들은 유니랩으로 두 눈을 가리고 시위를 벌여 진압에 나선 경찰관들을 놀라게 했는데, 유니랩은 살갗에 밀착이 잘돼 두 눈을 가리면 최루가스 때문에 눈물이 나는 것을 막을 수 있다는 것. 이 때문인지 이날 따라 평소와는 달리 바람이 학생 쪽으로 불었는데도 학생들은 최루가스를 겁내지 않아 경찰이 데모 진압에 상당히 애를 먹었다고." [97]

1987년 6 · 10 시위

시위는 1986년을 거쳐 1987년도에 규모가 더욱 커졌고, 시위 방식도 다양해졌다. 세 장면만 감상해보자.

> **장면1** 이날 등장한 시위용품 중 눈길을 끈 것은 고무풍선에 '고문 추방' 등의 구호를 적은 종이쪽지를 매단 것. 민추협 회원 등의 출발지인 광교에서는 풍선들이 바람에 날려 하늘로 올라가고 일부가 가로수에 걸려 구호를 적은 종이가 바람에 나부끼자, 전경들이 나무 위로 올라가 풍선을 끌어내려 터뜨리기도. [98]

> **장면2** 학생 데모 공방에서 학생 측 주 무기는 투석과 화염병이요, 경찰 측 주 무기는 최루탄이었다. 한데 5월에 들어서면서 이전에 보지 못했던 지능

적인 신무기가 등장하고 있다. 학생 측 신무기는 경찰의 눈을 부시게 해 방향 감각을 혼미시키는 대형 거울이요, 경찰 측 신무기는 투석과 화염병을 막는 불에 타지 않는 방어망防禦網이 그것이다. 이 두 무기가 고대 전쟁의 공방에서 써왔던 무기라는 점에서 무상無常한 느낌을 더해주고 있다.[99]

장면3 삭발이 강한 레지스탕스의 수단으로 등장한 것은 나치 점령하의 파리에서였다. 파리 여성들을 끌어다가 협력을 강요했을 때 이 파리 여성들은 모조리 삭발을 하고 저항했던 것이다. 시국 문제를 두고 농성 중인 한신대 남녀 학생 300여 명이 농성장에서 삭발을 했다 한다. 그 강한 집단의지의 항변이 감각적으로 와 닿는다. 단식 레지스탕스—삭발 레지스탕스로 치닫기만 하고 풀릴 기미는 보이지 않는 정국의 인수因數가 안타깝기만 하다."[100]

1987년 6월 10일, 대학생들은 대학에서 출정식을 열고 "호헌 철폐!", "독재 타도!", "직선제 쟁취해 군부독재 타도하자!"는 구호를 외치며 도심으로 모여들기 시작했다. 국민운동본부 방침에 따라 이날 오후 6시를 기해 국민대회가 열리는 대한성공회 종탑 스피커에서 애국가가 울려 퍼지고 성당의 종이 42번 울리는 것을 신호로 성당 구내에 있던 차량들이 경적을 울리기 시작했다. 이에 화답하듯 도심을 지나던 차량들도 함께 경적을 울려댔다.

이날 시위는 전국 514곳에서 연인원 50여만 명이 참가한 가운데 전개됐다. 경찰은 국민대회를 불법 집회로 규정하고 원천 봉쇄에 나섰지만, 국민의 성난 분노를 막을 수는 없었다. 국민대회는 진압에 나선 경찰이 무차별적으로 난사한 최루탄으로 흡사 시가전을 방불케 할 만큼 격렬하게 전개됐다. 경찰들은 사복 체포조를 동원해 시위자 검거에 나섰는데, 이날 하루 동안 전국에서 연행된 사람만 해도 3,831명에 이르렀다.

출판인 김언호는 6월 10일자 '출판일기'에 다음과 같은 기록을 남겼다. "서울 전역을 경찰이 계엄군처럼 지키고 있다. 택시와 버스의 '경적'을 떼어가는 우스꽝스러운 코미디가 지금 서울에서 벌어지고 있다. 한 시대의 역사가 막바지로 가고 있음이 분명하다. 이화여자대학교 대학원 학생회가 '회보'를 만들었는데, 학생회장이 거기 여백이 남아서 우리의《태백산맥》광고를 실었다고 한다. 그런데 대학원 교학과장(신문방송학과 S교수)이 겁을 내어 회보를 모두 불태워버렸다고 한다. 하나의 큰 코미디가 또 다른 작은 코미디를 만들어내는 것인가." [101]

그런 크고 작은 코미디가 저질러지고 있는 가운데에도 역사의 흐름은 '코미디의 종식'을 위해 내닫고 있는 게 점점 더 분명해졌다. 6월 15일과 18일에 전국에서 다시 시위가 벌어졌다. 18일엔 150여만 명이 시위에 참여했으며, 이날 시위로 모두 1,487명이 연행됐다. 이날 시위는 집권 세력에게 큰 위기감을 안겨줬다. 6월 26일 열린 민주헌법쟁취 국민평화대행진은 6월 항쟁의 절정이었는데, 이날 시위에는 전국 33개 시, 4개 군·읍에서 180만 명이 시위에 참가했다. 경찰은 시위 진압에 나섰지만 걷잡을 수 없이 늘어만 가는 시위대의 위세에 밀려 속수무책이었다. 특히 이른바 "넥타이 부대"로 불리는 중산층과 사무직 시민들의 참여는 전두환 정권을 다시 한 번 깜짝 놀라게 만들었다.

이날 시위로 전국에서 3,467명이 연행됐고 경찰서 2개소, 파출소 29개소, 민정당 지구당사 4개소 등이 투석과 화염병 투척으로 파괴되거나 방화됐다. 파손된 경찰 차량도 수십 대에 이르렀다.[102] 6·10시위 이후 만 17일간 전국에서 열린 시위는 모두 2,145회, 발사된 최루탄은 모두 35만 발인 것으로 집계됐다.[103]

6·10시위는 대통령 직선제 수용을 포함한 6·29민주화선언을 이끌어냈지만, 노태우의 대통령 당선으로 시위는 이후에도 계속됐다. 시위만했다 하면 경찰의 '최루탄'과 시위대의 '돌'이 격돌했기에 "무탄무석 무석무탄"이라는 말이 나오기도 했다. 먼 훗날인 2006년에 중앙대 경제학과 교수 안국신은 〈쇠파이프 경제학〉이라는 글에서 다음과 같이 말했다.

"시위는 민주주의를 소비하려는 사람들의 일상적인 쇼핑 행위다. 일상적인 쇼핑 행위를 막기 위해 최루탄 '도매상'인 정부는 '소매상'인 전경을 통해 최루탄을 '소비자'에게 '덤핑'하고 있다. 이는 '불공정 행위'요, '부등가교환'이라고 생각해 소비자들이 개발해낸 것이 돌멩이와 화염병이다. 최루탄은 생산 기업과 도매상 사이에서는 화폐와 교환되지만 소매상과 소비자 사이에서는 돌멩이나 화염병과 물물교환 되는 것이다. 이 원시적인 물물교환을 없애기 위해서는 '평화적 집회와 시위의 자유'라는 국민 기본권을 보장해야 한다."[104]

1990년대의 시위

민주화가 진전된 1990년대에도 각종 시위가 폭발했지만, 시위를 대하는 학생·시민들의 자세는 예전 같진 않았다. 예컨대, 1991년 4월 서울시 연세대에서는 도서관 앞 '민주광장'에서 열리는 각종 학생 집회를 "소음 공해"라며 비난하는 대자보가 나붙어 눈길을 끌었다.

'소음 공해 대자보 논쟁'은 4·19 집회 등 잇단 학생 집회에 대해 "연세대 도서관에서 먼저 사라져야 할 것은 담배 연기나 잡담 소리가 아니라

쇠파이프 경제학

시론

안국신
중앙대 교수·경제학

"공권력은 특수한 권력입니다. 정도를 넘어서 행사되거나 남용될 경우에는 국민에게 미치는 피해가 매우 치명적이고 심각하기 때문에 공권력의 행사는 어떤 경우에도 냉정하고 침착하여 행사되도록 통제되지 않으면 안 됩니다. 그러므로 공권력의 행사의 책임은 일반 국민의 책임과 달리 특별히 무겁게 다루어야 하는 것입니다. … 다시는 이런 일이 생기지 않도록 철저히 대비하겠다는 다짐을 드립니다." 지난 연말 시위 농민 사망 사건과 관련하여 대통령이 발표한 대국민 사과성명에 나오는 말이다.

평화시위는 눈길 못 끄는 착각

7월 전·의경 부모들은 평화적인 시위문화를 호소하는 집회를 열었다. 그러나 노동계와 농민단체는 폭력시위를 생존권을 지키려는 민중의 절절한 몸부림으로 정당화하는 입장이다. 이런 입장 때문에 대통령의 다짐에도 불구하고 시위와 관련된 불행한 일은 앞으로도 계속 일어날 것이다. 대통령의 담화나 정부 정책에 폭력시위를 없애는 근본 방안이 없기 때문이다.

필자는 일찍이 군사정권 시절에 시위에 관한 경제이론을 편 바 있다. 이제 민주정부 시절에 맞는 시위에 관한 이론을 다시 펴 폭력시위를 없애는 근본 방안을 음미해 본다.

1988년 필자가 쓴 '최루탄 경제학'이란 글의 주요 내용은 이렇다. "시위는 민주주의를 소비하는 사람들의 일상적인 쇼핑행위다. 일상적인 쇼핑행위를 막기 위해 최루탄 '도매상'인 정부는 '소매상'인 전경을 통해 최루탄을 '소비자'에게 '덤핑'하고 있다. 이는 '불공정 행위'요, '부동산 교환'이라고 생각하여 소비자들이 개발해 낸 것이 돌멩이와 화염병이다. 최루탄은 생산기업과 도매상 사이에서는 화폐와 교환되지만 소매상과 소비자 사이에서는 돌멩이와 화염병과 물물교환되는 것이다. 이 원시적인 물물교환을 없애기 위해서는 '평화적 집회와 시위의 자유'라는 국민 기본권을 보장해야 한다."

이제 평화적인 시위의 자유는 보장되었다. 김대중 정부는 최루탄을 쓰지 않기로 선언했다. 그 선언은 그대로 지켜지고 있다. 따라서 최루탄과 '최루탄 경제학'은 사라졌다. 그 대신 등장한 것이 쇠파이프와 각목과 곤봉이고 이를 '쇠파이프 경제학'으로 설명해야 할 것 같다.

평화적인 시위를 하려면 쇠파이프는 필요 없다. 그러나 평화적인 시위로만 끝내면 세상이 별

로 주목하지 않고 반응도 밋밋하다. 폭력적인 시위를 해야 생존권을 외치는 절박성과도 부합하고 반응도 커진다. 폭력시위가 과격해질수록 더 큰 주목을 받고 결국 더 많은 것을 얻어낼 수 있다. 집회 지도부나 일부 선동자가 이런 전략적 사고를 가지고 미리 준비하는 것이 쇠파이프이다.

시위대가 쇠파이프를 가지지 않으면 전경이 방패와 곤봉을 가질 이유가 없다. 닭이 먼저냐, 계란이 먼저냐는 논쟁에서 군사정권 때에는 최루탄이 먼저였지만 현재는 쇠파이프가 먼저다. 군사정권 때 평화시위를 보장하고 최루탄을 없앴어야 했는데 평화시위가 보장되는 오늘날에는 쇠파이프를 없애야 한다.

어떻게 쇠파이프를 없애는가? 시위자들의 전략적 사고가 통하지 않는 풍토를 만들어야 한다. 앞으로 폭력시위는 결코 용인될 수 없고 얻어내는 것도 없을 것이라는 것을 밝히고 그대로 믿고 나가는 것이 폭력시위를 없애는 근본 방안이다. 대통령의 대국민 사과에 이런 선언도 같이 나왔어야 했다.

"폭력으론 얻을 것 없다" 알려줘야

폭력시위는 민주주의를 능멸하는 불법행위다. 농민을 사망케 한 책임자는 폭력시위를 주도한 사람들과 폭력시위를 방임한 정부다. 그동안의 폭력시위로 많은 사람을 다치게 하고 그 사람들의 생존권을 위협한 책임자도 마찬가지다. 일반 국민의 책임과 달리 특별히 무겁게 다루어야 하는 공권력과 법치의 책임을 이 정부는 너무 가볍게 다루고 있다.

최루탄이 있기 때문에 돌멩이나 화염병이 있었고, 쇠파이프가 있기에 방패와 곤봉이 있다.
억압받는 '을'들의 심정을 폭발시킬 수 있는 위력이 있기 때문이다.
2006년 1월 14일자 〈중앙일보〉 칼럼.

200명도 안 되는 학생들이 집회 때 내는 대형 스피커와 북 치는 소리"라며 다수가 소수에 희생될 수 없다는 대자보가 나붙으면서부터 시작됐다. 4월 20일에 10여 장으로 늘어난 '소음 문제' 관련 대자보 속에는 "학생들이 살아 있다는 것은 미래의 출세 추구가 아니라 현실 문제를 진정으로 고민하는 데 있는 것"이라는 내용의 학생회 쪽 반박 대자보도 나붙어 소음 논쟁은 더욱 뜨거워졌다.[105]

시위에 상습적으로 참여하는 이른바 '민주 불량배'도 나타났다. 1991년 5월 31일자 《동아일보》는 "최근 시국과 관련된 각종 시위 현장이나 농성장 등지에 '애국 시민'을 자처하는 불량배들이 수백 명씩 떼 지어 몰려다니며 폭력 시위를 선동하고 기물을 파괴하거나 시민 학생들과 취재기자들에게 행패를 부리고 있다. 이들은 스스로 '애국 시민', '파고다 시민동지회', '서울시민회' 등으로 자칭, 각종 시위나 농성에 편승·가담하고 있으나 대부분 일정한 직업이 없는 불량배 또는 폭력배이거나 사회 불만 계층인 것으로 알려지고 있다"며 다음과 같이 말했다.

"'민주 불량배' 또는 '밥풀때기'로 불리는 이들이 각종 대규모 시위나 농성 현장에 나타난 것은 오래됐으나 특히 강경대 군 치사 사건 이후 연세대에 주로 집결, 학생들과 함께 뒤섞여 '시민' 자격으로 함께 시위를 벌여왔으며 성균관대 김귀정 양 시신이 안치된 백병원과 명동성당 일대에는 200~300명씩 상주하다시피 나름대로 조직을 갖추고 있다. (중략) 이들은 20~30명씩 떼를 지어 다니며 학생들의 집회나 토론회에도 참가해 '학생들이 시신 사수에만 신경을 쓰고 시위는 하지 않는다', '토론은 필요 없다. 청와대로 가자'는 등 과격 발언을 하기도 한다는 것. 이들은 병원 주변에서 밤에는 화톳불을 피우고 철야하면서 술을 마시고 학생들에게 '백골단이 귀정이를 죽였으니 너희들도 백골단을 죽여야 한다' 는 등의 말로 학생들을 선동한다는 것. 이들은 또 최근 학생들의 평화적 시위 움직임에 노골적으로 불만을 내보이면서 '은행에 불을 지르러 가자' 고까지 선동하는가 하면 취재기자들을 폭행하기도 하고 백병원 주변 상가를 찾아가 행패를 부리며 돈을 뜯어내기도 한다는 것." [106]

이 기사에서 언급된 '민주 불량배' 의 정체가 아리송하긴 하지만, 어느 시위에건 괜히 끼어들어 과격한 화풀이를 하려는 사람들은 있기 마련이었다. 시위의 피하기 어려운 '비용' 이라고나 할까? 늘 이들이 시위의 과격성을 선도한다는 게 문제였다.

1990년대 중반부터는 학생 시위에 피시PC 통신이 이용되기 시작했다. 한국대학총학생회연합(한총련)이 정부의 '한총련 와해작전' 에 맞서 피시 통신을 이용해 소속 학생들에게 '투쟁 지침' 을 내리고 조직 재정비에 나선 것이 대표적 사례다.

1996년 8월 22일 오후 5시 3분 나우누리에는 한총련 조직 가운데 이적 단체로 규정된 조국통일위원회(조통위) 위원장 유병문(24·동국대 총학생회장) 명의로 〈투쟁의 함성 2〉라는 글이 실렸다. 이 글은 "우리 투쟁의 정당성과 현 정권의 불합리성에 대해 폭로하라", "대자보, 현수막, 유인물을 통해 대중적 흐름을 창출하라", "학교별로 합숙과 철야농성을 전개하라", "학우들이 많이 다니는 거점을 중심으로 정치 선전·선동을 수행하라" 는 '투쟁 지침' 을 내렸다. 이 글은 또 "통신의 각 게시판을 적극적으로 장악하라", "각 가정에 가정통신문을 보내 부모님들에게 우리 투쟁의 진실과 정

당성을 알리라"고 지시했다.[107]

　1998년 김대중 정부가 출범하면서 시위 양상은 달라졌다. 시간이 흐를 수록 '홍보성 시위'가 급증하기 시작했다. 1998년 4월 14일자 《동아일보》는 "시위 패턴이 바뀌었다. '호소'도 달라졌다. 10일 서울에서는 (주)대평 채권단의 체불공사대금 지급 촉구대회, (주)세진컴퓨터랜드의 정리해고 분쇄를 위한 결의대회 등 29건의 집회와 시위가 한꺼번에 벌어졌다"며 다음과 같이 말했다.

　"그러나 종전의 전투형 시위와는 사뭇 달라졌다. 대부분이 시민에 대한 호소와 홍보형 시위. 매캐한 최루탄 연기와 돌멩이로 대표되는 80년대식 대규모 정치 시위는 사라지고 있다. 대신 IMF 한파로 직장인부터 노인 공무원에 이르기까지 다양한 집단이 자신들의 주장을 내거는 소규모 '생계生計형 시위'가 새로운 시위 패턴으로 등장하고 있다. (중략) 서울경찰청에 따르면 IMF 한파 이전 하루 5, 6건이던 집회 및 시위가 최근 14~15건으로 세 배 이상 늘었다."[108]

홍보성 시위와 1인 시위

2000년대엔 홍보성 시위가 이념·정치형 시위를 압도했다. 시위 노하우의 대중화와 더불어 그걸 직접 전수해주고 지도해주는 시위 전문가들마저 생겨났다. 그런데 이 점에선 생계형 시위가 탐욕형 시위에 밀리기 마련이었다. 시위에도 자금력이 필요하기 때문이다.

홍보성 시위는 선거철이 다가오면 노골적인 민원성 시위로 바뀌었다. 선거공약 채택을 노린 집회·시위가 봇물을 이루었다. 제16대 총선을 20여 일 앞둔 2000년 3월 23일 하루 동안 서울 지역에서 열린 집회와 시위는 모두 77건으로 연중 최고치를 기록했다. 2000년 2월 한 달 동안 열린 집회는 724건(12만 5,667명 참가)으로 전년 같은 기간의 501건(6만 7,567명)보다 건수로는 69퍼센트, 인원으로는 53퍼센트가 늘어났다. 이 가운데 가장 꾸준히 집회와 시위를 연 단체는 농·축협 통합 반대를 주장하는 축협중앙회 노조와 정부의 의약분업 시행을 저지하려는 대한병원·의사협회였다.

지역 주민들의 민원성 집회도 크게 늘어났다. 3월 23일 열린 민원성 집회만 해도 신월 5동·화곡 3동 주공 시범아파트 재건축 반대집회, 상암교─성산 1교간 상가 보상·지하철 공사 피해 배상집회, 목동 성원아파트 준공 촉구집회, 서부트럭터미널 주차료 인하 촉구대회, 롯데아파트 공사 중지·피해 보상 촉구 걸기대회, 삼일패션타운 지정 업종 준수 위반에 따른 항의집회, 삼일아파트 터 시가 불하 촉구대회 등 일일이 열거하기 힘들 정도였다.[109]

한국 정치는 이런 집회·시위를 먹고 산다고 해도 과언이 아니었다. 민원성 시위를 하는 쪽은 자신들에게 '몰표'가 있다며 후보자들을 유혹했다. 공익성 시위는 정치에서 멀어지고, 오히려 민원성 시위가 정치를 점령하는 역설이 발생하는 이유였다.

민주화가 진전되면서 시위는 점점 더 언론의 영향력 아래 놓이게 됐다. 2000년에서 2002년까지 서울에서 의경 생활을 한 어느 대학생은 2000년 11월 중순 노동자 시위에 투입된 경험을 털어놓았다. 평소처럼 몸싸움을 했다고 한다.

"다음 날 아침 신문에 우리들은 폭력 경찰이란 타이틀로 신문의 사회 면을 장식하고 있었다. 아마도 의경 중에 누군가가 기자를 시위대인 줄 오 해해 두들겼나보다. 우스운 건 전날 시위대의 기사는 한줄 짤막하게 나가 고 기자의 인권을 부르짖고 경찰 조직을 질타하는 기사는 장문이었다는 점 이다. 2만 명을 좁은 길바닥 위에 집결케 한 원인은 묻힌 채 주객이 전도돼 시위 현장에서 기자의 인권이 주요 기사화돼 있었다. 우리들은 하루아침 에 못된 싸움꾼으로 명명되고 그에 따른 근신으로 몇 달간 과격한 시위에 서 나 죽었소 하며 다른 시위대들에게 일방적으로 당해줘야만 했다. 그러 다가 시위대에게 맞아 실명한 의경의 기사가 언론에 나가면서 다시 공권력 이란 이름으로 포장된 무력을 다시 우리에게 사용할 수 있게 해주었다. 이 모든 게 기자의 손끝에 좌우됐다는 게 씁쓸했다." [110]

그는 "서울 기동대 의경 한 명당 제대할 때까지 대략 300~400건 시위 현장에 출동한다"며 이렇게 말했다. "시위를 하는 단체의 투쟁 이유가 다 를지언정 멀리 지방에서 새벽에 관광버스를 대절해 여의도, 종로, 용산, 대 학로, 서울역 등을 시위 장소로 삼는 건 그곳의 상징성과 더불어 언론 때문 이었다. 여의도는 공중파 방송 3사의 메카이고 국회와 정당 당사가 있었 다. 종로엔 각종 신문사 본사가 몰려 있었고, 서울역은 지방을 오가는 유동 인구가 많아 그들의 억울함으로 호소하기엔 제격인 데다 근처에 한겨레신 문 본사가 있었다."

1999년 집회 및 시위에 관한 법률(집시법)이 개정되면서 2000년에 폴리 스라인(질서유지선)이 도입됐지만 지켜지지 않았다. 당시 전경으로 복무했던 대학생 이 아무개 씨는 "폴리스라인은 시작부터 무너졌습니다. 여경女警에게 침을 뱉거나 달걀을 던지는 일, 심지어는 술을 먹고 행패를 부리는 일은 심하지 않은 폭력에 들 정도였죠"라면서 다음과 같이 말했다.

"그런데도 경찰은 공권력을 행사한다는 이유에서 강자로만 비쳤습니다. 각목과 쇠파이프를 휘두르고 돌을 던지는 쪽이 누구인지, 시위가 불법인지 위법인지, 왜 시위가 과격해지고 폭력적인지에 대한 냉철한 판단은 찾아보기 어려웠습니다. 언론이건 일반인들이건 한국에서 경찰은 '영원한 강자'이고 시위대는 '영원한 약자'입니다. 국민이 이렇게 감정적으로 균형을 잃는 한 불법·위법 시위로 인한 문제들은 끊이지 않을 것입니다."[111]

2001년엔 '1인 시위'가 등장해 훗날의 1인 시위 유행을 예고했다. 2001년 1월 21일자 《경향신문》는 "최근 들어 시민단체들의 '나홀로 시위'가 점차 확산되고 있다. 현행 집시법에 따라 시위를 할 수 없는 지역이 많아짐에 따라 시민단체들이 이에 맞서 새로운 시위 문화를 만들어가고 있는 것. 현행 집시법은 주한 외국 대사관 주변 100m 이내에서는 집회를 금지하고 있다. 또 2인 이상이 모일 경우를 집회와 시위로 규정하고 있다. 따라서 혼자 대자보를 들거나 구호를 외치는 것은 법적으로 아무런 하자가 없다"며 다음과 같이 말했다.

"이 같은 아이디어를 맨 먼저 개발한 시민단체는 참여연대. 이 단체 조세개혁팀은 지난해 12월부터 온두라스 대사관이 세 들어 있는 서울 종각역 인근 국세청 앞에서 1인 릴레이 시위를 벌이고 있다. 지금까지 매일 희망 시민 한 명이 피켓과 대자보를 들고 와 '재벌 편법 증여 등에 대한 즉각적인 조사 착수'를 주장하고 있다. 또 지난 17일에는 '불평등한 SOFA 개정

국민행동' 공동대표인 문정현 신부가 광화문 미국 대사관 앞에서 '소파 전면개정', '노근리사건 사과' 등을 적은 대자보를 몸에 두르고 침묵시위를 벌였다. 이러한 나홀로 시위가 확산 조짐을 보이자 경찰은 이러지도 저러지도 못해 난감해하고 있다. 경찰은 문 신부가 17일 혼자 시위를 벌이자 경찰 10여 명을 보내 에워싼 뒤 다른 곳으로 이동하도록 유도했다가 시민단체들로부터 강력한 항의를 받았다." [112]

붉은 띠 시위와 촛불시위

시위의 자유가 만개한 2000년대에도 여전히 변치 않은 시위 풍경 중 하나는 시위자들이 이마에 둘러맨 '붉은 띠' 였다. 2002년 3월 박래부는 "우리는 하루 평균 36건 정도의 시위가 일어나는 가운데 살고 있다. 시위는 우리에게 일상이 됐다. 시위는 문화적 행동 양식이며 그 형태는 시대에 따라 변화한다. 시위라면 무조건 백안시하는 정부의 자세도 문제가 있지만, 우리의 시위는 대부분 지나치게 과격하다. 파업 시위의 경우 시위자들은 주로 사회경제적 약자이므로 애정과 관심을 기울여야 마땅하다. 그럼에도 불구하고 시위자의 이마를 일사불란하게 장식하고 있는 붉은 띠는 우리를 난감하게 만든다. 다른 나라에서는 찾기 힘든 붉은 머리띠는 이제 한국 시위의 상징처럼 됐다"며 다음과 같이 말했다.

"조직 노동자뿐이 아니다. 백면의 의사, 약사까지 일단 시위를 하면 붉은 띠가 등장한다. 띠에 '결사 반대'라는 비장한 말도 예사일 정도로 언어의 인플레도 심하다. 시위자는 일제히 구호를 외치며 팔을 절도 있고 기계적으로 흔든다. 그 전체주의적이고 난폭해 보이는 풍경은 우리를 더욱 난감하게 한다. 폭력 시위나 단식 투쟁, 장례 의식, 화형식 등 극단적 방식은 아에 논외로 치더라도, 걸핏하면 삭발을 하거나 어린 자녀까지 동원시키는 시위에도 공감할 수 없다. 최근에는 KKK 단원 같은 흉측한 복면까지 등장했다. 과거 폭력을 동반한 학생 시위가 시민적 정서에 수용되거나 지지 받은 때가 있었다. 정권이 시위보다 더 폭력적이었기 때문이다. 그러나 지금은 폭력적 정권 아래 있다고는 말하기 어렵다. 시위도 민주적 방식으로 성숙해져야 한다. 시위에서 과격한 형식이 중요시될 때 외양은 강고해 보여도 내부 결집력은 약해진다. 이성적이고 자유로운 사유를 제약하는 붉은 띠를 풀고, 참가자의 자발성이 존중되는 민주적 시위를 해야 한다." [113]

붉은 띠는 한국 시위 문화의 핵심을 잘 말해주는 증거다. 그건 한마디로 말해서 '흥분'이다. 붉은 띠로 흥분을 표현하는 동시에 붉은 띠에서 흥분을 공급받고자 한다. '차분한 시위'는 원초적으로 가능하지 않다. 합리적으로 소통되지 않는 사회에서 어떻게 차분하게 시위할 수 있겠는가?

2002년 11월부터 새로운 시위 형식이 광범위하게 유행하기 시작했지만, 붉다는 점에선 붉은 띠 시위와 같았다. 인터넷을 타고 번진 '반미反美 촛불시위'가 바로 그것이다. 미군 장갑차에 여중생 신효순·심미선 양이 사망한 사건과 관련해 벌어진 항의 집회였다. 항의 집회가 처음 열린 건 6월 26일이었지만, 11월 28일 '앙마'란 아이디ID를 쓰는 네티즌이 한 인터넷 사이트에 호소문을 올린 게 촛불시위의 결정적 계기가 됐다.

이 네티즌은 호소문에서 "죽은 이의 영혼은 반딧불이가 된다고 합니다. 광화문에서 미선이, 효순이와 함께 수천수만 반딧불이가 됩시다. (중략) 집에서 나오면서부터 촛불을 켜주십시오. 누가 묻거든, 억울하게 죽은 누이를 위로하러 간다고 말씀하십시오. 경찰이 막을까요? 차라리 맞겠습니다"라고 외쳤다. 호소문은 네티즌의 호응 속에 들불처럼 번져 11월 30일 오후 6시 서울 광화문 네거리에서는 2,000여 명이 촛불을 들고 "한미주둔군지위협정SOFA 무효"를 구호로 외치며 시위를 벌였다. 촛불시위는 다음 날에도 대규모로 벌어졌다.[114]

촛불시위는 2002년 12월 대통령 선거에서 노무현이 대통령으로 뽑히는 데 기여한 것으로 평가받았다. 그래서 노무현 정권 시절엔 시위가 차분해졌을까? 전혀 아니었다. 경찰청 자료를 보면 2004년 한 해 동안 전국에서 열린 집회는 모두 2만 7,512건으로, 2003년 2만 2,528건에 견줘 20.5퍼센트 증가했다. 2004년 1만 명 이상 모인 대형 집회가 29회로, 2003년의 배가 넘는 것으로 나타났다.

2004년 12월 미국 일리노이 주립대학교 교수 장석정은 "이른바 '촛불'로 대변돼온 한국의 시위 풍조는 한국 사회가 얼마나 감성적인가를 말해준다. 보안법 개폐, 과거사 청산, 수도 이전, 농업 개방, 사학법 개정 그리고 아파트 재개발에 이르기까지 모든 문제를 시위로 연결시키는 행태는 일단 얼굴을 붉힘으로써 문제 해결을 시도하는 매우 감정적인 접근법이다"며 "지금 한국 사회는 화를 찾지 못하고 한풀이와 보복을 거듭하면서 오욕칠정을 있는 그대로 다 드러내고 때로는 폭발시키기까지 하는 모습이다"고 했다.[115]

삭발 투쟁 시위

2005년엔 '혁신도시 입지 선정'과 관련된 시위가 빈발했다. 2005년 8월 26일자 《세계일보》는 "공공 기관이 들어설 혁신도시를 유치하려는 기초자치단체 간 경쟁이 과열을 넘어 위험 수위를 오르내리고 있다. 혁신도시 유치에 실패할 경우 도道를 쪼개겠다는 주장까지 터져 나오고 있는 상황이다. 이 때문에 국가 균형 발전을 명분으로 추진되는 혁신도시 정책이 불신과 반목, 극단적 지역이기주의만 부추긴다는 시각도 대두되고 있다"고 보도했다.[116]

혁신도시로 선정되기를 바라는 단체장들이 잇따라 삭발을 하자, 경상북도 혁신도시 입지선정위원회는 "삭발 등은 선정위에 대한 압박으로 볼 수 있다"며 "삭발하는 단체장에 대해 입지 선정 과정에서 불이익을 줄 수 있다"고 경고하고 나섰다.

이에 대해 서강대 교수 손호철은 "삭발을 하는 단체장이나, 삭발하는 단체장에 대해 점수를 깎겠다고 하는 선정위나 장발 단속을 한다고 삭발을 하는 고등학생 그리고 이에 대해 반항하는 것이냐고 체벌을 가하는 훈육주임의 정신연령 수준을 벗어난 한 폭의 코미디에 불과하다"고 꼬집었다. 그는 이어 "잘못된 지방분권화 정책으로 지방에서 '삭발의 정치'가 기승을 부리면서 가뜩이나 어려운 지방 경제에 지방 이발소 경기까지 나빠지는 것은 아닌가 하는 냉소를 터뜨리지 않을 수 없다"고 주장했다.[117]

수도권 공장 규제 완화를 반대한 삭발 투쟁도 일어났다. 2005년 12월 경상북도 구미시의 211개 기관과 단체로 구성된 '수도권 공장 규제 완화

손호철의 정치논평

서강대 정외과 교수

삭발의 정치

요즈음 대학생들에게 한국 정치를 가르치면서 부딪치는 문제 중 하나는 박정희 정권, 전두환 정권의 폭압 정치를 이해시키는 것이다. 이들은 1987년 민주화 이후 태어난 세대라서 과거 군사정권의 이야기는 생소하기 때문이다.

그리고 이들에게 유신체제를 이해시키는 데 가장 효과적인 것은 박정희 정권의 반대 세력에 대한 고문이나 사법 살인이 아니라 장발 단속, 미니스커트 단속 이야기를 해주는 것이다. 머리 길이, 치마 길이를 규제하던 이야기를 해주고 이런 사회에서 살고 싶은지, 그리고 이래도 박정희를 가장 존경하느냐고 물으면 대부분 고개를 절레절레 흔든다.

장발 단속, 그리고 장발이 아니더라도 중·고교 시절의 머리 길이 단속이 보여주듯이 우리 사회에서 긴 머리는 자유와 저항의 상징이었다.

그러나 두발 단속에 걸린 학생은 머리 길이 규제에 대한 반항의 표시로 오히려 머리를 박박 밀고 학교에 나타나기도 했다. 장발만이 아니라 삭발도 저항의 표시였다. 아니 장발이 소극적인 저항의 표시라면 삭발은 적극적인 저항의 표시였다. 사실 삭발은 학생이 아니더라도 사회적 약자들이 관심을 끌고 의사를 표현하는 수단으로 자주 사용해 왔다.

단체장들 당근따내기 경쟁

그런데 요즈음 들어서는 주류 세력들도 사회적 관심을 끌기 위한 수단으로 삭발을 이용하기 시작한 것 같다. 그 대표적인 사례가 얼마 전 경주로 판가름이 난 중·저준위 방사성 폐기물 처분장 선정 과정에서 있었다. 정부가 처분장 유치지역에 막대한 지원을 약속하자 경주시장과 군산시장이 유치 전략의 일환으로 경쟁적으로 삭발을 했다. 그리고 최근에는 노무현 정부가 추진 중인 혁신도시 입지 선정과 관련해서도 혁신도시로 선정되기를 바라는 단체장들이 잇따라 삭발을 했다.

이처럼 삭발이 유행처럼 번지자 경상북도 혁신도시 입지선정위원회가 "삭발 등은 선정위에 대한 압박으로 볼 수 있다"며 "삭발하는 단체장에 대해 입지 선정 과정에서 불이익을 줄 수 있다"고 경고하고 나섰다. 삭발을 하는 단체장이나, 삭발하는 단체장에 대해 점수를 깎겠다고 하는 선정위나 장발 단속을 한다고 삭발을 하는 고등학생, 그리고 이에 대해 반항하는 것이냐고 체벌을 가하는 훈육주임의 정신연령 수준을 못 벗어난 한 폭의 코미디에 불과하다.

이처럼 방폐장 설치, 혁신도시 유치 등을 둘러싸고 단체장들 사이에 '삭발의 정치'가 번져가고 있는 것은 노무현 정부의 지방분권화 정책이라는 것이 그 숭고한 뜻에도 불구하고 엉뚱한 방향으로 추진되고 있기 때문이다. 방폐장 선정과 관련해, 이 난의 '축! 관권부정선거 콘테스트'라는 제목의 칼럼(11월 8일자)에서 지적한 바 있듯이 노무현 정부는 지방분권을 단순한 당근정책을 통해 추진함으로써 지역 갈등을 완화하는 것이 아니라 오히려 강화시키고 있는 것이다.

이와 관련, 주목할 것은 한국을 대표하는 정치학자인 최장집 고려대 교수가 최근 '민주화 이후의 민주주의'의 개정판을 내면서 쓴 긴 후기이다. 이 후기에서 최 교수는 그간의 노무현 정부의 여러 정책에 대해 신랄한 비판을 하고 있는데 행정수도 이전, 혁신도시 설치 등 지방분권화 정책이라는 것이 오히려 지역 간 대립을 심화시키고 있다고 비판하고 있다.

엉뚱하게 가는 지방분권화

이뿐만 아니라 노무현 정부의 잘못된 지방분권화 정책으로 그 수혜자는 결국 시민이 아니라 재벌과 기업이 될 것이 뻔하며 논의과정에서 시민의 목소리는 사라지고 지역에 기반을 둔 정당 정치인, 지방자치 관계자들, 건설업자, 지역의 땅 부자와 같은 지역 수혜자 등의 이익단체 연합의 정치가 기승을 부리고 있다는 비판이다.

잘못된 지방분권화 정책으로 지방에서 '삭발의 정치'가 기승을 부리면서 가뜩이나 어려운 지방 경제에 지방 이발소 경기까지 나빠지는 것은 아닌가 하는 냉소를 터뜨리지 않을 수 없다.

두발 단속에 걸린 학생들에게 삭발은 적극적인 반항의 표시였다.
사회적 약자로서 관심을 끌고 의사를 표시하는 수단인 셈이다.
2005년 12월 20일자 《한국일보》 칼럼.

반대 범시민대책위원회'가 구미시청 인터넷 홈페이지에 "삭발하실 분 공개 모집합니다"라는 글을 올리자 20일 만에 486명이 삭발 신청을 했다. 대책위 간사 김종배는 "구미공단의 수출액이 15일 300억 달러를 돌파하는 것에 맞춰 300명의 삭발식을 열 예정이었지만 인원이 너무 많아 고민"이라고 했다. 맨 처음 신청한 사람은 구미시장 김관용이었고, 구미시 여성단체협의회 회원 등 여성 20여 명도 신청했다.[118]

여의도 농민 시위 사건

2005년 12월 15일 여의도 농민 시위는 폭력 시위의 절정을 이뤘다. 시위 농민 두 명이 사망해 나중에 경찰청장 허준영이 책임을 지고 물러났다. 부상자는 농민 113명, 경찰 218명이었다. 이와 관련해 언론인 유승삼은 다음과 같이 비판했다.

"한국 민주화의 뒤안길에는 뜨거운 피가 흥건히 고여 있다. 누가 뭐래도 강고한 군부 세력을 굴복시킨 일등 공신은 전투적 시위대였다. 그러나 따지고 보면 그 뒤에는 다수 국민의 '투쟁'에 대한 공감과 동의가 자리 잡고 있었다. 아쉽게도 오늘날의 시위는 국민의 그런 공감과 지지를 끌어내지 못하고 있다. 시위는 희생만 클 뿐, 소수로 고립돼 폭력성만 도드라지고 있다. 고통받고 있는 노동자와 농민들에게 이런 상황은 이중으로 슬픈 일일 것이다. 왜 그럴까? 시위를 이끄는 지도부의 생각과 투쟁의 전략·전술이 과거에 마냥 안주하고 있는 게 가장 큰 원인이다." [119]

유승삼은 시위에도 한계효용체감의 법칙이 적용된다고 하며 다음과 같이 주문했다.

"거리 투쟁의 효과는 이제 반감된 상황이다. 노동·농민운동은 전략·전술을 바꿔야 한다. 저강도 투쟁이 더 효과적인 때도 있다는 걸 깨달아야 한다. 노동 현실과 농촌 실정을 국민에게 제대로 알려 지지를 얻는 홍보전을 전개해야 한다. 정부와 각 정당을 상대로 한 정치투쟁 비중도 더 높여야 한다. 선거 때면 노동자, 농민을 대변할 수 있는 정당과 후보자가 누구인가를 가려 적극적인 투표에 나서야 한다. 세련된 인쇄 매체를 창간하

고 젊은 세대와 연대하기 위해 인터넷을 효과적으로 활용하는 방안을 연구해야 한다." [120]

과격 시위와 더불어 각종 촛불시위도 전국을 휩쓸었다. 대중음악 기획사 대표 이주엽은 2006년 1월 11일자 《국민일보》 칼럼에서 "지금 이 사회 곳곳에서는 갈등의 광장마다 촛불이 타오르고 있다. 그 촛불은 '자기만이 정의이자 희망'이라는 또 하나의 독선은 아닌가 반문해본다. 이제 그만 촛불을 들자. 이제 그만 광장으로 나가자. 구호와 깃발이 나부끼는 광장에서 우리의 미래를 설계하고 약속할 수 없다. 광장은 감상과 도취의 공간일 뿐이다. 지금은 개인의 성찰이 필요한 때다"고 주장했다. [121]

시위 과잉의 물결 속에서 가장 피해를 보는 건 죽음까지 생각할 정도로 절박한 처지에 놓인 사람들이었다. 2006년 1월 16일 하이닉스와 매그나칩반도체 두 회사의 사내 하청 노동자들이 천막 농성 1년째를 맞아 사태 해결을 촉구하는 내용 등을 담은 유서를 청와대와 국가인권위원회, 원청 회사에 보냈다. 노조 지회장 직무대행 박순호는 "극단을 치닫도록 사태 해결 조짐이 보이지 않아 조합원 100여 명이 각자 유서 넉 장씩을 써 청와대, 국가인권위원회, 회사 등에 석 장을 보냈다"며 "나머지 한 장은 가슴에 품고 있다가 최후의 순간에 가족에게 보낼 계획"이라고 밝혔다. 노조원들은 유서에 '죽지 않도록 도와달라', '일하고 싶다', '대한민국에서 사는 게 너무 힘들다', '당신과 아이들에게 너무 미안하다' 등의 내용을 담았다. [122]

평화적으로 시위하면
보도가 안 된다

경찰청이 발표한 자료를 보면 2005년에 전국에서 벌어진 집회와 시위는 1만 1,036건, 참가 인원은 292만 8,000여 명이었다. 경찰 쪽 부상자는 2004년 621명에서 893명으로 43.8퍼센트 늘었다.[123] 폭력 시위는 2004년 91건에서 2005년 77건, 2006년 7월 말 현재 30건으로 해마다 감소했음에도 경찰 부상자 수는 2004년 621명에서 2005년 893명, 2006년 7월 469명으로 증가했다.[124]

2005년 12월 한남대 교수 이창무가 조사한 결과, 일반 시민의 절반 이상(56퍼센트)이 시위대가 경찰의 통제를 따르지 않는다고 대답했다. 집회와 시위의 피해 발생이 경찰의 과잉 대응 때문이냐는 물음에 일반 시민은 29.8퍼센트만 동의했다. 54.4퍼센트는 주최 측의 불법적 시위가 물리적 충돌을 불러일으킨다고 답했다. 그러나 경찰의 관리 방식에 대해서도 일반 시민 응답자의 절반가량(46.5퍼센트)이 지나치게 폭력적이라고 했다.[125]

2006년 1월 19일 서울시 세종로 정부종합청사에서 열린 '평화적 집회·시위 문화 정착을 위한 민관 공동위원회'는 공동위원장으로 국무총리 이해찬과 신부 함세웅을 선정했다. 함세웅은 회의 후 연 브리핑에서 "언론이 시위대의 요구보다는 폭력 시위 부분에만 초점을 맞춘다"며 "브라질에선 폭력 시위를 하면 그 부당성만 조명하고 그들의 요구는 보도하지 않는다고 한다. 폭력 시위를 해야 보도하는 언론의 태도가 바뀌어야 한다는 지적이 있다"고 말했다. 농민계 추천으로 참가한 충남대 교수 박진도도 "평화적으로 시위하면 보도가 안 되다보니 시위가 점차 과격해지는 것"이라 며 "지방에서 버스를 빌려 수만 명이 올라와도 평화적 시위를 하면 언론이 보도해주지 않으니까 과격 시위를 한다는 농민들의 불만이 있다"고 말했 다.[126]

시위를 막는 전의경의 항변

전의경의 불만도 높았다. 부산 반反APEC 시위를 막다가 부상을 당해 병원 에 입원한 변연수 상경은 "정말 이상합니다. 인터넷을 보면 우리가 때리는 사진만 나와요. 시위대를 방패로 찍고, 곤봉으로 때리고, 주먹으로 치고, 마치 우리가 그렇게 하기만 기다리다가 사진 찍고 기사 쓰는 것 같습니다. 실상은 그렇지 않거든요. 우리가 시위대를 때리지 않는다고는 말 못합니 다. 하지만 우리가 먼저 때리는 일은 정말 없습니다. 그리고 우리가 때렸다 하더라도 전의경 대부분이 폭력을 쓰는 것은 아닙니다. 일부 맞다가 지친 전의경들이 도저히 참지 못해 때리는 경우죠. 명백한 불법 폭력 시위에서, 그것도 상부에서 진압 명령이 떨어졌을 때 일이죠. 인터넷이나 신문, 티브 이 어디에도 우리가 맞고, 다치고, 쓰러지는 모습이나 기사는 못 봤습니다" 라고 항변했다.[127]

　"시위대는 집회·시위 신고 내용 그대로 시위를 하면 사람들의 주목 을 끌기 어렵다고 생각하는 것 같아요. 그래서 폭력을 동원하는 것 같아요. '어디에서 경찰과 시위대가 충돌했다'는 소리가 들리면 기자들이 달려옵니다. 구경꾼들도 모여드니 시위하는 사람들로서는 충분히 선전 효과를 낼 수 있는 겁니다. 시위 중 시위대가 맞거나 다치면, 언론은 원인이 어느 쪽에 있는지 다루지 않고 단지 '시위대가 경찰에 맞았다'는 내용만 보도합니다. 그러니 자신들은 폭력 시위를 통해 손해 볼 게 없는 겁니다." [128]

의경 출신 대학생 김 아무개는 폭력 시위를 유도하는 전문 시위꾼들이 있다고 주장했다. "시위대를 이끌고 흥분시키는 사람들은 소수입니다. 그들은 시위가 과격해질 수 있는 내용으로 연설·방송을 합니다. 처음 전의경을 향해 쇠파이프를 휘두르는 것도 그런 사람들입니다. 그러면 전의경들이 방패로 막기도 하지만 시위대를 밀쳐내고, 소화기와 물 대포를 뿌립니다. 이러면 시위대 한두 명이 넘어지게 되고 근처에 있던 평범한 사람들까지 흥분해서 일이 커지죠. 결국 소수의 사람들이 군중심리를 자극하는 거죠. 정작 시위가 과격해지면 처음 앞에 섰던 사람들은 거의 다 뒤로 빠져버립니다. 이런 소수가 문제입니다." [129]

경찰청의 한 관계자는 시위대가 동원하는 '무기의 진화'를 염려했다. "화염병과 최루탄이 없어진 대신 다른 무기들이 등장했습니다. 쇠파이프를 넘어 죽창이 등장했고, 엘피지LPG 가스통이 등장했습니다. 시위대의 무기들이 진화하고 있습니다. 2004년 시위에 등장한 쇠파이프의 길이가 평균 1.5미터였습니다. 2005년에는 평균 2미터입니다. 울산 플랜트 사태 때는 2.5미터 이상까지 나왔습니다. 최근에는 죽창이 시위마다 등장하고 있고, 이것은 전의경들의 안전을 위협하고 있습니다. 얼굴 쪽으로 날아온 죽창에 눈을 잃은 전경들이 나오고 있습니다." [130]

2006년 2월 전의경 부모들이 시민 참관단을 결성해 시위를 감시하는 일까지 벌어졌다.

전 경찰청장 허준영의 항변

전 경찰청장 허준영은 《신동아》 2006년 4월 호 인터뷰에서 "그 사건에 대해 책임이 없다는 게 아니라 경찰청장이 책임지고 물러날 사안은 아니었다고 보거든요"라면서 "그날 경찰관 218명이 다쳤는데 그중 30명이 골절상이상 중상이었습니다. 농민은, 우리가 파악하기로는 30명가량 부상을 당했어요. 농민 단체는 113명이라고 발표했지만, 그것을 인정하더라도 경찰관이 두 배나 더 부상당하면서 불법 폭력 시위를 관리하는 나라가 어디 있느냐는 거죠. 경찰이 그만큼 농민의 안타까운 마음을 헤아려 인내로 대처했다는 증거가 아니겠습니까?"라고 항변했다.

"그런데 시위 농민들 중에 건강 상태가 좋지 않은 사람과 70대 노인이 돌아가셨습니다. 그것도 과거 이한열 사건처럼 경찰의 명백한 과실로 사망한 것도 아니고, 집회 도중 경찰에게 당한 것으로 추정되는 부상의 후유증으로 돌아가신 상황이거든요. 이한열 사건 때는 현장 지휘관인 서장 선에서 문책을 받았어요. 그런데 그보다 책임이 덜한 상황에서, 그것도 정치적인 영향을 받지 말라는 취지로 임명한 임기제 청장을 내몬 것은 이 나라의 정치가 잘못된 탓이라고밖에 볼 수 없죠. 이것이 제가 정치를 바로잡아야겠다는 결단을 내리게 된 계기입니다." [131]

이어 허준영은 "우리나라에서는 해마다 연인원 300만 명이 시위를 합니다. 전국 어디서든 하루에 1만 명씩은 시위를 한다는 얘기죠. 이런 나라가 세계에 없습니다. 폭력 시위든, 평화 시위든 시위 자체를 다시 생각해봐야 한다고요. 국가적으로 얼마나 큰 낭비입니까? 시위로 해결될 일이면 시위하기 전에 해결해주든가, 시위로 해결되지 않을 일이라면 시위를 해도 들어주면 안 되죠"라고 말했다.[132]

허준영은 홍콩 주재관 시절의 경험담을 털어놓았다. "홍콩에, 스탠리마켓이라고 우리나라 이태원 비슷한 곳인데, 주차 질서가 엉망이었어요. 차량 대수로만 봐도, 우리나라 같으면 교통순경 열 명이 달려들어야 정리되겠구나 싶었지요. 그런데 모터사이클을 탄 경찰관 한 명이 나타나자마자 차들이 알아서 설설 기면서 금방 정돈되더라구요. 홍콩 경찰 한 명이 한국 경찰 열 명 몫을 하는 거죠. 이 얼마나 국가 예산을 효과적으로 절감하는 일입니까? 요즘 우리 사회를 보며 가장 안타까운 게 바로 기본적으로 필요한 권위와 질서가 무너지고 있다는 사실입니다."[133]

시위와 성찰의 결합을 위하여

이후에도 다양한 촛불시위가 열렸지만, 다시 전국을 떠들썩하게 만들 정도로 강력한 대규모 촛불시위는 2008년 5월과 6월에 일어났다. 4월 18일 한미 쇠고기 협상이 타결됐고, 4월 29일 MBC 〈PD 수첩〉이 미국 쇠고기에 대한 광우병 의혹을 제기했다. 5월 2일 여중·고생들이 '협상 무효'를 요구하며 촛불시위를 점화했는데, 이후 잇달아 벌어진 사태는 정치적 당파성이 시위를 어떻게 이용하는가에 대한 생생한 증거가 됐다. 그러나 당파 싸움의 인질로 잡힌 한국 사회는 이 사태에서 그 어떤 교훈도 얻지 못한 채 여전히 자타가 인정하는 '시위 공화국'의 길로 나아갔다.

왜 한국은 시위 공화국이 됐을까? 2003년 변호사 박인제는 〈억울한 사람 너무 많다〉는 칼럼에서 "서울시 서초구 서초동 법조 주변은 확성기 소리로 시끄러운 날이 많다. 수십, 수백 명씩 모여들어 소리 높여 무언가를 주장하고 규탄하는 일들이 심심찮게 벌어진다. 어느 노동조합, 어느 재야 단체, 어느 시민단체에서 검찰의 구속, 석방을 비난하고 법원의 유죄·무죄판결을 성토한다. 여러 대의 버스에 나눠 타고 지방에서 상경한 사람들이 '사기꾼 ○○○을 처단하고 피해를 완전 보상하라'라고 외친다. 단체 소속의 1인 시위보다 더 고독한 광경은 혼자서 길바닥에 대자보를 펼쳐놓고 전단지를 나눠주며 무언가를 호소하는 한 맺힌 모습이다"며 다음과 같이 말했다.

"그들의 높은 목청 속에 공통되게 들어 있는 낱말은 억울, 억울함이다. 억울한 사람이 어디 서초동에만 있겠는가? 일본군 위안부 할머니들이 벌써 몇 년째 정기 집회를 계속하고 있는 일본 대사관 앞에도 있고, 미군 장갑차에 희생된 여중생들을 추모하는 촛불집회에도 있었다. 분신 사망한 두산중공업 노동자를 위한 모임에서도 있고, 장애인의 이동권 보장을 요구하며 철도 선로까지 점거했던 격렬한 시위 현장에도 있었다. 글리벡 약값을 낮춰줄 것을 눈물로 호소했던 백혈병 환자들의 울부짖음 속에도 어김없이 억울함이 쏟아지고 있었다. (중략) 억울함은 어디에서 오는가? 억압과 차별과 소외에서 오는 갈등을 제대로 조정하지 못하는 데에서 온다. 소외에서 참여를 표방하는 새 정부는 그들의 억울함을 풀어줄 것인가? (중략) 이제 국가에 대해서만 답을 물을 때는 지났다. 공동체 정신을 나누는 시민사회를 가꾸는 데에서도 억울함을 풀어줄 희망의 근거를 찾아야 한다." [134]

반면 2005년에 한나라당 국회의원 홍준표는 '대한민국 개조'를 해보고 싶다며 "가장 없애야 할 것은 소위 '뗑깡' 문화입니다. '뗑깡'만 하면 모든 문제가 해결된다는 사고방식 말입니다. 나는 지역구에서도 '뗑깡' 부리는 사람은 절대 안 받아줍니다. 육법 위에 '뗑깡' 있다고 하더군요. 물론 사회단체나 이익 단체들이 자기 요구를 관철시키기 위해 하는 것이겠지만, 국회가 열리면 밤새도록 그 앞에서 데모를 합니다. 그보다는 합리적인 방법으로 의사표시를 하는 게 더 좋다고 생각합니다"라고 주장했다. [135]

그러나 문제는 합리적 방법의 의사 표시를 받아들여지지 않고 무시되는 현실이다. 시위는 심정에 호소한다. 이성에 호소해봐야 별 소용이 없다. 정부건, 대기업이건 결정권을 쥔 권력 집단부터 평소 이성 알기를 우습게 알다가 막판에 '심정 폭발'이 일어나야 비로소 관심과 성의를 보이기 때문이다.

시위엔 절박한 생존 투쟁형 시위와 집단 이기주의적 '뗑깡 시위'가 있다. 그 중간에 '우는 아이 젖 더 주기 신드롬'을 겨냥한 시위가 있다. 생존 투쟁형 시위를 어렵게 만드는 건 모든 시위가 심정에 호소하는 기법을 쓰고 있다는 점이다. 권력 집단은 옥석玉石 구분 기능을 포기하는 직무 유기를 범하고 있다. 이게 바로 심정 민주주의의 위기를 초래하고 있는 것이다.

시위 공화국의 감성 민주주의는 바람직하지 않다. 시위 민주주의는 한국의 숙명이 아니다. 심정 폭발이 있을 때에 한해서 움직이는 권력 집단의 오래된 관행이 척결되지 않는 한, 폭력 시위는 결코 사라지지 않을 것이다. 혁신은 바로 그런 문제를 다뤄야 한다. 한恨의 표현과 '땡깡'을 구별하고 합당한 조치를 취하는 일에 투자해야 한다.

사실 한국이 시위 공화국이 된 최대 이유 중 하나는 바로 법에 대한 불신이다. 2000년 6월 형사정책연구원이 서울 지역 성인 493명을 대상으로 실시한 조사 결과 399명(80.9퍼센트)과 415명(84.2퍼센트)이 각각 "유전무죄有錢無罪·무전유죄無錢有罪라는 말에 공감한다", "동일 범죄에 대해서도 가난하고 힘없는 사람이 더 큰 처벌을 받는다"고 답한 것으로 나타났다.[136] 법이 그렇게 개판이니 시위에 의존하는 건 너무도 당연하지 않을까?

그러나 공익을 앞세우는 시위마저 억울함을 앞세워 과격 일변도로 가도 되는 것인지는 의문이다. 2007년 5월 희망제작소 사회창안팀장 안진걸은 〈소통과 연대의 집회를 위하여〉라는 글에서 '사회운동의 주요 활동 수단인 집회·시위에 대해 이제는 광범위한 성찰이 필요한 때'라고 주장한 바 있다. 그는 "사회운동의 집회·시위가 국민에게 감동을 주는 것이 아니라 오히려 짜증을 주고 있는 것은 아닌지 성찰하지 않을 수 없다"며 교통 체증, 감동이 없는 집회, 행사장을 뒤덮는 깃발, 전경과의 충돌, 소음, 화형식, 음주 행위 등으로 시민들이 시민·사회단체가 주최하는 집회·시위에 거리감을 느낀다고 지적했다.[137]

그럼에도 우리는 시위의 방법은 미시적인 것으로만 여기고 목적과 목표 중심으로 시위를 판단하려는 경향이 농후하다. 특정 시위에 대한 평가가 보수·진보의 이분법으로 확연하게 편이 갈라지는 것도 문제다. 최근에 벌어진 주요 시위들을 거론하면서 말해봐야 그런 '편 가르기' 심리 기제가 작동할 것이 뻔하다.

왜 그렇게 됐을까? 앞서 지적했듯이, 평화적으로 말하면 아무도 듣지 않기 때문이다. 기사 한 줄 안 나온다. 같은 이치로 '편 가르기'를 해야 힘이 생긴다. 그러나 이런 조건이 성찰을 포기해야 할 이유는 되지 못한다. 시위는 성찰과 결합해야만 한다. 그래야 비로소 광범위한 참여와 지지를 획득할 수 있다. 단기적으로 권력자, 금력자와 언론의 주목을 받는 데 몰두하다보면 그게 부메랑이 돼 시위의 참뜻을 죽이고야 말 것이다.

〈머리말〉에서 지적했듯이, '약자의 원한', 즉 '을의 원한'은 사회적 정의라는 창조적 결실을 맺을 수 있다. 그러나 모든 문제를 갑을관계의 결과로 해석하면서 자신의 행위는 무조건 정당화하려는 면책 심리는 타락의 수렁으로 빠져드는 지름길이다. 즉, 성찰은 갑뿐만 아니라 을에게도 필요한 덕목인 것이다.

을의 반란은
시대정신인가

신자유주의가 갑을관계의 핵심인가

"감독 기관과 피감 기관(금융사) 간의 관계가 힘의 우열에 의한 소위 갑을관계에서 역할의 차이에 의한 신사적 수평 관계로 변해야 한다." 2009년 9월 1일 금융감독원장 김종창이 금융감독원 비전 선포 1주년 기념사에서 한 말이다. 다음 날 신문들에는 〈금감원장, "갑을관계 버려라!"〉라는 기사가 일제히 실렸지만, 그 말을 믿는 사람은 아무도 없었다. 실제로 그 뒤로 달라진 건 아무것도 없었다.[1]

그 뒤로도 대통령에서 재벌 총수에 이르기까지 '슈퍼갑'에 해당되는 지도자급 인사들이 기회만 있으면 "갑을관계 타파"를 외쳐댔지만, 물론 여전히 달라진 건 없었다. 이들은 자신을 돋보이게 만들기 위한 쇼를 한 걸까? 아니면 갑을관계의 문화정치적 구조에 대한 이해가 결여해 있거나 부족한 나머지 갑을관계는 갑이 마음만 먹으면 타파할 수 있는 것이라고 믿었던 걸까?

모르겠다. 어쩌면 연고주의나 학벌주의처럼 사실상 타파가 불가능한 일이라도 바람직하지 않은 것에 대해선 타파를 외쳐야 하는 지도자의 의례적儀禮的 기능에 충실했던 건지도 모른다. 최근 갑의 횡포가 부각된 일련의 사건 이후 몇몇 대기업이 '언어적 해법'을 모색하고 있는 것도 그런 맥락에서 이해할 수 있겠다.

예컨대, 2013년 5월 9일 현대백화점은 협력사 3,500여 곳과 맺는 모든 계약서에 '갑'과 '을'이란 명칭을 쓰지 않기로 했다고 밝혔다. 흔히 계약서에서 '갑'과 '을'은 계약 당사자를 일컫지만, 점차 지위의 우열을 뜻하는 쪽으로 의미가 변질했기 때문에 모든 계약서에 '갑'을 '백화점'으로, '을'을 '협력사'로 바꾸기로 했다는 것이다.

이에 민주노총은 성명을 내고 "극단적인 양극화를 불러온 신자유주의가 지금 갑을관계의 핵심이다. 일부 대기업들이 협력업체와의 계약서에서 갑과 을이라는 표현을 바꾸겠다고 하지만, 문구를 바꾼다고 될 일이 아니다. 근본적이고 구조적인 접근을 해야 한다"라고 주장했다. 민주노총은 "갑과 을로 표현되는 표준근로계약서부터 바꾸고 모든 노동자의 노동3권이 온전하게 행사될 수 있도록 법적·제도적 장치를 만들어야 한다"고 촉구했다.[2]

민주노총의 성명에 대부분 공감하면서도 "신자유주의가 지금 갑을관계의 핵심"이라는 대목엔 선뜻 동의하기 어렵다. 갑을관계는 신자유주의의 탄생 이전부터 강고하게 존재했던 것인데 어찌 그 핵심이 신자유주의란

말일까? 오히려 갑을관계의 강화 또는 극단화가 신자유주의의 핵심이라고 말하는 게 옳지 않을까?

왜 갑을관계라는 말은
2004년부터 쓰였을까

한국언론진흥재단의 데이터베이스 '미디어가온www.mediagaon.or.kr'을 검색해보면, '갑을관계'나 '갑을문화'라는 말의 용례가 나타난 것은 2004년이다.[3] 갑을관계는 오랜 역사를 자랑하는 현상인데, 왜 하필 이때부터 이 말이 쓰이게 된 걸까? "IMF 사태 이후 민주화·정보화의 진전과는 반대로 일부 대기업에 권력이 집중되는 분위기가 팽배하면서, 강자와 약자의 관계를 '갑을'로 치환하는 경향이 나타났다"거나, "갑을이란 말의 유행은 역으로 압축 성장 시대가 끝나면서, '갑'과 '을'의 위치가 바뀌거나 불분명해지는 시대가 닥치고 있음을 의미하는 것"이라는 분석이 있다.[4] 타당한 분석이지만 좀 더 보완할 필요가 있을 것 같다.

갑을관계란 말이 쓰이기 시작한 시기가 노무현 정권 때였다는 점에 주목해보는 건 어떨까? 노 정권 시절에 직면한 '성장 시대의 종언'은 대기업은 물론 갑의 위치에 있는 개인이나 집단이 이윤 보전을 위해 을을 더 옥죄는 방식으로 나아가게 만들었을 가능성이 높다. 이 가능성은 노 정권의 독특한 권력 운용 방식과 맞물리면서 언론과 더불어 대중의 일상적 언어생활에 영향을 끼쳤으리라는 추론이 가능하다.

노무현 정권을 어떻게 평가하건, 노무현의 집권 기간은 대통령이 약자·아웃사이더·저항자 행세를 함으로써 그동안 우리가 가져온 권력 개념에 큰 혼란이 발생한 시기였다. 2004년 3월엔 대통령이 탄핵을 당하는 놀라운 일이 벌어지기도 했다. 그간 비교적 선명하게 그어졌던 권력의 경계가 희미해지거나 지워지거나 뒤죽박죽이 되는 초유의 사태가 발생한 것이다.

바로 이런 상황이 거대 담론으로서의 권력 개념보다 일상적인 삶에서의 미시 권력 개념을 부각시킨 간접적 계기가 됐다. "권력은 여러 형태의 정치적·사회적·군사적 조직뿐만 아니라 온갖 행위 유형들, 사유 습관들, 지식의 체계들 속에서 일상적으로 작용하는 무형의 유동적 흐름"이라는 미셸 푸코의 권력 개념이 한국에서도 설 자리를 찾은 셈이다.[5]

거대 담론으로서의 권력 개념으로 보자면 노무현 정권은 참으로 유별난 정권이었지만, 미시 권력 개념의 차원에선 이전 정권들과 차별성이 없는 정권이었다. 고위 공직을 갑의 지위로 이용하고 만끽하는 기존 풍토가 노 정권 시절에 변화의 양상을 보였다는 기미는 찾을 수 없다. 노 정권 시절에 일어난 청와대 사칭 사기 사건이 다른 역대 정권과 비슷했거나 그 이상이었다는 것도 미시 권력의 작동 방식엔 아무런 변화가 없었다는 사실을 잘 말해준다.[6]

2004년 7월 29일자 《디지털타임스》에 기자 정호원이 쓴 칼럼 〈갑과 을의 왜곡된 문화〉는 그 어떤 정권에서건 작동하기 마련인 한국 사회의 심층 문법에 대한 이야기를 담고 있다. 그는 "왜곡된 갑과 을의 관계가 고착되다보니 을이 새로운 고객을 확보하거나 중요한 프로젝트를 따기 위해 수단과 방법을 가리지 않고 갑에게 접대 공세를 펴는 경우도 많다. 그렇게 함으로써 발주처 담당자들과 안면을 익히고 프로젝트 수주와 진행 과정에서 '협조'를 기대하는 것이다"며 다음과 같이 말했다.

"갑과 을의 이런 비정상적인 관계는 부패 문화의 온상일 뿐 아니라 국내 산업의 경쟁력을 갉아먹을 수 있다는 데 문제의 심각성이 있다. (중략) 얼마 전에 만난 한 소프트웨어 회사의 간부는 미국에서 사업을 할 당시의 경험담을 들려줬다. 이 간부는 '몇십만 달러짜리 계약을 맺은 후 감사의 표시로 3만 원도 안 되는 저녁 식사 한 끼를 대접한 것이 전부였다'고 말했다. 그러면서 미국에서는 우리나라와 같은 갑을관계는 찾아볼 수 없다고 덧붙였다."[7]

그렇다. 가끔 "한국의 실리콘밸리를 만들자"거나 "한국의 스티브 잡스가 필요하다"는 주장을 마주할 때마다 헛웃음이 나오곤 하는 것도 바로 그런 이유 때문이다. 갑을관계가 존재하는 한 그런 일은 원초적으로 불가능하기 때문이다. 갑을 사이에 존재하는 접대 문화는 보수와 진보를 초월해 작동하는 기본 문법인데, 어찌 과거의 거대 담론식 권력 개념으로 오늘의 한국 사회를 이해하거나 설명할 수 있으랴. 갑을관계의 의제화는 일상의 수준으로 내려온 미시적 권력 관계로, 기존의 보수-진보 이분법의 효용이 다했음을 말해주는 징후인 셈이다.

재미교포로 국제 컨설팅 기업 배인앤컴퍼니 코리아의 대표인 이성용도 2004년 10월에 출간한 《한국을 버려라》에서 한국의 전근대적인 접대 문화와 이를 낳은 갑을관계에 대해 한 장章을 할애했다. 그는 〈'갑'의 한마디면 불가능은 없다〉는 글에서 "한국에서 성공을 거두려면 무엇보다도 갑과 을의 차이를 분명히 알아야 한다"며 다음과 같이 말한다.

"비즈니스 세계는 냉혹한 것이지만, 냉혹한 것과 불공정한 것은 결코 같은 말이 아니다. 그런 점에서 나는 한국 중소기업의 CEO들에 대해 놀라움을 금치 못한다. 각종 규제와 세금 당국 및 대기업 바이어에 이르기까지, 이 모든 장애물들을 감수하면서 어떻게 수지 타산을 맞추고 경영을 할 수 있을까? 그야말로 슈퍼맨이 아니고서는 불가능한 일이 아닐까 싶다. (중략) 한국이 갑과 을의 문제를 해결하지 못한다면, 결국 세계적인 비즈니스 파트너들 사이에 씻을 수 없는 악명을 얻게 될 것이다."[8]

인터넷과 손잡은 을의 반란

맥도널드의 성공 비결도 우리의 갑을관계에 귀중한 시사점을 던져둔다. 거대 담론의 관점으로 맥도널드를 접근하면 비판 일변도로 가기 십상이다. 세계 각국에서 반미反美 시위만 벌어졌다 하면 맥도널드가 '미 제국주의의 상징'으로 간주돼 공격 대상이 되고 있지 않은가. 게다가 맥도널드는 쇠고기 대량 생산, 포장지, 값싼 노동력 고용 등으로 환경 운동가들에서부터 인권 운동가에 이르기까지 다양한 사람들에게 공격받고 있다. 그러나 "햄버거 제국주의"라는 말을 들을 정도로 맥도널드가 세계적인 성공을 거둘 수 있었던 이유를 미시적으로 접근하면 우리가 꼭 배워야 할 놀라운 사실을 한 가지 발견하게 된다.

그건 바로 지금 우리 사회에서 큰 문제가 되고 있는 프랜차이저

franchiser: 가맹점 영업권 제공 회사와 프랜차이지franchisee: 가맹점의 관계다. 맥도
널드의 성장사에서 가장 눈에 띄게 두드러지는 게 바로 프랜차이지를 혁신
의 원천으로 간주해 대등한 파트너로 대접한 것이다. 단기적인 이익을 놓
고 보자면 프랜차이지 대신 직영점을 두는 게 훨씬 낫지만, 맥도널드는 직
영점 비율이 높아지는 걸 두렵게 생각했다. 거대 관료 조직에 소속된 직영
점에선 성공해야 한다는 절박함과 더불어 지역사회에 대한 이해 부족으로
아무런 혁신도 나올 수 없다고 봤기 때문이다. 실제로 맥도널드가 성공을
거둔 혁신과 새로운 아이디어는 대부분 프랜차이지에서 나온 것이다.[9]

을의 강점과 장점을 이용함으로써 갑이 장기적으로 번영하는 게 아니
라, 을을 압박하고 착취함으로써 단기적인 이익을 얻되 장기적으론 함께
몰락의 수렁을 향해 나아가는 질주를 어떻게 이해할 것인가? 그게 과연 탐
욕일까? 탐욕이 그렇게 단기적이고 근시안적인 개념이란 말인가? 아니면
을을 압박하고 착취함으로써 단기적인 이익은 물론 장기적인 이익까지 얻
은 성공 사례가 너무 많기 때문인가? 이젠 세상이 달라졌는데도?

"이제 문제는 미시 권력"이라는 문제의식의 변화는 때마침 만개한 인
터넷 고발·비판 문화와 손을 잡는다. 인터넷 시대 이전이라면 이름 없는
을의 고발과 하소연에 누가 귀를 기울여주랴. 오직 인터넷만이 이름을 묻
거나 따지지 않고, 고발과 하소연의 뉴스 가치에 주목해주는 포용력을 발
휘한다.

이제 "을의 남편은 인터넷"이라는 말이 나올 정도로,[10] 인터넷과 사회
관계망 서비스SNS는 '빽' 없고 줄 없는, 보잘것없는 을들의 작은 반란에 만
인이 주시하는 광장을 제공한바, 그동안 밀실에서 한恨과 넋두리로만 존재

하던 기막힌 사연들이 쏟아져 나오게 된 것이다.

인터넷에선 '갑질', '네가 갑이다', '갑마인드', '슈퍼갑', '울트라갑'
이란 표현이 유행하고 있다. 억눌림의 폭발이라 할 만하다. 취업 포털 잡코
리아의 설문 조사 결과도 그 점을 뒷받침해준다. 직장인의 79.5퍼센트가
자신을 '을'이라 인식하는 것으로 나타났으며, 자신을 '을'이라고 응답한
사람의 72.7퍼센트는 "갑이 주는 스트레스 때문에 회사를 그만두고 싶다"
라고 답했다.[11]

바로 이런 상황 변화가 갑을관계라는 단어를 계약서상의 용법에서 일
상적 삶의 한복판으로 불러낸 건 아닐까? 정치가 유발한 염증과 혐오로
'권력'이란 단어를 입에 담는 것조차 역겹게 여기던 상황에서 정치적 이념
과 당파성에서 자유로운 표현 방식으로 갑을관계가 차출됐다고 보면 안 되
겠느냐는 것이다.

여기에 대중의 공분을 살 만한 갑질을 생생하게 고발할 수 있는 각종
녹음·촬영 기술의 발달이 가세하면서 '밀실의 광장화'가 이루어진 셈이
다. 온갖 기능을 다 갖춘 스마트폰은 말할 것도 없거니와, 첩보 영화에서나
등장하던 스파이 카메라, 이른바 '스파이캠'은 인터넷에서 손쉽게 구할 수
있다. 녹음이 가능한 볼펜형 스파이캠을 비롯해 스파이캠은 최근 시계, 라
이터, USB(이동식 저장 장치), 넥타이, 단추, 자동차 열쇠 등의 형태로 갈수
록 진화하고 있다. 스파이캠은 그동안 몹쓸 짓에 이용돼 우려의 대상이었
지만,[12] 이젠 갑질을 효과적으로 고발하는 데 쓰이게 된 것이다.

경제민주화엔 반대해도
갑의 횡포엔 분노한다

그런데 이상한 일이다. 자신을 을로 인식하는 사람들이 그토록 많은데도 어이해 갑을관계가 여태까지 지속돼왔단 말인가? 도대체 정치는 무엇을 위해 존재하기에 그런 상황을 그대로 방치해왔단 말인가? 2013년 4월 3일자 《한겨레》가 사설을 통해 제기한 다음과 같은 의문에 우리는 어찌 답해야 하는 걸까?

"편의점 점주들이 어제 국회에서 쏟아낸 피해 사례를 보면 대기업들이 저렇게까지 서민의 등골을 빼먹을 수 있을까 믿기지 않을 정도다. 한 달에 몇백만 원 수익이 보장된다는 장밋빛 약속을 믿고 편의점을 개설했는데 정작 월세와 인건비 내기도 벅차다는 하소연이 터져 나왔다. 몸이 아파 새벽 시간에 잠시 문을 닫았다는 이유로 계약 해지를 당한 경우도 있었다. 폐점을 하려 해도 위약금이 무서워 그만둘 수도 없다니 현대판 소작제가 따로 없다. 공정거래위원회가 뒤늦게 실태 조사를 벌이고 있다는데 그동안 이 지경이 되도록 뭘 하고 있었나 한심하기 그지없다."[13]

서민의 등골을 빼먹는 소작제를 그대로 두자고 주장할 사람은 아무도 없다. 이건 등골을 빼먹는 사람들만 제외하곤 만인이 동의할 수 있는 사안이다. 그런데 이 사설이 결론에 이르러 제시한 다음 해법으로 넘어가면 이야기가 좀 달라진다.

"갑을관계의 불공정을 바로잡는 것이 경제민주화다. 과장 정보에 대해 징벌적 손해배상제도를 도입하고 위약금 조항을 개선하는 쪽으로 대기업의 우월적 지위 남용을 규제해야 한다.”

　서민의 등골을 빼먹는 소작제와 다를 바 없는 갑을관계에 대한 고발에서 출발하면 다수가 동의하는 가운데 얼마든지 해결할 수 있는 일도 '경제민주화', '징벌적 손해배상제도', '대기업의 우월적 지위 남용 규제'라는 포괄적이면서 추상적인 개념을 먼저 들고 나가면 반대자들이 벌떼처럼 들고 일어난다. 바꿔 말하면 경제민주화엔 부정적이거나 소극적이더라도 서민의 등골을 빼먹는 소작제와 다를 바 없는 갑을관계의 개혁엔 긍정적이거나 적극적인 자세를 보일 수 있다는 것이다. 최근의 갑을관계 비판에서 몇몇 보수 언론이 진보 언론 못지않게 목청 높여 개혁적인 목소리를 내는 이치도 바로 여기에 있다.

　2013년 5월 7일 오후 국회 귀빈 식당에서 열린 '재벌·대기업 불공정·횡포 피해 사례 발표회' 현장으로 가보자. '남양유업 영업 사원 욕설 사태'의 당사자인 대리점주 김 아무개 씨는 동료가 대신 읽은 호소문에서 "자식뻘인 남양유업 영업 담당자에게 세상에서 들어보지 못한 욕설과 협박과 갈취에 시달렸고, 공황장애 진단까지 받았다. 몇 번의 자살과 몇 번의 살인을 생각했다"고 말했다. 어느 농심 특약점주는 "매달 매출 목표를 내려보내고 이를 달성하지 못하면 판매장려금을 삭감했어요. 대리점주들은 매출 목표를 맞추기 위해 어쩔 수 없이 물건을 받아 헐값에 암시장에 넘기고 빚더미에 앉게 됩니다"라고 말했다.

　이 현장 풍경을 전한《조선일보》기자는 "물량 밀어내기, 매출 목표 강제 부과, 명절 떡값, 휴가비 뜯어가기 등 대기업의 각종 횡포와 비리는 그 수법이 너무 다양해서 대기업이 대리점 주인들을 쥐어짜기 위한 아이디어

전담팀을 따로 운영하나 싶을 정도로 '몰상식의 종합 선물세트' 같았다"
며 다음과 같이 말했다.

"김한길 신임 민주당 대표를 비롯한 민주당 의원 여섯 명은 이날 사례
발표회에 참석, '경제민주화 실현에 앞장서겠다'고 다짐하는 모습을 보였
다. 하지만 이날 가맹점에 대한 대기업의 횡포를 더 강도 높게 규제하는 내
용의 경제민주화 관련 법안 처리는 여야 정쟁 탓에 다음 임시국회로 미뤄
졌다. 수많은 을乙들이 더 이상 피눈물을 흘리지 않도록 정치권은 민생 관
련 법안을 최우선 처리하고, 정부는 법을 더욱 엄정하게 집행해 하루빨리
상식적인 상거래 문화가 정착되도록 해야겠다."[14]

정말 아름다운 말씀이다. 그러나 이런 일련의 사건 이전에 나온 《조선
일보》의 경제민주화 관련 사설들을 살펴보면, 대부분 경제민주화에 대해
부정적이거나 소극적이었다. 물론 성급한 경제민주화의 부작용을 우려하
는 선의의 뜻으로 그런 것이겠지만, "수많은 을乙들이 흘리는 피눈물"에 대
한 배려가 없거나 약한 건 분명하다.

갑을관계를 외면한 연역적 개혁

사정이 이와 같다면, 혹시 정치권, 즉 지금과 같은 갑을관계의 지속에 전혀
동의하지 않을 정치 세력의 접근 방법에 문제가 있었던 건 아닐까? 갑을관
계라고 하는 현상의 본질은 같지만, 그 작명법에서 그 어떤 오류가 있었던
건 아닐까?

거대 담론으로서의 권력을 "거시 권력"으로 부르기로 하자. 거시 권력과 미시 권력의 차이는 매우 많지만, 가장 중요한 차이를 든다면 대중의 인식에서 후자는 이념과 당파성의 굴레로부터 자유롭다는 점이다. 당신이 "신자유주의 타도"와 "재벌 개혁"을 외쳐댄다면, 당신은 거시 권력을 비판했다는 이유만으로도 진보파로 분류된다. 당연히 보수 언론으로부터는 외면받을 뿐만 아니라 비판받을 가능성이 높아진다. 그러나 당신이 갑을관계의 횡포라는 미시 권력을 고발한다면, 당신은 피해자로서 진보와 보수를 막론한 전 사회 진영으로부터 지지받을 가능성이 높아진다.

이는 '안철수 현상' 등으로 표출됐던 '공정'에 대한 갈증으로 입증된 바 있다. 갑을관계라는 말은 공정보다 피부에 더욱 와 닿는 표현이며, 갑을관계라는 의제는 전형적인 '귀납적 개혁' 방식이다. 개혁의 대명제를 세우고 위에서 아래로 각 사안에 적용하는 방식이 '연역적 개혁'이라면, 대중의 삶의 현장에서 발생하는 개별 문제들을 해결해나가면서 아래에서 위로 개혁 명제를 세워나가는 방식을 귀납적 개혁이라 할 수 있다. 연역적 개혁은 강력한 추진력을 확보할 수 있고 개혁 주체의 개혁성을 널리 홍보할 수 있다는 장점이 있는 반면, 이론이 현실에 적용되면서 나타날 수 있는 부작용을 간과하기 쉽고 개혁에 대한 반발·염증·불신을 초래할 수 있다는 단점이 있다. 귀납적 개혁의 장단점은 그 반대로 생각하면 되겠다.

그간 역대 정권이 추진한 개혁은 모두 연역적 개혁이었으며, 노무현 정권은 연역적 개혁의 최악을 보여줬다. 구체적 각론에서 출발했더라면 폭넓은 지지를 얻을 수 있는 사안도 총론에서 거창하게 치고 나가는 바람에 반발과 의혹을 필요 이상 불러일으킬 때가 많았다. 그런데 정권 입장에선 개혁 시도를 널리 알려야 지지자들을 규합할 수 있고, 선거에서 유리한 고지를 차지할 수 있으며, 역사에 족적을 남길 수 있다고 믿기 때문에, 연역적 개혁을 선호할 수밖에 없다. 그래서 절대 다수가 동의할 수 있는 개혁마저 곧잘 이념 투쟁이나 정치투쟁으로 전락하는 현상이 벌어진다.

그 어떤 경제민주화 관련 법을 제정한다 해도 보수·진보 정치 세력이 모두 공범인 기존 정치 관행을 바꾸지 않으면 갑을관계 청산은 요원하다는 점도 반드시 짚고 넘어갈 필요가 있다. 법이 없어서 갑이 횡포를 부리는 게 아니다. 현행법 중에서 갑을의 불공정 관계를 규정한 건 공정거래법인데, 논란이 된 '밀어내기'는 23조 '구입 강제' 조항으로 얼마든지 처벌할 수 있다. 이론적으론 그렇지만, 이론과 현실은 따로 논다. 밀어내기, 납품가 후려치기 등은 고발해봐야 공정위의 시정 명령 또는 과징금 처분이 대부분이며, 형사처분 조항이 있어도 거의 적용되지 않는다.[15]

왜 그럴까? 본문에서 지적한 것처럼, 한국은 '전관예우 공화국'이기 때문이다.[16] 예컨대, 김앤장 등 국내 10대 로펌에 몸담고 있는 공정거래위원회 공무원 출신과 국세청 공무원 출신이 100명에 육박한다.[17] 행정부처와 그 산하 공기업의 고위직은 정치인들의 밥줄이다. 선거에의 기여를 유도하는 논공행상용 미끼로 써야 하는 중요한 선거 자원이다. 그래서 전관예우가 낳은 부패의 악취가 하늘을 찔러도 정치인들은 여야를 막론하고 코를 돌리고 딴짓을 한다. 그렇게 해서 남는 힘과 정열을 정권 장악이라는 슈퍼갑의 지위를 차지하기 위한 증오의 이전투구泥田鬪狗에 쏟아붓는다.

나는 '증오의 종언'에 관심이 많다. 그래서 그걸 시대정신이라고 주장하기도 했다. 증오는 어디에서 비롯되는가? 바로 갑을관계에서 나온다. 승자독식을 전제로 한 선거와 그 기반 위에서 이루어지는 정치는 갑이 되기 위한 투쟁이라고 해도 과언이 아니다. 갑을관계를 청산해야 정치가 개혁될 수 있음에도 불구하고, 정치 개혁을 부르짖는 정치인이나 정치 세력은 갑을관계의 지속을 전제로 "나(우리)를 뽑아줘야 개혁을 할 수 있다"고 외쳐댄다. 유권자들도 덩달아 그 장단에 맞춰 춤을 춰대니, 정치 개혁은 애당초 그른 일이다.

조직을 앞세워
폭력을 행사하는 조폭 근성

극과 극은 통하는 법이다. 한국의 정치 혐오 풍토에서 정치는 '갑질의 특권'을 누리기 위한 지위 획득 이상의 의미는 없다. 바로 그렇기 때문에 선거 때만 되면 정치인들은 유권자의 환심을 사기 위해 과도하게 굴종하는 행태를 보인다. 대통령 후보에서부터 기초의원 후보에 이르기까지, 뭐든지 유권자들에게 갖다 바치겠다고 온갖 아첨만 늘어놓을 뿐, 유권자들과 더불어 뭘 해보자, 그러기 위해선 당신들의 무엇이 필요하다고 말하는 후보는 찾아볼 수 없다. 선거란 '아첨의 축제'라는 인식에 중독된 유권자들이 유권자들에게 무언가를 요구하는 후보를 곱게 봐줄 리도 만무하다.

　슈퍼갑의 지위가 선거로 결정되기 때문에 선거 시즌에 유권자들에게 잠깐 아첨한다는 차이는 있지만, 오늘날에도 과거 관존민비의 원형은 고스란히 살아 있다고 보는 게 옳을 것이다. 관존민비의 본질은 개인보다 자신이 소속된 관이라는 조직을 내세우는 것이다. 갑질의 첫째 유형이 개인 역량과 조직의 힘을 혼동하는 것임을 성기할 필요가 있다. 몇몇 논자들은 기업이 관마저 집어삼킨 '기업 국가'가 도래했다고 주장하지만, 기업의 힘이라는 것도 따지고 보면 관존민비, 즉 조직을 존대하고 개인을 폄하하는 이데올로기의 기반 위에 서 있는 것이다. 거칠게 말하자면, 조직을 앞세워 폭력을 행사하는 조폭 근성이다.

바로 그런 이유 때문에 한국이 세계 최고 수준의 '자영업 공화국'이라는 점도 갑을관계를 존속시키고 악화시킨다. 자영업자는 전체 취업 인구의 28.8퍼센트(2010년 기준)나 되는데, 이게 무슨 창의력이 번득이는 창조경제 덕분에 그렇게 많은 게 아니다. 큰 조직의 정규직 일자리가 전체 생산 가능 인구의 24.8퍼센트로, 세계 최하위 수준이기 때문에,[18] 먹고살 길이 없어 "이거라도 해볼까" 하고 나서는 바람에 많아진 것이다.

자영업자들은 우선 임대료에 죽어난다. 말로는 영세업자와 서민을 위한다는 정권 아래서도 임대료는 거의 두 배나 치솟았다. 여기에 대기업의 골목 상권 침투 등 '자영업자 죽이기' 공세가 거세지면서 자영업 폐업 비율이 80퍼센트에 이른다.[19] 사정이 이와 같음에도 대기업에 소속된 을은 자영업자 을에 대해 싸늘한 태도를 보이며, 진보 정치 세력도 조직적 돈줄인 대기업 을만을 위한 정치를 하기에 바쁘다. 오죽하면 경제정의실천시민연합 국책사업 감시단장 김헌동이 지난 2006년에 다음과 같이 말했을까?

"민노당이나 민노총을 보자. 대한민국 1500만 노동자의 10퍼센트도 안 되는 귀족형이다. 그 10퍼센트도 다 재벌 기업, 보수 기업, 공기업, 언론, 교사, 병원 등 기득권을 누리는 세력의 종사자들이다. 1000만 자영업자를 대변하는 단체가 없다. 1000만 명에 육박한 비정규직을 위한 조직도 사실상 없다. 민노당, 민노총이 비정규직 차별 철폐를 주장하지만, 자기 것을 내놓으려고는 안 한다. 내 건 빼앗지 말고 소수에게, 권력자에게, 자본가에게 저들(비정규직)을 위해 더 내놓으라는 식이다. 유럽을 봐라. 자기 근무 시간 줄이고 하면서 같이 하지 않는가."[20]

청년 실업과 자영업 과잉은 비정규직 문제이기도 하다. 이 문제에 정면 대응할 수 있는 가장 강력한 세력은 노동조합이지만, 불행하게도 노동조합은 자본과 정부엔 강력히 대응할망정 그걸 제외하곤 자신들의 이익을 먼저 생각하는 '승자 독식주의' 문화에서 자유롭지 못하다. 그거야 인간적으론 이해할 수 있는 일이라 하더라도, 문제는 한국의 진보 정치 세력이 그런 노동조합을 기반으로 삼고 있다는 점이다.

"억울하면 출세하라"는
각개약진 이데올로기

임금 인상을 위해선 "차별과 착취 없는 세상을 만들자"는 슬로건을 내거는 대기업 노조가 파업을 벌일 수 있는 현실적 물리력을 무기로 삼아 자격도 안 되는 친인척을 취직시키거나 한술 더 떠 돈까지 받아 챙겨가며 취업 장사에 나서는, 비정규직을 상대로 한 '인질극'을 저지르기도 했다. 그런 인질극의 피해자가 된 한 부정 입사자는 검찰 조사를 받고 나오면서 고개를 떨군 채 "영혼이라도 팔아 취직하고 싶었다"고 했다.[21] 분신자살을 기도한

어느 비정규직 노동자는 "우리도 정규직이 드나드는 정문 앞에서 데모 한 번 하고 싶다"고 했다.[22]

이런 절규마저 갑을관계로 봐야 하는 건가? 이거야말로 '을들끼리의 전쟁'이라 할 만하지만, 한쪽이 일방적으로 당하는 전쟁이다. 왜 한쪽이 일방적으로 당할까? 이 또한 조직의 문제다. 정형기는 "2011년에 자영업 가운데 83만 곳이 문을 닫았다고 한다. 공무원 숫자에 육박하는데도 아무 소리가 없다. 노동자라면 그렇게 조용하게 떠났을까"라면서 다음과 같이 말한다.

"나도 월급쟁이일 때는 정치가나 언론인의 말을 믿고 자영업자들을 비판했다. 그러나 남에게 상품을 팔아서 밥을 먹어본 뒤에 그 현실을 알게 되었다. (중략) 만약 교수가 자영업을 한 해만 해본다면 학교는 한층 좋아질 것이다. 공부는 물론 일에 대해 할 말이 생긴다. 또한 선택과 책임을 절감해 교육 수준이 향상된다. 역지사지易地思之, 곧 처지를 바꾸어 생각하라는 것이다."[23]

그런데 갑을관계는 원초적으로 역지사지를 거부한다. 갑에겐 역지사지 대신 "내가 어떻게 해서 여기까지 왔는데. 너도 억울하면 출세하라"는 답이 예비돼 있다. "억울하면 출세하라"는 각개약진各個躍進의 이데올로기다. 적진을 향해 병사 각 개인이 지형지물을 이용해 개별적으로 돌진하는 걸 뜻하는 군사 용어인 각개약진은 한국적 삶의 기본 패턴이다. 협력과 연대로 해결해야 할 사회적 문제조차 혼자 또는 가족 단위로 돌파하려는 경향이 매우 강하다는 뜻이다.

"나도 결국은 참고 견뎌서 일단 돈을 많이 벌면 나중에 너희들처럼 떵

떵거리고 살 테야." "나는 이렇게 죽어 지내면서 일만 하지만 내 자식만큼은 공부를 많이 시켜 너희들처럼 떵떵거리고 살게 할 거야."[24] 을들의 전형적인 심리 상태다. 각개약진 체제에 속한 개인들이 갖는 전형적인 사고방식이다. 사회심리학에선 이런 태도를 일러 "공격자와의 동일시" 또는 "강자와의 동일시"라고 한다. 강수돌은 자본 관계 아래서 일하는 사람들 대부분이 "싸우거나 미워하면서도 강한 상대방을 닮아간다"며 다음과 같이 말한다.

"많은 한국 노동자들을 만나 이야기를 하다보면, 결국 자본과 국가에 의한 '피해자'임을 강조하는 경향을 봅니다. 실제로 '피해자'이기도 하고요. 물론 다른 편에서는 자본과 국가를 바꾸어야겠다는 '행위자'로서의 적극성과 창조성을 드러내는 경우도 있습니다. 그러나 '피해자' 역할에 빠져 '피해 의식'만 키우다보면 원한과 복수심에 불타 자기도 모르는 사이에 '가해자'가 되기 쉽지요. 예를 들면, 기업에 억압받은 정규직 노동자가 피해 의식에 젖어 마침내 비정규직을 억압함으로써 '한풀이'를 하는 경우나 회사에서 시달린 노동자가 가정에 돌아가 가족에게 '화풀이'하는 경우가 대표적이겠지요."[25]

을에게 한순간 갑을 느껴보라는
마케팅 전략

한국이라는 나라는 마치 갑과 을만으로 짜여 있고 모든 삶의 목표도 갑이 되기 위한 것으로 수렴되는 '갑과 을의 나라'인 듯하다. 갑이 되기 위해 잠시 을 노릇을 하는 정도의 투자는 해야 한다는 식이다. 이름 없는 을도 을로서의 굴종을 갑이 되기 위한 와신상담臥薪嘗膽 전략으로 여길 뿐, 갑을관계의 주종主從 관행 자체를 없앨 생각은 엄두도 내기 어려운 게 현실이다. 이런 양극화 문법은 우리의 일상적 삶 도처에 만연해 있는데, 이를 드라마틱하게 보여주는 것이 이른바 '감정노동emotion work'의 극단화와 이에 따른 '언어 왜곡 서비스'다.

"주문하신 커피 나오셨습니다. 뜨거우시니 조심하세요." "7,500원이시구요. 호출기 울리시면 건너편으로 오세요." "문의하신 상품은 품절이십니다." 커피숍이나 백화점 같은 각종 서비스 업소에서 자주 들을 수 있는 말이다. 물론 틀린 말이다.

이에 대해 김덕한은 "이 정도는 보통이다. 더 터무니없고 섬뜩하기까지 한 '시'의 오용誤用 사례는 넘쳐난다. 최근까지 케이블 티브이에서 여러 차례 반복 방송된 한 보험 회사 광고는 '벌금이 나오셨다구요?'라는 말로 시작된다. 운전자가 과태료를 부과받게 되면 그 과태료를 보험료로 물어 주겠다는 걸 광고하기 위한 것이지만 벌금 부과를 받으 '신' 고객이 아닌 벌금 자체에까지 무조건 존대를 하고 본다"며 다음과 같이 말한다.

"그래야 마음이 편한 모양이다. '시'는 행위하는 사람을 존대하는 '주체 존대'에 쓰는 것이기 때문에 돈이나 음료, 심지어 벌금을 높여 표현하는데 써서는 안 된다는 문법 강의를 하려는 게 아니다. 헷갈릴 수도 있다. 그러나 정도가 좀 심하다. 왜 그렇게 심하게, 사회 전체가 헷갈리고 있을까? (중략) 아무 데나 '시'를 붙여 존대하는 사회가 상대방을 진짜로 존중하는 사회일 수 없다."[26]

'시'만 오·남용되는 게 아니다. '실게요'라는 말도 전성시대다. 건강 검진을 받으러 간 임철순은 남녀 가릴 것 없이 안내하는 직원마다 "이리 오실게요", "슬리퍼 벗고 올라서실게요", "웃옷 걷어 올리실게요", "좀 더 내려 누우실게요"라고 말하는 것에 짜증이 나 도저히 더 참지 못하고 "도대체 말을 왜 그렇게 하느냐?", "그게 어느 나라 말이냐?"고 따졌다고 한다. 그랬더니 눈이 동그래진 여직원이 그게 잘못된 말이냐고 묻기에 "그냥 '이리 오세요', '슬리퍼 벗고 올라서세요'라고 하면 된다"고 알려줬다는 것이다.[27]

왜 '시', '실게요' 등이 전성시대를 누리고 있는 걸까? 갑을관계의 실행이 일상적 삶의 기본 문법이 됐기 때문이다. 언어 왜곡을 수반하는 이런 과잉 서비스는 이미 조직 내에서 을인 노동자에게 고객을 대상으로 또 다른 을의 실천을 강요하는 것이지만, 그 이면엔 을의 신분으로 세상을 살아가는 절대 다수 대중에게 소비자일 때만큼은 갑의 지위를 누릴 수 있으니 소비함으로써 스트레스를 해소해보라는 마케팅 전략이 자리 잡고 있다. 따라서 세상살이가 어렵고 팍팍할수록 소비 서비스의 과공過恭은 극단을 치닫는 기현상이 발생하는 것이다.

여러 미래학자들이 예찬해온 프로슈머prosumer: producer+consumer, 즉 '생산적 소비자'도 갑을관계를 전제로 한 마케팅 전략이라면, "새로운 경제 권력이 아니라 기존의 거대 경제 권력인 대기업의 이윤 창출을 위한 '용병'"으로 전락할 수 있다.[28] 다시 말해 갑을관계는 모든 새로운 비전과 혁신의 가능성을 왜곡하는 전근대적 틀이라는 것이다.

서울과 지방의
갑을관계가 만든 내부 식민지

그런 전근대적 틀의 가장 큰 골격을 형성하고 있는 게 바로 서울과 지방의 갑을관계다. 그레고리 헨더슨Gregory Henderson은 이미 1960년대의 서울에 대해 "서울은 단순히 한국의 최대 도시가 아니라 서울이 곧 한국이다"고 했는데,[29] '서울의 한국화'는 이후 더욱 강화됐다. 앞서 인용한 이성용은 '서울공화국'에 대해 놀라움을 토로했다. 그는 "내가 미국에 있었을 때는 사업상 미국 전역을 여행할 기회가 잦았다. 고객이나 공급 업자들과 간단한 인터뷰를 하려 해도 각각 다른 도시들을 찾아다녀야 했기 때문이다. 일주일에 5일 정도는 길에서 보냈다고 해도 과언이 아니다"며 다음과 같이 말한다.

"그러나 한국에 오고 난 뒤, 국내 여행 횟수는 거의 제로에 가까워졌다. 모든 것이 서울에 위치해 있고 모든 비즈니스들이 서울에서 행해진다. 아주 드물게 고객의 공장이 있는 울산을 찾아가는 것을 빼면, 필요한 정보들 대부분은 서울에서 쉽게 이용할 수 있다. 실제로 한국의 대기업 중에서 본사를 서울 외곽에 둔 곳은 하나도 없다. 50대 기업 중에서 어느 한 곳도 서울을 벗어나지 않는 것이다! 세계 어느 나라에서도 그토록 한 도시에 심각하게 집중하는 현상은 본 적이 없다. 서울 과다 집중현상은 이미 위험 수위에 다다랐고, 수많은 사회적 문제들을 낳고 있다."[30]

그러나 한국엔 서울 과다 집중을 국가 경쟁력의 원천이라며 적극 옹호하는 정신 나간 사람들이 많다. 그런 사람들은 "갑질 중독증 환자"라고 부르는 게 옳겠지만, 그들의 정신 상태를 의심하는 사람은 별로 없다. 어쩌면 전 국민이 자식을 서울 소재 대학에 다니게끔 하려는 '인서울' 전쟁에 똑같이 미쳐 돌아가고 있기 때문인지도 모른다.

매년 대학 입시가 끝나면 지방에 있는 많은 고등학교 정문엔 서울 소재 대학에 합격한 학생 수를 알리는 펼침막이 요란스럽게 나붙는다. 물론 자랑하려고 내건 것이다. 일부 지방정부와 교육청은 서울 명문대에 학생을 많이 보낸 고교에 각종 재정 지원을 함으로써 그런 행위를 사실상 찬양·고무한다.

또 전국의 여러 지역이 도道, 시市, 군郡 단위로 서울에 학숙을 지어 유학 간 자기 지역의 우수 학생들을 돌보고 있다. 지역에 따라선 범도민 운동 차원에서 모금을 해 수백억 원을 들인 곳도 있다. 학숙 하나로도 모자라 '제2학숙'을 짓자고 열을 올리는 지역도 있다.

지방에선 그렇게 하는 걸 '인재 육성 정책'이자 '지역 발전 전략'이라고 부른다. 그 논거는 무엇인가? 자기 지역 출신 학생이 서울 명문대에 진학해 출세하면, 즉 슈퍼갑의 지위에서 권력을 행사할 수 있는 요직을 차지하면, 그 권력으로 자기 지역에 좀 더 많은 예산을 배정하고 기업을 유치하는 데 도움을 줄 거라고 보는 것이다.

서울 중앙 부처나 대기업에 자주 로비를 하러 가는 각 분야의 지방 엘리트들은 자기 고향 출신을 만났을 때 말이 통하고 도움을 받은 경험이 있기에, 이런 지역 발전 전략은 움직일 수 없는 법칙으로까지 승격된다. 조금만 깊이 생각해보면 그건 지역 발전 전략이 아니라 '지역 황폐화 전략'인데도 거기까진 생각이 미치지 못한다. 아니, 전혀 다른 생각을 하고 있는 건지도 모른다.

생각해보자. 지난 수십 년 동인 결과적으로 '지방 죽이기'를 한 주역이 누구인가? 다 서울에 사는 지방 출신들이다. 그들을 비판하려는 게 아니다. 그들은 '서울 1극 구조'라는 기존 틀 안에서 열심히 일했을 뿐, 지방 문제는 그들의 재량권 밖에 있었다고 보는 게 옳을 것이다.

지방 출신으로 서울에 가면 서울 사람이 된다. 고향 생각? 설과 추석 때 고향을 찾긴 한다. 서울에서 성공한 다음 국회의원이나 자치단체장을 하고 싶으면 귀향하는 사람도 있기는 하다. 그것 말고 서울로 간 지방 출신이 자기 고향을 위해 할 수 있는 일이란 거의 없다. 공직자가 자신의 재량권 내에서 작은 도움을 줄 순 있겠지만, 지방이 뭐 거지인가?

지방의 가장 큰 문제는 무엇인가? 인재 부족이다. 인재가 가장 중요하다고 그러면 자꾸 평등주의 논리로 반박하려고 드는데, 그게 바로 독약이다. 기업을 하는 분들 말을 들어보시라. 기업은 '사람 장사'다. 지역 발전도 다를 게 없다. 우수한 인재를 서울로 가라고 내몰면서 그걸 지역 발전 전략이라고 우기니, 이게 말이 되는가? 돈을 반대로 써야 하는 게 아닌가?

이건 '내부 식민지'다. 일부 지방은 정치·경제뿐만 아니라 문화·의식적으로도 중앙에 예속된 식민지와 다를 바 없다.[31] 중앙정부 탓만 할 일이 아니다. 지방에서 진지하고 심각하게 고민하지 않는데 중앙에서 그런 고민을 왜 하겠는가?

서울과 지방의 균형 발전? 어느 세월에? 그걸 믿을 수 있나? 반세기 넘게 수없이 반복된 그 허튼 수작을 믿으란 말인가? 장사 하루 이틀 해보나? 그런 의문 끝에 택한 게 바로 각개약진이다. 내가 서울로 들어가 살면 되는 것이다. 나의 분신인 내 자식을 서울 유학시키면 되는 것이다. 서울에도 집 두고 지방에도 집 두면 일거양득이지 무엇 때문에 양자택일을 해야 한단 말인가? 게다가 서울로 유학 간 자식은 서울에서 성공한 뒤 고향 내려오면 서울에서 만든 '줄'을 과시하며 높은 벼슬자리도 할 수 있는데, 무엇 때문에 서울과 싸워야 한단 말인가?

믿기지 않는가? 어느 언론사건 '특별취재팀'을 가동해 조사해보라. 평소 써오던 '파워엘리트' 범주를 이용해 지방의 파워엘리트를 조사해보라. 대부분 자녀를 서울로 유학시켰거나 수도권에 집 한 채는 갖고 있다. 파워엘리트가 아니더라도 지방에서 웬만큼 사는 사람들은 다 그 코스를 밟고 있다. 그 판에 대고 지역 살리기를 해보자는 호소가 먹혀들 수 있겠는가?

각개약진은 지역별로도 이루어진다. 지난 십수 년간의 세월이 입증하지만, 이른바 '풀뿌리 민주주의'는 환상이었음이 드러났다. 무슨 선거건 지방의 선거 현장을 조금만 관찰해보면 그 이유는 금방 드러난다. 전국에 걸쳐 국회의원이나 지방자치단체장 후보들이 가장 강조하는 게 무엇인가? 그건 "나 서울에 줄 있다"는 '줄 과시론'이거나 "나 서울 가서 살다시피 하련다"는 '줄 올인론'이다. 지역에 중앙 예산을 끌어오고 사업을 유치하는 데 필요한 줄을 이용하고 만들 수 있는 자신의 역량을 알아달라는 것이다.

유권자들이 그걸 비웃을까? 그렇지 않다. 유권자들은 줄의 필요성에 절대적으로 공감한다. 우리가 개탄하는 지역주의 선거라는 것도 그 본질은 서울의 권력 핵심부에 지역의 줄을 만들겠다는 게 아닌가. 후보가 서울에 어떤 줄을 갖고 있느냐 하는 게 투표의 주요 판단 기준인 선거와 민주주의가 갈 길은 뻔하다. '풀뿌리 정신'에 충실할수록 오히려 당선은 어려워진다. 갑에 닿을 수 있는 줄이 선거의 판도를 결정하는, '갑의, 갑에 의한, 갑을 위한' 선거라고 해도 과언이 아니다.

갑을관계를 미리 훈련하는
대학 서열 배틀

평소 삶은 개인주의적으로 살되 사회적 문제의 해결은 집단주의적으로 하는 게 바람직할 것이다. 그런데 한국의 경우는 그게 뒤바뀐 감이 없지 않다. 삶은 집단주의적으로 살면서 사회적 문제의 해결은 개인주의적으로 하는 경향이 강하다는 것이다. 대학 입시 전쟁은 사회적 문제의 개인주의적 해결을 선호하는 한국인의 독특한 습속을 보여주는 대표적인 증거일 것이다.

역설 같지만 갑을관계는 갑이 아니라 을에 의해 지속되는 체제다. 갑의 지위에 한 발짝이라도 더 접근하려는 을들의 투쟁이 갑을관계의 동력이자 보호막이다. 서열에 따라 먹고 먹히는 먹이사슬 관계에서 갑에 굴종하는 을에겐 자신이 누를 수 있는 병丙이 있고 또 병에겐 정丁이 있다. 대학 서열화의 경우처럼 기성세대보다는 오히려 젊은 세대가 그런 서열 투쟁에 더 열을 올린다는 건 한국이 명실상부한 갑을관계 공화국임을 웅변해주는 게 아니고 무엇이겠는가?

이와 관련해 엄기호는 "인터넷 공간에서 대학생들이 벌이는 가장 뜨거운 논쟁은 자신이 다니는 학교가 어떤 범주에 묶여야 하는가를 두고 싸우는 대학 서열 '배틀'이다. (중략) '태정태세문단세'처럼 매년 수능 결과를 놓고 '서연고/서성한/중경외시'로 시작하는 서열 논쟁이 시작된다. 대학생들은 홀리건 천국과 같은 인터넷 카페를 필두로 해 다른 대학을 '까'고 전략적으로 '적의 적'을 옹호하는 '배틀'을 수행한다"며 다음과 같이 말한다.

"특히 비슷비슷한 성적대인 학교 학생들끼리 어느 학교가 더 나은지를 놓고 다투는 배틀은 남들이 보면 유치하기 짝이 없다. 그러나 이 유치한 논쟁이야말로 학생들이 우리 사회에서 자신이 어디에 위치해 있는가를 가늠하고, 그 위치로 인해 어떤 취급을 받게 될지를 적나라하게 확인하는 일이기에 절대 양보할 수 없는 전쟁이다. (중략) 대학생들의 정체성이란 대학의 안과 밖에서 발생하는 것이 아니라 대학 서열 체제 '안'에서 내가 다니는 대학이 어떻게 분류되는가에 따라 형성된다. 대학 서열이 인생에서 대부분의 차이와 차별을 결정하는 현재의 체제에서 자신은 어떻게 분류되고 있는가가 내가 누구인지보다 훨씬 더 현실적인 정체성으로 여겨지는 것이다."[32]

그런 서열 배틀이 누가 더 열심히 공부하는가를 놓고 벌어진다면 대한민국 잘되게 할 일이라고 위안을 삼을 수도 있겠지만, 그 배틀의 본질은 우선적으로 '지정학 논쟁'이기에 유치하다 못해 측은하기까지 하다. 왜 지정학 논쟁인가? 서열 판정의 절대적 기준이 대학의 서울특별시 소재 여부에 달려 있기 때문이다. 그래서 나온 것이 바로 "인서울"이니 "지잡대"니 하는 말이다.

자, 생각해보자. 그런 단세포적 서열주의에 중독돼 있거나 큰 영향을 받은 젊은이가 사회에 진출한다면 직장에서 직면할 갑을관계를 어떻게 생각할까? 아니, 그들은 이미 취업 단계에서부터 갑을관계를 고려해 직장을 택한 데다 대학 서열에서 자신의 정체성을 찾았던 과거가 있기에 갑을관계에 너무도 익숙하게 적응하지 않을까?

증오의 종언을 위한 을의 반란은 시대정신이다

사실 언론도 마찬가지다. 언론은 뉴스 가치가 높은 갑질 폭로 사건이 터지자 홍수처럼 갑질 고발 기사를 쏟아내고 있지만, 일과성 이벤트로 그칠 가능성이 높다. 무엇보다도 언론 자신이 기존 갑을관계 체제의 수혜자이기 때문이다. 이와 관련해 2012년에 경력 기자로 《한겨레》에 입사한 윤형중의 자기비판이 돋보인다.

그는 〈기자로서 부끄러운 얘기 하나 해도 될까요?〉라는 칼럼에서 "기자랑 교수, 검사가 식당에서 밥을 먹으면 누가 계산을 하는지 아세요? 정답은 식당 주인이에요. 그만큼 기자, 검사, 교수들이 밥값을 안 낸다는 얘기죠. 이 이야기는 어디 가서 얻어먹기만 하는 사람들을 비꼰 겁니다. 웬 밥값 얘기냐고요? 밥값은 중요합니다. 갑을을 가르는 기준이 되거든요. 대개 밥값을 안 내는 쪽이 '갑'이 됩니다"라면서 다음과 같이 말한다.

"계산하지 않는 기자의 모습은 제가 이 세계에서 경험한 첫 문화적 충격이었습니다. 직업상 만남이 잦은데도 기자들은 커핏값, 밥값, 술값을 잘

내지 않습니다. 기자가 되기 이전엔 이 정도로 얻어먹고 다니는지 몰랐습니다. 아마 지금도 많은 분들은 모르겠죠. 저도 예외가 아니라 부끄럽긴 합니다. 그렇다면 왜 많은 취재원들은 기자에게 밥을 살까요? 기자와 언론이 갑이기 때문입니다. 남양유업 사태를 계기로 요즘 많은 언론들이 사회 곳곳의 갑을관계를 다루고 있는데, 언론이 자행하는 '갑의 횡포' 는 간과하는 측면이 있습니다."

이어 윤형중은 갑질을 하는 언론의 다양한 모습을 소개한다. "많은 기자들이 회삿돈이 아닌 기업과 공공 기관의 돈으로 해외 출장을 갑니다. 기자들을 상대하는 한 홍보 대행사 직원은 '한 매체의 기자가 해외 출장에 가족들을 데려와 애초에 책정한 것보다 비싼 호텔방을 예약해달라고 요구해 애를 먹었다' 고 털어놓은 적도 있습니다. 일부 언론사 간부들은 기업이 출시한 신제품이나 비싼 공연 티켓 등을 출입 기자에게 얻어 오라고 요구합니다. 회사 안에서는 '을' 인 기자들이 울며 겨자 먹기로 취재원에게 '갑질' 을 해야 하는 경우죠. 언론사가 엠티나 워크숍, 피크닉 등을 갈 때 기업이 숙박 시설을 예약해주고, 기자들에게 나눠줄 각종 경품을 지원하곤 합니다. 이럴 때 센스 있게 잘 도와주는 기업은 큰돈 안 들이고 괜찮은 로비를 하는 셈이죠. 지금까지 나열한 사례들은 찌질한 갑질에 불과합니다."

윤형중은 진짜 언론의 갑질은 '수익' 과 관련돼 있다고 말한다. 그는 "업계에선 광고를 받는 두 가지 방법이 '쪼찡' 과 '조지기' 라고 합니다. 쪼찡은 일본말 '조친提燈' 에서 유래한 말로, 홍보성 기사를 의미합니다. 효과는 쪼찡보다 조지는 것이 좋습니다. 2년 전 제가 한 대기업의 잘못을 지적하는 기사를 썼을 때 이 기업의 홍보실장은 '원하는 것이 있으면 무엇이든 얘기해봐라. 임원과 상의해서 최대한 들어드리겠다'고 말했습니다"라면서 다음과 같이 말한다.

"일부 언론사 간부들은 분기·반기별 광고 수주 실적을 확인한 뒤에 특정 기업을 지목해 기사 쓸거리를 찾아오라고 지시합니다. 이럴 때 괜찮은 기삿거리를 찾아서 해당 기업의 고위급 임원이 언론사로 찾아오게끔 하는 기자는 유능한 사람으로 평가를 받기도 하죠. 종합편성 채널을 준비했던 언론사들은 자본금을 유치하기 위해 몇몇 기업을 상대로 무력을 과시한 적도 있습니다. 지금 종편 언론사들은 거꾸로 주요 주주로 참여한 기업들의 '을'입니다. 《조선일보》가 동국제강, 대한항공, 에스피시SPC에 대해 비판적인 기사를 잘 쓰지 않는 이유이기도 하죠. 언론사가 참가비가 1인당 수십만 원, 수백만 원에 이르는 세미나, 포럼 등을 자주 여는 이유도 있습니다. 기자들이 갑의 지위를 활용해 출입하는 기업과 기관에 표를 팔 수 있기 때문이죠. 일부 언론들이 운영하는 투자 정보 전문 뉴스 서비스 역시 기자들이 수십만 원짜리 구독권을 기업들에 판매하곤 합니다." [33]

자, 사정이 이와 같으니 누가 누구에게 돌을 던질 수 있겠는가? 다 시늉으로 돌을 던지는 것일 뿐이다. 이 글을 쓰는 나 역시 대학 내부의 갑을관계에선 갑의 지위를 누리고 있으니, 이런 글을 쓰는 게 위선일지도 모른다. 만인에 대한 만인의 뜯어먹기, 그게 바로 갑을관계의 적나라한 얼굴인 셈이다.

기성세대는 요즘 젊은이들의 개인주의가 어떻다는 등의 말을 하지만, 사실 그것도 괜한 말이다. 우리 사회에서 거론되는 개인주의의 정체를 잘 봐야 한다. 한국의 개인주의는 개인의 존중에서 출발하는 것이 아니라 "억울하면 출세해라"라는 식의 자구自求 전략에서 비롯됐다. 극단적으로 말하자면, 한국의 근현대사가 "세상엔 도둑놈과 강도 천지이며 믿을 건 나와 내 가족밖에 없다"는 걸 모든 국민에게 풍부한 시청각 자료로 교육시켜온 결과가 아니겠느냐는 것이다. 세계에서 가장 빠른 경제성장은 바로 이런 '만인에 대한 만인의 투쟁' 방식에 크게 의존했다는 걸 부인하기 어렵지만, 그모습이 엽기적이라는 것도 분명한 사실이다.

전근대, 근대, 탈근대의 특징이 공존하는 '비동시성의 동시성'은 한국 사회의 두드러진 특징이다. 그러나 갑을관계를 지속해나가는 건 을뿐만 아니라 갑의 성장에도 치명적인 타격을 가할 수밖에 없으며, 이는 이미 현실로 나타나고 있다. 갑을관계의 타파를 정의나 도덕이 아니라 모든 이들에게 이익이 되는 성장과 혁신의 차원에서 생각하는 것도 필요하다는 뜻이다.

갑을관계 현상을 이른바 '언더도그마underdogma'로 보려는 목소리도 나오고 있지만, 그런 이해는 옳지 않을 뿐만 아니라 위험하다. '언더도그마'는 미국의 보수 운동 단체 티파티의 전략가인 마이클 프렐Michael Prell이 《언더도그마Underdogma》(2011)라는 책에서 만든 말인데, 프렐은 이를 다음과 같이 정의했다.

"언더도그마는 힘이 약한 사람이 힘이 약하다는 이유만으로 선하고 고결하며, 힘이 강한 사람은 힘이 강하다는 이유로 비난받아 마땅하다는 믿음을 가리킨다. 언더도그마는 단순히 약자 편에 서는 것이 아니라 힘이 약하다는 이유 때문에 무조건 약자 편에 서고 그 약자에게 선함과 고결함을 부여하는 것이다."[34]

현재 한국 사회에서 문제가 되고 있는 갑을관계는 그런 언더도그마와는 차원을 달리할 정도로 심각한 수준이다. 갑이 을에게 저지르는 횡포의 범위가 넓고 그 정도가 심하다는 것이다. 그렇지만 '을의 반란'이 가장 조심해야 할 것은 그것이 언더도그마로 전락하지 않게끔 과유불급過猶不及의 원리를 지키는 일임은 두말할 나위가 없다. 나는 '을의 반란'이 '증오의 이용'을 넘어 '증오의 종언'을 향해 나아가는 걸 전제로 한다면 감히 그것을 시대정신이라고 말하고 싶다. '을의 반란'이여, 더욱 가열차게 행군하라!

머리말 갑을관계는 한국인의 숙명인가

1. 하종오, 〈여승무원 폭행 사건이 일깨우는 것〉, 《한국일보》, 2013년 4월 28일.

2. 김기홍 · 신은진, 〈'甲질(甲의 부당행위)'에 치떨고 '乙死조약(불리해도 받아들일 수밖에 없는 계약)' 한탄… 乙의 삶은 고통 그 자체〉, 《조선일보》, 2013년 4월 30일.

3. 김기홍 · 신은진, 같은 기사.

4. 이옥진, 〈또 분노한 乙의 반격〉, 《조선일보》, 2013년 5월 6일.

5. 김기홍 · 신은진, 같은 기사.

6. 이완, 〈갑의 횡포에 서러운 을… "치사해서 못 다니겠어"〉, 《한겨레》, 2013년 1월 31일.

7. 김기홍 · 신은진, 같은 기사.

8. 곽창렬, 〈[Why] 퇴직하면 뒤바뀌는 '甲 · 乙 인생'… 결국 살아남는 건 乙이더라〉, 《조선일보》, 2013년 5월 4일.

9. 이정규, 〈갑(甲)의 저주… "뿌린 대로 거두리라"〉, 《지디넷코리아》, 2012년 7월 3일.

10. 김현선, 〈[TV 속 통계] 갑과 을의 세계 '피할 수 없다면 즐겨라'〉, 《데이터뉴스》, 2012년 12월 21일.

11. 임정섭, 《을의 생존법: 대한민국 99% 비즈니스 파이터 '을'들의 필살기》(쌤앤파커스, 2008), 13쪽.

12. 이정규, 같은 기사.

13. 고경봉, 〈인맥 없으면 물먹는 사회〉, 《뉴스메이커》, 1997년 4월 17일.

14. 〈줄서기 사회… 공정한 경쟁이 없다〉, 《동아일보》, 1999년 5월 13일.

15. 김진석, 《니체는 왜 민주주의에 반대했는가》(개마고원, 2009), 289쪽.

16. 김진석, 같은 책, 295쪽.

17. 김기홍 · 신은진, 같은 기사.

1 왜 한국인은 갑을관계에 중독됐나: 갑을관계의 역사

1. 이상기, 〈'무덤도 계급차' 불합리〉, 《한겨레》, 2001년 1월 5일.

2. 최정호, 〈국보 1호를 바꾸자는 생각의 바탕〉, 《동아일보》, 2005년 11월 10일, A34면.

3. 이정재, 〈라면 상무는 왜 높은 분들 자리싸움 그대로 흉내 냈을까〉, 《중앙일보》, 2013년 4월 29일.

4. 이정재, 같은 기사.

5. 박선주, 〔대학생 칼럼〕 악을 권하는 사회〉, 《중앙일보》, 2013년 5월 4일.

6. 박성수, 《조선의 부정부패 그 멸망에 이른 역사》(규장각, 1999), 207쪽.

7. 박성수, 같은 책, 201쪽.

8. 박성수, 같은 책, 130-131쪽.

9. 배경식, 〈보릿고개를 넘어서〉, 한국역사연구회, 《우리는 지난 100년 동안 어떻게 살았을까 3》(역사비평사, 1999), 219-222쪽.

10. 배경식, 같은 책, 219-222쪽.

11. 김대호, 〈한국사회에 대한 새로운 통찰과 모색〉, 사회디자인연구소 창립기념 심포지움 '한국사회를 다시 디자인한다', 2008년 7월 12일, 국회의원회관 1층 소회의실, 28-29쪽.

12. 유영렬, 《개화기의 윤치호연구》(한길사, 1985), 176쪽에서 재인용.

13. 김용운, 《무너지는 한국, 추락하는 한국인: 원형사관으로 본 한국의 좌절과 희망》(고려원, 1995), 61쪽.

14. 박노자, 《나를 배반한 역사》(인물과사상사, 2003), 43-44쪽.

15. 이선민, 〈1919년 일제 '문화정치'〉, 《조선일보》, 1993년 9월 5일, 7면.

16. 진덕규의 글, 박종성, 《강점기 조선의 정치질서: 인종과 저항의 단층변동》(인간사랑, 1997), 191쪽에서 재인용.

17. 강경성, 〈20세기 한국의 부끄러운 자화상: 반공주의〉, 《역사비평》, 제47호(1999년 여름), 281-282쪽.

18. 최봉영, 《한국문화의 성격》(사계절, 1997), 222쪽.

19. 김진균 · 정근식, 〈서장: 식민지체제와 근대적 규율〉, 김진균 · 정근식 편저, 《근대주체와 식민지 규율권력》(문화과학사, 1997), 22쪽.

20. 김진균 · 정근식, 같은 글, 23쪽.

21. 이기훈, 《경제근대화의 숨은 이야기: 국가 장기 경제개발 입안자의 회고록》(보이스사, 1999), 71쪽.

22. 윤대원, 《일하는 사람들을 위한 한국현대사》(거름, 1990), 35쪽; 한국민중사연구회 편, 《한국민중사 II》(풀빛, 1986), 248-249쪽.

23. 조순경 · 이숙진, 《냉전체제와 생산의 정치: 미군정기의 노동정책과 노동운동》(이화여자대학교 출판부, 1995), 312쪽에서 재인용.

24. 박찬표, 《한국의 국가형성과 민주주의: 미군정기 자유민주주의의 초기 제도화》(고려대학교 출판부, 1997), 253쪽.

25. 박명림, 〈한국의 국가형성, 1945~48: 미시적 접근과 해석〉, 이우진 · 김성주 공편, 《현대한국 정치론》(사회비평사, 1996), 130-131쪽.

26. 서정주, 《미당 자서전 2: 서정주 전집 5》(민음사, 1994), 234쪽.

27. 강성남, 《관료부패의 통제전략: 비교론적 시각》(장원출판사, 1999), 140-141쪽.

28. 김정원, 《분단한국사》(동녘, 1985), 162-163쪽.

29. 〈'물좋은' 대민 창구 '춤추는' 뇌물〉, 《한겨레》, 1998년 10월 30일, 1면.

30. 우종창, 〈"중정 신분증에 권총 차고 정치자금 날랐다": '박정희 정치자금 창구' 성곡 김성곤 씨의 비서 '미스터 리' … 24년 만의 고백〉, 《주간조선》, 1995년 5월 4일, 42-46면; 조용중, 〈1971년 '10 · 2항명파동' 의 전말: 대정객 김성곤, 박정희에 항명하다!〉, 《월간조선》, 1995년 4월, 673쪽.

31. 강성남, 같은 책, 143-144쪽.

32. 林建彦(히야시 다께히꼬), 최현 옮김, 《남북한현대사》(삼민사, 1989), 229쪽에서 재인용.

33. 林建彦(히야시 다께히꼬), 같은 책, 229-230쪽.

34. 김충식, 《정치공작사령부 남산의 부장들 1》(동아일보사, 1992), 207-208쪽에서 재인용.

35. 김종신, 《박정희 대통령과 주변사람들》(한국논단, 1997), 204쪽.

36. 김택권, 〈부정부패의 경제적 폐해〉, 문정인 · 모종린 편, 《한국의 부정부패: 그 비용과 실태》(오름, 1999), 86-87쪽; 강성남, 같은 책, 44쪽.

37. '8 · 3긴급경제 조치' 의 주요 내용은 기업 보유 사채는 앞으로 3년간 갚지 않고(3년 거치) 그 뒤 5년간 월리 1.35퍼센트(연리 16.2퍼센트)로 분할 상환토록 하며, 정부가 2000억 원을 마련해 기업이 은행에서 빌린 단기 고리의 대출금 중 30퍼센트를 연리 8퍼센트, 3년 거치, 5년 분할 상환으로 대환해준다는 것 등이었다. 주태산, 《경제 못 살리면 감방 간대이: 한국의 경제 부총리, 그 인물과 정책》(중앙 M&B, 1998), 92쪽.

38. 한상진, 《한국 사회와 관료적 권위주의》(문학과지성사, 1988), 143-144쪽.

39. 한배호, 《한국 정치변동론》(법문사, 1994), 343쪽.

40. 김호진, 《한국 정치체제론》(박영사, 1993), 298-299쪽; 양병기, 〈한국 정치에서의 민 · 군 관계의 전개와 성격〉, 한흥수 편, 《한국 정치동태론》(오름, 1996), 421쪽; 한용원, 《한국의 군부정치》(대왕사, 1993), 400쪽.

41. 최장집, 《한국민주주의의 조건과 전망》(나남, 1996), 31-33쪽.

42. 박태견, 《관료망국론과 재벌신화의 붕괴》(살림, 1997), 188쪽에서 재인용.

43. 박태견, 같은 책, 51-52쪽에서 재인용.

44. 주태산, 같은 책, 178쪽.

45. 한국기자협회 · 80년 해직언론인협의회 공편, 《80년 5월의 민주언론: 80년 언론인 해직백서》(나남, 1997), 87쪽에서 재인용.

46. 《한겨레신문》, 1991년 5월 17일; 전진우, 《60점 공화국: '작가-기자' 전진우의 6공 비망록》(미문, 1992), 13쪽.

47. 김영종, 《부패학: 원인과 대책》(숭실대학교 출판부, 1992), 391쪽에서 재인용.

48. 1949년 국가공무원법이 제정됐고, 이를 근거로 '고등고시령'과 '보통고시령'이 제정·공포됐다.

49. 김광웅, 《한국의 관료제 연구: 이해를 위한 국가론적 접근》(대영문화사, 1991), 14쪽.

50. 이봉수 외, 〈관료들 재계행 새풍속도〉, 《한겨레신문》, 1996년 5월 13일, 9면.

51. 고승철, 〈재경원의 '모피아'〉, 《경향신문》, 1996년 6월 6일, 2면.

52. 한백승, 〈공직자 호칭 조정해야〉, 《문화일보》, 1996년 7월 11일, 8면.

53. 유성식, 〈공직 사회 '풀잎처럼 눕다'〉, 《한국일보》, 1997년 4월 1일, 19면.

54. 배성규, 〈"일부 비리로 매도는 잘못/정말 열심히 일합니다"〉, 《한국일보》, 1997년 4월 1일, 21면.

55. 조성국, 〈공직 사회 '아첨지'를 아시나요〉, 《국민일보》, 1997년 3월 4일, 31면.

56. 1995년 한국의 공무원은 90만 명으로 국민 1,000명당 20명 수준이었지만, OECD 21개 국가는 평균 64명이었다. 김필동·김병조, 〈조직사회로의 이행과 그 사회적 의미〉, 한국 사회사학회 엮음, 《한국 현대사와 사회변동》(문학과지성사, 1997), 268-269쪽.

57. 〈'물좋은' 대민 창구 '춤추는' 뇌물〉, 《한겨레》, 1998년 10월 30일, 1면.

58. 최광숙, 〈스프링형·로봇형·마피아형… 개혁 대상 공무원 10가지 유형 분류〉, 《서울신문》, 1998년 11월 9일, 3면.

59. 박홍규, 《법은 무죄인가》(개마고원, 1997), 202쪽.

60. 박홍규, 같은 책, 270쪽.

61. 고영복, 《한국인의 성격: 그 변혁을 위한 과제》(사회문화연구소, 2001), 64쪽.

62. 이백규, 《추락하는 일본에서 무엇을 배울 것인가?》(해냄, 2001), 62쪽.

63. 이백규, 같은 책, 65-66쪽.

64. 《중앙일보》, 2003년 2월 8일. 2013년의 상황은 이렇다. "대통령이 인사권을 행사하는 자리는 7,000여 개에 달한다. 이 중 헌법기관 고위직과 고위 공무원, 검찰·경찰 등 특정직 공무원을 제외하고 인사권을 행사하는 공공 기관의 자리는 590개에 육박한다. 한국전력공사·한국철도공사 등 공기업 30개, 국민연금관리공단·한국토지주택공사(LH) 등 준정부 기관 87개, 산업은행·수출입은행 기타 공공 기관 178개가 대상이며, 이곳의 기관장과 감사가 모두 대통령의 실질적인 인사권 아래 있다." 조중식·이진석, 〈朴 "앞으로 人事 많을 텐데…" 공기업 대폭 물갈이할 듯〉, 《조선일보》, 2013년 3월 12일.

65. 김용출, 〈'윤리 부재' 파워엘리트〉, 《세계일보》, 2003년 11월 8일, 26면.

66. 윤청석, 〈공무원들의 '수당 빼먹기'〉, 《대한매일》, 2003년 12월 26일, 15면.

67. 박용근, 〈[기자수첩] 공생의 카르텔 '낙하산 감사'〉, 《조선일보》, 2007년 5월 21일.

68. 고재학 외, 〈퇴직 관료 로비 '해도 너무 한다'〉, 《한국일보》, 2006년 2월 7일, 1면.

69. 〈직역 가리지 않는 공직자 '전관예우' (사설)〉, 《문화일보》, 2006년 10월 17일, 31면.

70. 김영수, 〈공정위의 부당한 '내부 거래'〉, 《조선일보》, 2007년 3월 1일, A31면.

71. 김기현 외, 〈지방공사-공단 최고경영자 3명 중 2명이 퇴직 공무원〉, 《동아일보》, 2007년 5월 5일, A1면.

72. 허영섭, 〈[여적] 전관(前官) 파동〉, 《경향신문》, 2007년 5월 30일.

73. 손재민, 〈퇴직 판사 90%가 최종 근무지 개업〉,《경향신문》, 2004년 10월 4일, 8면.

74. 황예랑, 〈현직 부장판사 '전관예우' 비판 글〉,《한겨레》, 2004년 10월 6일, 8면.

75. 김종태, 〈조대현 헌법재판관 후보자 청문회〉,《문화일보》, 2005년 7월 4일, 5면.

76. 이현미 · 김남석, 〈"법구회 소속 변호사 구속 사건 수임 1위"〉,《문화일보》, 2005년 9월 9일, 1면; 임석규 · 고나무, 〈중앙지법 구속 사건 전관들 싹쓸이 이래도 '전관박대' 냐〉,《한겨레》, 2005년 9월 10일, 5면.

77. 〈속속 드러나는 구속 사건 전관예우(사설)〉,《서울신문》, 2005년 9월 10일, 23면.

78. 권재현 외, 〈'전관예우'는 살아 있었다: 중앙지법 출신 변호사들 구속 사건 수임 '싹쓸이'〉,《경향신문》, 2005년 9월 10일, 1면.

79. 김재곤 · 이현미, 〈서울 구속 사건 '싹쓸이' 수임: 개업 3년도 안 된 판검사 출신 변호사들〉,《문화일보》, 2005년 10월 6일, 8면.

80. 박상진, 〈법조계 전관예우 '난치병'〉,《한국일보》, 2006년 9월 5일, 10면.

81. 노윤정 · 조성진, 〈대법관 출신 변호사는 전관예우 몸통〉,《문화일보》, 2006년 10월 16일, 9면.

82. 〈직역 가리지 않는 공직자 '전관예우' (사설)〉,《문화일보》, 2006년 10월 17일, 31면.

83. 김회평, 〈아름답지 않은 '대법관 변호사'〉,《문화일보》, 2006년 10월 16일, 30면.

84. 〈사회의 공정한 룰 깨는 전관예우 관행(사설)〉,《한국일보》, 2006년 10월 18일, 31면.

85. 천광암, 〈"전관예우 일본선 상상조차 할 수 없어/법-검 갈등 계속 땐 국민 신뢰 잃을 것〉,《동아일보》, 2006년 12월 4일, A10면.

86. 〈또 국감 향응 파문, 언제까지 이럴 건가(사설)〉,《조선일보》, 2007년 10월 27일.

87. 장명수, 〈거지 같은 '관행'〉,《한국일보》, 2007년 11월 2일, 38면.

88. 김재중 · 이고은, 〈작년 기업 법인 카드 사용액 중 1조 656억 원 '룸살롱서 긁었다'〉,《경향신문》, 2008년 10월 9일.

89. 김원철, 〈[우리 사회 거품을 빼자] (14) 기업 접대비〉,《국민일보》, 2009년 4월 15일, 7면.

90. 조현철 · 구교형, 〈'스폰서 검사' 후폭풍… 검찰 특별감찰 검토〉,《경향신문》, 2010년 4월 21일.

91. 김철웅, 〈[여적]스폰서〉,《경향신문》, 2010년 4월 22일.

92. 〈업자가 검사에게 술 사고 돈 줘야 되는 사회(사설)〉,《중앙일보》, 2010년 4월 22일.

93. 정용인, 〈지역사회 토착 비리의 사슬〉,《위클리경향》, 제874호(2010년 5월 11일).

94. 〈전국의 '검사 스폰서'들이 웃고 있다(사설)〉,《조선일보》, 2010년 6월 10일.

95. 박방주, 〈과기평이 조성한 비자금 5700만 원으로 룸살롱 접대받은 교과부 국장 해임〉,《중앙일보》, 2010년 8월 7일.

96. 〈산하기관한테 성접대까지 받는 공무원들의 나라(사설)〉,《한겨레》, 2010년 8월 7일.

97. 조선일보 특별취재팀, 〈여종업원 · 손님 · 웨이터… 2000명 '지하 불야성': '국내 최대' 강남 룸살롱이 문 열었다는데〉,《조선일보》, 2010년 8월 28일.

98. 류인하 · 김기범 · 김지환, 〈[공직자 전관예우 실태] 퇴직 공직자에 로펌은 '돈 · 권력 왕래' 고리… 갈수록 커지는 영향력〉,《경향신문》, 2013년 2월 22일.

99. 정용욱,《존 하지와 미군 점령통치 3년》(중심, 2003), 253쪽; 김창훈,《한국외교 어제와 오늘》(다

락원, 2002), 26쪽; 김학준, 〈해방공간의 주역: 미 점령군 사령관 하지〉, 《동아일보》, 1995년 9월 5일, 7면; 윌리엄 스툭, 김형인 외 옮김, 《한국전쟁의 국제사》(푸른역사, 2001), 50쪽; 도진순, 《한국민족주의와 남북관계: 이승만 · 김구 시대의 정치사》(서울대학교출판부, 1997), 25쪽.

2 갑을관계 문화가 낳은 사생아, 브로커: 브로커의 역사

1. 조순경 · 이숙진, 《냉전체제와 생산의 정치: 미군정기의 노동정책과 노동운동》(이화여자대학교 출판부, 1995), 79쪽.
2. 윤대원, 《일하는 사람들을 위한 한국현대사》(거름, 1990), 35쪽; 한국민중사연구회 편, 《한국민중사 II》(풀빛, 1986), 248-249쪽.
3. 이재선, 《현대한국소설사 1945~1990》(민음사, 1991), 66-67쪽.
4. 〈학부형에 경종: 입학기 노리는 뿌로-커 도량(跳梁)〉, 《조선일보》, 1948년 6월 23일, 조간 2면.
5. 〈고교생이 사취〉, 《조선일보》, 1956년 4월 25일, 석간 3면.
6. 〈또 입시 '브로커'들 암약〉, 《조선일보》, 1965년 2월 3일, 3면.
7. 〈'부로커'를 배제: 공명정대한 선거하자〉, 《조선일보》, 1950년 5월 11일, 조간 1면.
8. 〈'메리야스' 군납에 혼란: 중간 '뿌로카'의 跳梁으로〉, 《조선일보》, 1956년 5월 26일, 석간 2면; 〈중간 '뿌로카'를 제외〉, 《조선일보》, 1956년 10월 6일, 석간 2면.
9. 〈'즉재'에 전담판사제: '부로커'들에게는 서리〉, 《조선일보》, 1959년 6월 30일, 석간 3면.
10. 〈차관 바람: '브로커' 난무 속에… 구주로〉, 《조선일보》, 1964년 5월 23일, 조간 2면.
11. 〈"유통경제정상화위 구성 '브로커' 등 방지를 위해"〉, 《조선일보》, 1965년 2월 16일, 2면.
12. 〈'검' 팔이에도 사취 '브로커'〉, 《조선일보》, 1965년 2월 19일, 3면.
13. 〈사고파는 운전면허〉, 《조선일보》, 1966년 4월 1일, 3면.
14. 안흥순, 〈3만 원에 산 '합격'〉, 《조선일보》, 1968년 2월 4일, 6면.
15. 〈내일 구정: 북새통 '좌석 브로커' 소매치기 한몫〉, 《조선일보》, 1969년 2월 16일, 7면.
16. 〈'권력층' 가장 브로커들 32억 원어치 담보 사기〉, 《조선일보》, 1969년 10월 14일, 7면.
17. 지원상, 〈'브로커 인생'〉, 《조선일보》, 1970년 3월 8일, 5면.
18. 〈철거 후 10일 안에 옮겨야: 브로커 개입-전매에 쐐기〉, 《조선일보》, 1970년 7월 9일, 8면.
19. 〈'말썽단지' 제2의 회오리〉, 《조선일보》, 1971년 7월 25일, 7면.
20. 〈브로커 수임 금지 대한변호사협회서〉, 《조선일보》, 1970년 5월 13일, 7면.
21. 〈사건 브로커 첫 구속〉, 《조선일보》, 1971년 1월 22일, 7면.
22. 이상우, 《박 정권 18년-그 권력의 내막》(동아일보사, 1986), 280-281쪽.
23. 〈법 주변의 "악덕"들: 그 실태와 유형〉, 《조선일보》, 1972년 1월 22일, 7면.
24. 〈수사는 끝나도 '베일'은 아직도: 금융 브로커 실태〉, 《조선일보》, 1971년 7월 9일, 7면.
25. 〈사금융 브로커 일제 수사〉, 《조선일보》, 1972년 7월 9일, 7면.
26. 〈공무원 채용 시험 부정: 브로커-시 직원 등 16명 구속〉, 《조선일보》, 1973년 10월 19일, 7면.

27. 강인원, 〈이민과 여권 브로커들〉, 《조선일보》, 1974년 3월 7일, 3면.

28. 〈브로커 수사 재개〉, 《조선일보》, 1974년 7월 6일, 7면.

29. 〈인감증명 매매〉, 《조선일보》, 1974년 8월 10일, 7면.

30. 〈민원 창구에 브로커 75% 대행 처리〉, 《조선일보》, 1974년 10월 29일, 6면.

31. 〈이민 브로커 구속〉, 《조선일보》, 1975년 1월 17일, 7면.

32. 〈토지 브로커 일제 수사〉, 《조선일보》, 1975년 3월 18일, 7면.

33. 〈민원 브로커 근절 지시〉, 《조선일보》, 1975년 5월 21일, 7면.

34. 〈선원 상대 취업 브로커〉, 《조선일보》, 1976년 1월 31일, 7면.

35. 〈한계 보인 자체 수사〉, 《조선일보》, 1976년 2월 22일, 6면.

36. 〈사건 브로커 18명 구속〉, 《조선일보》, 1976년 7월 8일, 7면.

37. 〈법원 주변 '사건 브로커' 16명 구속〉, 《조선일보》, 1977년 1월 26일, 7면.

38. 〈상습 여권 브로커 6명 구속〉, 《조선일보》, 1978년 4월 29일, 7면.

39. 〈운전면허 미끼… 4천8만 원 사취: 브로커 5명 구속〉, 《조선일보》, 1978년 11월 2일, 7면.

40. 〈사건 브로커 25명 구속〉, 《조선일보》, 1979년 5월 29일, 7면.

41. 〈사건 브로커 21명 검거〉, 《조선일보》, 1980년 7월 9일, 7면.

42. 〈공천 빙자 사기 단속〉, 《조선일보》, 1980년 12월 24일, 1면.

43. 〈브로커 피해 막게 민원 창구 확대〉, 《조선일보》, 1981년 7월 17일, 6면.

44. 〈전 대통령 지시 법원 주변 브로커 일소토록〉, 《조선일보》, 1982년 2월 11일, 1면.

45. 〈'독버섯'의 비리: 법조 주변의 사건 브로커들(사설)〉, 《조선일보》, 1983년 2월 1일, 2면.

46. 김창수, 〈세법 허점을 노렸다: '털세 브로커' 17명의 범행〉, 《조선일보》, 1983년 2월 15일, 10면.

47. 〈브로커 동원 '상해 진단' 남발〉, 《조선일보》, 1984년 7월 14일, 10면.

48. 〈비자 브로커 농간 없다〉, 《조선일보》, 1984년 7월 29일, 10면.

49. 〈개인택시 면허 위조 브로커에 팔아넘겨〉, 《조선일보》, 1985년 7월 5일, 11면.

50. 〈법조 내부 관련설도〉, 《조선일보》, 1986년 12월 28일, 10면.

51. 〈사건 브로커 20명 구속 "고위층 부탁" 돈 뜯어〉, 《조선일보》, 1988년 6월 23일, 14면.

52. 〈일본 유흥가 취업 알선 여권 브로커 등 둘 구속〉, 《조선일보》, 1988년 6월 3일, 15면.

53. 〈"해외 취업 시켜준다" 꾀어 관광객 위장 송출〉, 《조선일보》, 1988년 11월 17일, 14면.

54. 〈영등포구 철거 보상 담당 브로커와 짜고 2백억 사취〉, 《조선일보》, 1989년 8월 18일, 15면.

55. 박근애 · 이주헌, 〈무용 · 미술(예체능 대입 뒷거래 실상: 하)〉, 《한겨레》, 1991년 1월 26일, 13면.

56. 특별취재반, 〈무용 스튜디오는 '부정의 통로'(돈노름 예체능 대입)〉, 《동아일보》, 1991년 1월 31일, 14면.

57. 〈"브로커 통해 사건 맡지 말라"/변협, 소속 변호사에 협조 요청 서한〉, 《동아일보》, 1991년 12월 3일, 22면.

58. 특별취재반, 〈'가진 자의 손발' 불법 선거운동원('돈선거'를 고발한다: 2)〉, 《한겨레》, 1992년 3월 4일, 3면.

59. 정연욱, 《'땅 브로커' 서울 2만 명 북적/"1건만 성공해도 5대가 영화" 군침〉, 《동아일보》, 1992년

7월 9일, 4면.

60. 정의길, 〈'정부사 터' 계기로 본 부동산 브로커 실태〉, 《한겨레신문》, 1992년 7월 12일, 5면.

61. 〈사건 브로커 150명 구속/법원·검찰 주변 '해결' 미끼 금품 뜯어〉, 《한겨레신문》, 1992년 11월 12일, 15면.

62. 〈법조 브로커 왜 근절 안 되나(사설)〉, 《경향신문》, 1992년 11월 13일, 3면.

63. 권석천, 〈대학끼리 "알선 품앗이"/부정 입학 교직원 브로커 실태〉, 《경향신문》, 1993년 2월 10일, 22면.

64. 김상철, 〈위장 '선거 브로커' 활개/대행·기획업체 간판 매표 알선〉, 《한국일보》, 1996년 2월 22일, 39면.

65. 유병률, 〈변호사업계 "브로커 세상"/"단독 개업 80%가 공생 관계" 추정〉, 《한국일보》, 1997년 10월 1일, 39면.

66. 김영철, 〈병무청 – 군 – 병원 – 브로커 먹이사슬/단면 드러난 병무 비리〉, 《한겨레》, 1998년 6월 12일, 4면.

67. 김도형, 〈병무청 '브로커 온상'〉, 《한겨레》, 1999년 4월 28일, 27면.

68. 김상철, 〈[빗나간 자식 사랑] 강남엔 '병역 열차' 없다?〉, 《한국일보》, 1999년 4월 28일, 23면.

69. 김광덕, 〈판치는 선거 브로커들] "표 줄 테니 돈 달라"〉, 《한국일보》, 1999년 6월 11일, 8면.

70. 김광덕, 〈'사이버 선거 브로커' 활개〉, 《한국일보》, 2000년 3월 18일, 1면.

71. 정성엽, 〈[집중기획] 법원 경매 '브로커들만의 잔치'〉, 《경향신문》, 2001년 3월 19일, 25면.

72. 이기수, 〈정치 브로커 – 최규선 씨 계기로 본 실태. 문제점〉, 《경향신문》, 2002년 4월 17일, 5면.

73. 민동용, 〈한국은 '브로커 공화국'〉, 《동아일보》, 2002년 5월 22일, 31면.

74. 송형국, 〈총선D-16/ '온라인 브로커' 판친다, "유권자 e메일 팝니다"〉, 《경향신문》, 2004년 3월 30일, 6면.

75. 오창민, 〈법조 비리 매년 2천여 건 적발, 브로커 알선이 81% 변호사 명의 대여 급증〉, 《경향신문》, 2004년 10월 4일, 8면.

76. 박상진, 〈'법조 브로커' 윤상림 징역 7년〉, 《한국일보》, 2007년 1월 19일, A8면.

77. 〈전 방위 브로커 키운 패거리 문화(사설)〉, 《한국일보》, 2006년 1월 20일, A27면.

78. 〈청와대 '윤상림 출입 기록' 왜 숨기나(사설)〉, 《동아일보》, 2006년 1월 20일, A31면.

79. 이형용, 〈인맥의 덫〉, 《국민일보》, 2006년 1월 24일, 23면.

80. 〈브로커 윤상림 청와대 드나들었다(사설)〉, 《조선일보》, 2006년 1월 26일, A31면.

81. 노윤정, 〈이것이 '브로커의 정석'?〉, 《문화일보》, 2006년 2월 1일, 8면.

82. 한기홍, 〈야누스 윤상림: 사상 최고 & 최악의 '브로커 게이트' 전모〉, 《월간중앙》, 2006년 3월, 260, 263쪽.

83. 이현우, 《한국인에게 가장 잘 통하는 설득전략 24》(더난출판, 2005), 57쪽.

84. 김회평, 〈윤상림 로비의 사회심리학〉, 《문화일보》, 2006년 2월 6일, 30면.

85. 김영화·정민승, 〈"허세윤… 하이에나윤… 잇속윤"〉, 《한국일보》, 2006년 2월 2일, 9면.

86. 한기홍, 같은 기사, 263-264쪽.

87. 박상진, 같은 기사.

88. 김태규 · 허미경, 〈"김재록 씨 아무한테나 형, 아우라 불러/경제 부처 국장급 한 번쯤은 만났을 것"〉, 《한겨레》, 2006년 3월 28일, 4면.

89. 유병률 · 김용식, 〈가장 힘 센 사람만 골라 돈보단 인사 미끼로 유혹〉, 《한국일보》, 2006년 3월 28일, 4면.

90. 〈김재록 씨 회사에 아들 딸 취직시킨 장차관들(사설)〉, 《조선일보》, 2006년 3월 28일, A35면.

91. 김지성, 〈김재록-윤상림 닮은꼴?〉, 《한국일보》, 2006년 3월 29일, 4면; 김태훈, 〈"왜 윤상림과 비교하나" 김재록 단식투쟁?〉, 《세계일보》, 2006년 3월 29일, 5면.

92. 백문일, 〈"난생 첫 만남에 '형님' 하며 친한 척/문법 무시 '브로큰잉글리시' 구사"〉, 《서울신문》, 2006년 3월 29일, 4면.

93. 〈김재록 윤상림식 '형님 아우' 장사가 통하는 사회(사설)〉, 《조선일보》, 2006년 3월 30일, A31면.

94. 최경운, 〈검, 김재록 치켜세우기 왜?〉, 《조선일보》, 2006년 3월 31일, A4면.

95. 김태규, 〈검찰 "김재록 금융 · 영어 실력에 탄복"〉, 《한겨레》, 2006년 3월 31일, 5면.

96. 박경호, 〈담당 판사 검찰 공개 비판 '파문' : "김재록 사건 검(檢)이 언론 통해 침소봉대… 고속 재판할 이유 없다"〉, 《서울신문》, 2006년 9월 22일, 10면.

97. 박성우, 〈판사가 법정서 검찰 비판 : "김재록 씨 악질 브로커 아닌 새 기업 도입한 금융 전문가"〉, 《중앙일보》, 2007년 1월 17일, 1면.

98. 〈법 · 검 · 경이 함께 참여한 '삼위일체' 비리(사설)〉, 《경향신문》, 2006년 7월 14일, 27면.

99. 임지봉, 〈법조 비리와 법조계의 동류의식〉, 《한국일보》, 2006년 7월 18일, 31면.

100. 〈공천 비리 수사 끝나기도 전에 터져 나온 권력형 납품 비리(사설)〉, 《조선일보》, 2008년 8월 11일.

101. 박현준, 〈권력형 비리마다 향우회 로비… 도마 오른 '인맥 공화국' : 파이시티 통해 드러난 '영포회' '경북 포항 구룡포'〉, 《세계일보》, 2012년 4월 26일.

102. 이진석 · 박유연, 〈로펌 간 경제 관료들… 그들은 對정부 청탁 중개인〉, 《국민일보》, 2013년 2월 22일.

3 선물은 '가면 쓴 뇌물' 인가: 선물의 역사

1. 임영숙, 〈추억의 선물〉, 《서울신문》, 1997년 12월 13일, 4면.

2. 나탈리 제면 데이비스, 김복미 옮김, 《선물의 역사: 16세기 프랑스의 선물 문화》(서해문집, 2004), 22쪽.

3. 나탈리 제면 데이비스, 같은 책, 24-26쪽.

4. 나탈리 제면 데이비스, 같은 책, 216쪽.

5. 나탈리 제면 데이비스, 같은 책, 227쪽.

6. 나탈리 제면 데이비스, 같은 책, 226쪽.

7. 존 누넌(John T. Noonan), 이순영 옮김, 《뇌물의 역사》(한세, 1996), 278쪽.

8. 존 누넌(John T. Noonan), 같은 책, 477쪽.

9. 존 누넌(John T. Noonan), 같은 책, 282~284쪽.

10. 존 누넌(John T. Noonan), 같은 책, 282~284쪽.

11. 박성진, 〈"한국서 상거래 땐 뇌물 필수"〉, 《경향신문》, 2005년 9월 28일, 12면.

12. 김규원, 〈한국 기업 청렴도 여전히 하위권〉, 《한겨레》, 2006년 10월 5일, 2면.

13. 유상호, 〈한국, 부패지수 세계 42위〉, 《한국일보》, 2006년 11월 7일, 2면.

14. 나라 유리에, 〈일본인은 "가끔 독특한 선물이 좋아"〉, 《경향신문》, 2006년 12월 14일, K3면.

15. 〈기념 선물로 고무신 등 배급〉, 《조선일보》, 1946년 8월 14일, 조간 2면.

16. 〈횡령된 추석 선물: 부산 수영동서, 간부끼리 처분〉, 《조선일보》, 1952년 10월 7일, 조간 2면.

17. 이규태, 〈[이규태 코너] 뇌물론〉, 《조선일보》, 1995년 12월 20일, 5면.

18. 〈군인의 사치 엄금: 선물 보내는 폐습도 광정〉, 《조선일보》, 1954년 11월 10일, 조간 2면.

19. 〈부산시 처사 물의: 전 시의원에 고급 시계를 선물〉, 《조선일보》, 1955년 5월 10일, 조간 4면.

20. 〈시계로 협잡까지: 부산시의 선물 사건 경찰서 규명〉, 《조선일보》, 1955년 5월 13일, 조간 4면.

21. 〈고아들 선물을 농락: 전재아동양친회 지부에 물의〉, 《조선일보》, 1955년 12월 23일, 조간 3면.

22. 김진송, 《장미와 씨날코: 1959년 이기붕가의 선물 꾸러미》(푸른역사, 2006), 159쪽.

23. 《인간 만송: 이기붕 평전기》(자유춘추사, 1959), 262쪽; 김진송, 같은 책, 60쪽에서 재인용.

24. 김진송, 같은 책, 60쪽.

25. 〈"선물 증수 말도록": 박 의장, 추석 앞두고 담화 발표〉, 《조선일보》, 1961년 9월 19일, 조간 2면.

26. 〈선물 교환 않도록: 육군 전 장병에 연말 허례 엄금〉, 《조선일보》, 1961년 12월 1일, 석간 3면.

27. 〈민원 국정에 반영토록: 박 대통령 지시 "선물은 받지 않겠다"〉, 《조선일보》, 1963년 12월 24일, 조간 2면.

28. 〈연말연시 선물 말라: 정 총리, 공무원에 훈시〉, 《조선일보》, 1966년 12월 18일, 조간 7면.

29. 〈검사 움직인 신랑의 애원/선물 위해 약혼녀가 범죄〉, 《조선일보》, 1959년 11월 8일, 석간 3면; 〈애인 선물 사려 살인강도〉, 《조선일보》, 1966년 6월 23일, 조간 7면.

30. 〈선물 과자에 독약: 1가족 6명이 중독〉, 《조선일보》, 1964년 12월 25일, 조간 3면; 〈선물 가장 밀수〉, 《조선일보》, 1965년 6월 16일, 조간 3면; 〈선물 가장한 독약: 해남 공화당원, 구론산 받아 먹고 절명〉, 《조선일보》, 1965년 9월 10일, 조간 3면; 최계원, 〈죽음의 '우송 선물' : 범죄 수사에 새로운 케이스로 등장〉, 《조선일보》, 1965년 9월 11일, 조간 3면; 〈선물 가장 절도: 식모 꾀어내 슬쩍〉, 《조선일보》, 1968년 3월 22일, 조간 2면; 〈"X마스 선물이오" 식모 집 밖에 유인 후 68만 원어치 훔쳐 가〉, 《조선일보》, 1968년 12월 25일, 조간 3면; 〈월남 선물 찾아가라 가족 꾀어내 도둑질〉, 《조선일보》, 1969년 6월 5일, 조간 7면.

31. 〈낯 붉히는 '추석 선물' : 푸대접 상품권〉, 《조선일보》, 1968년 10월 17일, 조간 7면.

32. 〈외래품 선물 단속〉, 《조선일보》, 1969년 12월 23일, 조간 7면.

33. 최정희, 〈생활시평: 선물〉, 《중앙일보》, 1970년 12월 17일, 5면.

34. 〈연말연시 공무원 암행 감사: 민원 부서 등 지나친 선물 행위 단속〉, 《조선일보》, 1971년 12월 23일, 조간 7면.

35. 조연홍, 〈'1~3천 원 상품'에 인기: 불황에도 40억 원이 선물 쇼핑으로〉, 《조선일보》, 1971년 12월 24일, 조간 3면.

36. 〈침체 속에도 백화점선 흥청〉, 《조선일보》, 1972년 9월 27일, 6면.

37. 〈불법 추석 상품권 나돌아: '선물권' – '인환권' – '영수증' 이름〉, 《조선일보》, 1974년 9월 26일, 7면.

38. 〈명절 선물을 없애자: 여성단체 '추석 바로 지내기' 캠페인〉, 《조선일보》, 1975년 9월 18일, 5면.

39. 〈"추석 선물 교환하지 말도록": 최 총리, 국무위원들에 지시〉, 《조선일보》, 1976년 8월 25일, 7면.

40. 〈독약 넣은 샴페인 선물: 변심 애인 죽이려… 엉뚱한 여인 숨져〉, 《조선일보》, 1973년 9월 13일, 7면; 〈장모 교살… 금품 훔쳐: 연말 선물 못해 "장래성 없다"에 분격〉, 《조선일보》, 1973년 12월 26일, 7면.

41. 이규태, 〈선물의식: 못 받으면 "고독"… '탈 쓴 뇌물'〉, 《조선일보》, 1975년 9월 20일, 4면.

42. 〈공직자가 받은 선물 국유화 10만 원-100불 이상〉, 《조선일보》, 1980년 8월 12일, 1면.

43. 〈안 받기 간판까지〉, 《조선일보》, 1980년 9월 21일, 6면.

44. 〈민정, 당원 추석 선물 교환 금지〉, 《조선일보》, 1981년 9월 2일, 2면.

45. 〈문공위 '선물 파문': 교육공무원법 개정안 심의 때 돗자리 받았다 돌려줘〉, 《조선일보》, 1981년 9월 5일, 1면.

46. 〈선물과 뇌물 사이: 돗자리 사건과 명절철에 즈음해서(사설)〉, 《조선일보》, 1981년 9월 9일, 2면.

47. 〈피라밋형 '화장품 선물' 타기: 주부 울리는 신종 사기〉, 《조선일보》, 1981년 9월 30일, 7면.

48. 〈세모 선물 교환 금지: 남 총리 지시, 장병 대상 경제 교육도〉, 《중앙일보》, 1981년 12월 10일, 1면.

49. 〈"해외여행 공직자 선물 사오지 말라": 전 대통령 지위 불문 휴대품 철저 검사〉, 《조선일보》, 1983년 2월 15일, 1면.

50. 김세원, 〈주부일기: 남자들이 일본 가서 밥통까지 쇼핑… '극일'은 언제 될지…〉, 《조선일보》, 1983년 1월 18일, 6면.

51. 이시형, 〈중년 여성: '선물 강박증' 벗어나자〉, 《조선일보》, 1983년 2월 11일, 6면.

52. 윤호미, 〈'마음의 정' 본뜻 어긋난 선물 많다〉, 《조선일보》, 1983년 12월 24일, 6면.

53. 양상훈, 〈열흘 새 2천kg 압수 "창고난"〉, 《조선일보》, 1985년 3월 20일, 11면.

54. 이규태, 〈[이규태 코너] 쇠고기 선물〉, 《조선일보》, 1985년 3월 21일, 5면.

55. 박세훈, 〈외채절감운동 전국 확산: 기업들 수입 자체… "해외 선물 없애기"〉, 《조선일보》, 1985년 5월 4일, 1면.

56. 〈넥타이·볼펜 박스째로 들어와 귀국 선량 유권자 선물용으로〉, 《중앙일보》, 1985년 7월 12일, 11면.

57. 〈조직 확대… 선물 공세… 지방마다 선거 열기〉, 《조선일보》, 1987년 10월 15일, 3면.

58. 〈총선 공고 전 "타락" 만연: 선물 가짓수 '2·12'의 갑절〉, 《조선일보》, 1988년 4월 7일, 1면.

59. 〈관가 추석 선물 서릿발 사정/공무원들 "바늘방석"〉, 《조선일보》, 1990년 9월 27일, 23면.

60. 박두식, 〈'선물'과 '뇌물' 사이(기자수첩)〉, 《조선일보》, 1990년 10월 1일, 3면.

61. 서우석, 〈선물과 뇌물(세상만사)〉, 《국민일보》, 1990년 10월 5일, 6면.

62. 〈추석 맞아 부유층 과소비 극성/천만 원짜리 상품권 등장〉, 《세계일보》, 1991년 9월 21일, 6면.

63. 〈'선물 문화' 왜곡 현상/ 마음'보다 체면치레 더 중시〉, 《동아일보》, 1991년 12월 24일, 22면.

64. 허문명, 〈"돈 받은 엄마가 창피해요"/서울 상암국교생 총선 체험 글짓기〉, 《동아일보》, 1992년 12월 7일, 21면.

65. 〈정당들 손목시계 주문 바람/대선 '선심 공세용'〉, 《한겨레》, 1992년 11월 13일, 15면.

66. 〈김영삼 후보 휘호 '대도무문' 새긴 선물 탁상시계 8천여 개 발견〉, 《동아일보》, 1992년 12월 1일, 22면.

67. 〈'김영삼시계' 제작 현장 확인/오리엔트 성남 공장〉, 《한겨레》, 1992년 12월 5일, 15면.

68. 〈'YS시계' 죄송/김영삼 후보 국민 사과〉, 《동아일보》, 1992년 12월 8일, 23면.

69. 문철, 〈"승진 선물 뭘로 하나…"/인사철 난 불티〉, 《동아일보》, 1993년 2월 26일, 23면.

70. 〈이번 설날 고가 선물 세트 "불티"/천만 원대 산삼 "없어 못 팔았다"〉, 《세계일보》, 1994년 2월 15일, 23면.

71. 김창기, 〈관가 '선물 추방' 운동/호황 ─ 사정 완화 등 따라 재발 우려〉, 《조선일보》, 1994년 9월 1일, 2면.

72. 최홍섭, 〈'상품권 폐지론' (기자수첩)〉, 《조선일보》, 1994년 10월 4일, 2면.

73. 박중언, 〈연말 선물 수수/공무원 암행감찰〉, 《한겨레》, 1994년 12월 15일, 2면.

74. 〈선물 단속이나 할때인가(사설)〉, 《세계일보》, 1994년 12월 16일, 3면.

75. 김호섭, 〈기발한 '교육위원 뇌물'/금 노리개에서 서화 작품까지〉, 《한국일보》, 1995년 9월 1일, 35면.

76. 이종연, 〈떡값과 면책 특권〉, 《경향신문》, 1995년 9월 14일, 5면.

77. 이규태, 〈[이규태 코너] 뇌물론〉, 《조선일보》, 1995년 12월 20일, 5면.

78. 김상철, 〈사과 상자는 뇌물 상자?/전 씨 비자금 사건 등장 후 각광〉, 《한국일보》, 1997년 2월 6일, 35면.

79. 〈교문 닫은 '스승의 날' (사설)〉, 《한국일보》, 1999년 5월 12일, 6면.

80. 〈고급 옷 선물 의혹 규명해야(사설)〉, 《한겨레》, 1999년 5월 26일, 4면.

81. 문갑식 · 박영철, 〈[상류층 부인들] (2) '고가 선물'로 얼굴 익힌 후 '청탁' 활용〉, 《조선일보》, 1999년 5월 29일, 29면.

82. 고승욱, 〈[고가 미술품 의혹] 왜 고가 미술품인가〉, 《국민일보》, 1999년 6월 22일, 5면.

83. 조수진 · 강영수, 〈잠자던 과소비 다시 살아나나〉, 《국민일보》, 1999년 9월 20일, 19면.

84. 송태권, 〈[지평선] 한국현대史=로비史〉, 《한국일보》, 1999년 12월 3일, 2면.

85. 이제교, 〈'뇌물성 추석 선물' 판친다〉, 《문화일보》, 2000년 8월 24일, 30면.

86. 박순욱, 〈50만 원권 백화점 상품권 추석에 작년 3배나 팔려〉, 《조선일보》, 2000년 9월 15일, 11면.

87. 이명희, 〈추석 때 불티난 백화점 상품권〉, 《국민일보》, 2001년 10월 5일, 10면.

88. 조수진, 〈[여의나루] 서민 서글프게 하는 '티셔츠' 논란〉, 《국민일보》, 2002년 5월 21일, 2면.

89. 김보협, 〈노 측근 안희정 부소장/선물 받은 자동차 반환〉, 《한겨레》, 2003년 3월 25일, 10면.

90. 홍성철, 〈되로 주고 말로 뜯은 '뇌물'〉, 《문화일보》, 2003년 5월 24일, 22면.

91. 〈한국의 공무원 윤리, 이 지경인가(사설)〉, 《세계일보》, 2003년 5월 26일, 2면.

92. 송영웅 · 박천호, 〈기업들 "안 주고 안 받기" 확산 유통업체는 "내수 위축" 걱정/추석 선물 딜레마〉,

《한국일보》, 2003년 9월 2일, 34면; 김태균, 〈"추석 선물 절대로 받지 마라" 은행권 내부 단속 한창〉, 《서울신문》, 2003년 9월 2일, 23면.

93. 〈KT 직원 3175명 설문/ "인사-명절 때 상사에 선물한 적 있다" 72%〉, 《세계일보》, 2003년 9월 22일, 26면.

94. 〈추석 미풍양속과 선물 규제(사설)〉, 《한국일보》, 2004년 9월 22일, 35면.

95. 노석철, 〈[여의나루] 의원들도 '선물 주고받기 운동' 동참〉, 《국민일보》, 2004년 12월 23일, 2면.

96. 박일근, 〈설 선물 어찌하오리까/상의 "내수 진작 위해 선물 주고받자" 대기업은 "윤리 경영 위배" 금지 고수〉, 《한국일보》, 2005년 1월 29일, 13면.

97. 〈[세계타워] 선물 권하는 사회〉, 《세계일보》, 2005년 2월 2일, 34면.

98. 김상훈, 〈'유시민 시계' 정부 예산으로 배포〉, 《동아일보》, 2006년 5월 12일, 12면.

99. 홍석준, 〈'유시민 시계' 등장〉, 《조선일보》, 2006년 5월 12일, 2면.

100. 권순택, 〈[횡설수설] 손목시계〉, 《동아일보》, 2006년 9월 4일, 34면.

101. 조철환, 〈못 돌려주는 명절 선물 불우 이웃 돕기에 사용〉, 《한국일보》, 2006년 12월 11일, 17면.

102. 백승찬, 〈선물: 아름다운 기도〉, 《경향신문》, 2006년 12월 14일, K1면.

103. 이해인, 〈행복 주고받는 선물이 보물: 이해인 수녀가 말하는 '선물'〉, 《경향신문》, 2006년 12월 14일, K2면.

104. 김기환, 〈설 선물 사는 데 천만 원 '훌쩍' … "선물 맞아?"〉, 《세계일보》, 2012년 1월 18일.

105. 돈 탭스콧 · 데이비드 티콜 · 알렉스 로위, 유한수 옮김, 《디지털 캐피털: 비즈니스 웹 파워》(물푸레, 2000), 205-206쪽.

106. 피터 콜록, 〈온라인 협동의 경제: 사이버공간에서의 선물과 공공재〉, 마크 스미스 · 피터 콜록 편, 조동기 옮김, 《사이버공간과 공동체》(나남, 2001), 411-412쪽.

107. 정회경 · 김지운 편저, 《미디어경제학의 이해》(나남, 1999), 187-188쪽.

108. 피터 콜록, 같은 책, 420쪽.

109. 플로리안 뢰처, 박진희 옮김, 《거대기계지식: 사이버시대의 올바른 지식사회 구축을 위한 비전》(생각의나무, 2000), 209쪽.

110. 나탈리 제먼 데이비스, 같은 책, 227쪽.

4 권력자의 갑질에 시달려온 을의 반란: 시위의 역사

1. 최상진, 〈한국인의 마음〉, 최상진 외, 《동양심리학: 서구심리학에 대한 대안 모색》(지식산업사, 1999), 455-456쪽.

2. 위기봉, 《다시 쓰는 동아일보사》(녹진, 1991), 290쪽.

3. 임채청, 〈"지도자들 신탁안 라디오만 듣고 흥분": '내가 본 혼돈의 해방공간' 강원용 목사 인터뷰〉, 《동아일보》, 2004년 1월 19일, A8면.

4. 이재오, 〈1940년대 학생운동의 전개〉, 《해방 후 한국학생운동사》(형성사, 1984), 73쪽; 한국반탁 ·

반공학생운동기념사업회,《한국학생건국운동사: 반탁 · 반공학생운동 중심》(대한교과서, 1986), 130쪽

5. 김우종, 〈신탁통치 찬 · 반 파도에 휩쓸린 젊은 피들〉,《한국대학신문》, 2000년 5월 1일, 7면.

6. 이재오, 같은 책, 73쪽.

7. 이재오, 같은 책, 73-74쪽; 한국반탁 · 반공학생운동기념사업회, 같은 책, 140쪽.

8. 한국반탁 · 반공학생운동기념사업회, 같은 책, 142쪽; 이재오, 같은 책, 73-74쪽.

9. 이재오, 같은 책, 73-74쪽.

10. 한국반탁 · 반공학생운동기념사업회, 같은 책, 142쪽; 이재오, 같은 책, 76쪽.

11. 오기영,《민족의 비원 자유조국을 위하여》(성균관대학교 출판부, 2002), 234쪽에서 재인용.

12. 오기영, 같은 책, 234쪽.

13. 정해구, 〈분단과 이승만: 1945~1948〉,《역사비평》, 제32호(1996년 봄), 269쪽; 최준,《한국신문사》(일조각, 1987), 354-355쪽; 브루스 커밍스, 김자동 옮김,《한국전쟁의 기원》(일월서각, 1986), 323쪽; 서중석,《한국현대민족운동연구: 해방 후 민족국가 건설운동과 통일전선》(역사비평사, 1991), 488쪽.

14. 한국반탁 · 반공학생운동기념사업회, 같은 책, 178-179쪽에서 재인용.

15. 김진균 · 홍승희, 〈한국 사회의 교육과 지배이데올로기〉, 한국산업사회연구회 편,《한국 사회와 지배이데올로기: 지식사회학적 이해》(녹두, 1991), 228-229쪽; 이우용,《해방공간의 민족문학사론》(태학사, 1991), 90쪽.

16. 한국현대사연구회 엮음,《알기 쉬운 한국현대정치사》(공동체, 1988), 102-103쪽; 김진균 · 홍승희, 같은 책, 228쪽.

17. 〈"학생집회는 수업에 지장 없는 시간 장소 선택하라"〉,《조선일보》, 1946년 11월 19일, 조간 2면.

18. 김우종, 〈미군정 좌익 단속에 이용된 이 땅의 교육〉,《한국대학신문》, 2000년 5월 15일, 7면; 최혜월, 〈미군정기 국대안반대운동의 성격〉,《역사비평》, 창간호(1988년 여름), 25-27쪽.

19. 허종, 〈'1946년 대구 10 · 1사건'은 '폭동'인가 '항쟁'인가〉,《역사 속의 대구, 대구사람들》(중심, 2001), 277쪽.

20. 허종, 같은 책, 271쪽.

21. 김삼웅, 〈들불처럼 번진 10월 민중항쟁: 대구폭동(1946. 10. 1)〉,《한 권으로 보는 해방 후 정치사 100장면》(가람기획, 1994), 27쪽.

22. 허종, 〈박상희: 대통령의 형으로 잊혀진 선산의 사회운동가〉, 김도형 외,《근대 대구 경북 49인: 그들에게 민족은 무엇인가》(혜안, 1999), 252-253쪽.

23. 브루스 커밍스, 같은 책, 471쪽.

24. 오기영, 같은 책, 149쪽.

25. 정해구, 같은 글, 272쪽.

26. 정용욱, 〈미군정기 이승만의 '방미외교'와 미국의 대응〉,《역사비평》, 제30호(1995년 가을), 319쪽.

27. 연시중,《한국 정당정치 실록 1: 항일 독립운동부터 김일성의 집권까지》(지와 사랑, 2001), 261쪽; 정해구, 같은 글, 272-273쪽.

28. 연시중, 같은 책, 261쪽; 정해구, 같은 글, 273쪽.

29. 도진순, 《한국민족주의와 남북관계: 이승만 · 김구 시대의 정치사》(서울대학교출판부, 1997), 146-147쪽.

30. 정용욱, 같은 글, 319쪽.

31. 〈'데모' 전개는 엄계(嚴戒): 이 박사 민의에 타전〉, 《조선일보》, 1947년 1월 17일, 조간 1면.

32. 도진순, 같은 책, 146-147쪽.

33. 조선일보사, 《조선일보 칠십 년사 제1권》(조선일보사, 1990), 482쪽.

34. 이철승 · 박갑동, 《건국 50년 대한민국, 이렇게 세웠다》(계명사, 1998), 317-321쪽.

35. 정해구, 같은 글, 276쪽.

36. 서중석, 같은 책, 584-585쪽; 심지연, 《허헌 연구》(역사비평사, 1994), 171쪽.

37. 정해구, 같은 글, 276쪽.

38. 도진순, 같은 책, 153-154쪽.

39. 한국반탁 · 반공학생운동기념사업회, 같은 책, 288-293쪽.

40. 이철승 · 박갑동, 같은 책, 329쪽.

41. 도진순, 같은 책, 154쪽; 정해구, 같은 글, 276쪽; 서중석, 같은 책, 540쪽.

42. 연시중, 《한국정당정치실록 2: 6 · 25전쟁부터 장면 정권까지》(지와사랑, 2001), 125쪽에서 재인용.

43. 서중석, 《조봉암과 1950년대 (상): 조봉암의 사회민주주의와 평화통일론》(역사비평사, 1999), 117쪽.

44. 연시중, 같은 책, 125-126쪽; 서중석, 같은 책, 117쪽.

45. 홍석률, 〈선거, 참정권이 걸어온 길〉, 한국역사연구회, 《우리는 지난 100년 동안 어떻게 살았을까 3: 정치와 경제 이야기》(역사비평사, 1999), 42쪽.

46. 서중석, 《비극의 현대 지도자: 그들은 민족주의자인가 반민족주의자인가》(성균관대학교 출판부, 2002), 153쪽; 이원덕, 《한일 과거사 처리의 원점: 일본의 전후처리 외교와 한일회담》(서울대학교 출판부, 1996), 109쪽.

47. 〈'데모' 하려 나가자고 모아놓고서 일제 검거: 분격하는 묵정동 매춘부들〉, 《조선일보》, 1959년 2월 22일, 조간 3면.

48. 〈밤비 맞으며 초롱불 데모: 명성여고생들〉, 《조선일보》, 1959년 7월 17일, 조간 3면.

49. 서중석, 같은 책, 154-160쪽.

50. 이만섭, 〈이승만 몰락, 피플파워 현장: 이만섭 전 국회의장 회고 3 · 15 마산의거〉, 《신동아》, 1995년 4월, 312쪽.

51. 이만섭, 〈나의 이력서: 조병옥 박사 새벽 자택으로 날 불러 "분당되느니 후보지명 사퇴" 의논〉, 《한국일보》, 2002년 8월 19일, 25면; 이재오, 같은 책, 160쪽.

52. 연시중, 같은 책, 230쪽.

53. 〈정치에 짓밟힌 학원/대구학생, 일요 등교 지시에 반발 데모/소란 나자 과자 주어 무마〉, 《조선일보》, 1960년 2월 29일, 석간 3면.

54. 동아일보사, 《민족과 더불어 80년: 동아일보 1920-2000》(동아일보사, 2000), 335쪽; 리영희, 《역정: 나의 청년시대-리영희 자전적 에세이》(창작과비평사, 1988), 304쪽; 이재오, 같은 책, 162쪽.

55. 이재오, 같은 책, 162–163쪽.

56. 동아일보사, 같은 책, 338–339쪽.

57. 〈색연필〉, 《조선일보》, 1960년 3월 13일, 석간 3면.

58. 〈낙제생 '데모'를 우려?〉, 《조선일보》, 1960년 3월 15일, 조간 3면.

59. 〈"너는 그날 무엇을 하고 있었느냐?": 데모 대열에서 빠진 딸에게 '부끄러운 아버지'로부터〉, 《조선일보》, 1960년 5월 2일, 석간 3면.

60. 신형기, 〈용해와 귀속의 역사를 돌아보며: '자기' 없는 '우리들'의 연대는 가능한가〉, 정희진 외, 《'탈영자들'의 기념비》(생각의나무, 2003), 62–65쪽.

61. 〈데모! 데모!: 만병통치 이젠 면역〉, 《조선일보》, 1960년 11월 25일, 조간 3면.

62. 리영희, 같은 책, 342쪽.

63. 김정원, 《분단한국사》(동녘, 1985), 251쪽.

64. 이용원, 〈제2공화국과 장면: 분출하는 욕구 상(上)〉, 《대한매일》, 1999년 4월 9일, 6면.

65. 유병용, 〈박정희 정부와 한일협정〉, 한국정신문화연구원 편, 《1960년대의 대외관계와 남북문제》(백산서당, 1999), 35쪽.

66. 박경수, 《장준하: 민족주의자의 길》(돌베개, 2003), 338–339쪽.

67. 〈데모학생 할복소동〉, 《조선일보》, 1964년 3월 27일, 7면.

68. 〈데모 여파… 여대생한테〉, 《조선일보》, 1965년 4월 16일, 3면.

69. 6·3 동지회, 《6·3 학생운동사》(역사비평사, 2001), 128–132쪽.

70. 이종오, 〈반제반일민족주의와 6·3운동〉, 《역사비평》, 창간호(1988년 여름), 62쪽; 6·3 동지회, 《6·3 학생운동사》(역사비평사, 2001), 132쪽.

71. 〈거칠어진 경찰봉: '데모' 저지에 진일보한 포악〉, 《조선일보》, 1965년 6월 24일, 3면.

72. 이종오, 같은 글, 63쪽.

73. 문철·이현두, 〈65년 본사 간부 2명 테러 전말: 군 지프 타고 한밤 대문 폭파–납치 폭행〉, 《동아일보》, 1993년 7월 26일, 30면.

74. 〈건대생이 할복〉, 《조선일보》, 1965년 9월 28일, 7면.

75. 〈데모 진압에 새 무기 MPG-100 등장〉, 《조선일보》, 1969년 9월 9일, 7면.

76. 정운현, 《호외, 백년의 기억들: 강화도조약에서 전두환 구속까지》(삼인, 1997), 172쪽.

77. 윤금중, 《국회의원 마누라가 본 이 나라의 개판정치》(한국문원, 2000), 173쪽.

78. 〈데모 안하겠다는 각서: 교사들 호별 방문〉, 《조선일보》, 1969년 9월 23일, 7면.

79. 김충식, 《정치공작사령부 남산의 부장들 1》(동아일보사, 1992), 165쪽.

80. 김정원, 〈군정과 제3공화국: 1961~1971〉, 김성환 외, 《1960년대》(거름, 1984), 199쪽.

81. 김정원, 같은 책, 199쪽.

82. 한용원, 《한국의 군부정치》(대왕사, 1993), 314쪽.

83. 서중석, 〈3선 개헌 반대, 민청학련 투쟁, 반유신 투쟁〉, 《역사비평》, 창간호(1988년 여름), 76~77쪽.

84. 〈무언의 저항… 삭발 대학생〉, 《조선일보》, 1971년 11월 26일, 7면.

85. 김충식, 《정치공작사령부 남산의 부장들 2》(동아일보사, 1992), 133–134쪽.

86. 노신영, 《노신영 회고록》(고려서적, 2000), 182-183쪽.

87. 〈'일본인 출입 금지' 표지: 반일 데모 구호 극렬화〉, 《조선일보》, 1974년 9월 11일, 7면.

88. 한승헌, 《불행한 조국의 임상노트: 정치재판의 현장》(일요신문사, 1997), 206쪽.

89. 김경재, 《혁명과 우상: 김형욱 회고록 3》(전예원, 1991), 248쪽.

90. 장세현, 〈긴급조치 9호 세대의 독립선언: 1995년, 우리는 징검다리 세대다〉, 《사회평론 길》, 1995년 6월, 131쪽.

91. 이영훈, 〈김영삼과 김대중의 파벌 경쟁〉, 《파벌로 보는 한국 야당사》(에디터, 2000), 168-169쪽.

92. 〈데모 진압 때 새 병기 먹물 분사기 등장〉, 《조선일보》, 1984년 5월 31일, 10면.

93. 〈요란한 집회-시위 사라져〉, 《조선일보》, 1984년 10월 25일, 11면.

94. 박세길, 〈다시 일어서는 민중〉, 《다시 쓰는 한국현대사 3》(돌베개, 1992), 136쪽 재인용.

95. 장석주, 《20세기 한국 문학의 탐험 4》(시공사, 2000), 431쪽; 김삼웅 편저, 《사료로 보는 20세기 한국사》(가람기획, 2001), 378쪽.

96. 박세길, 〈다시 일어서는 민중〉, 《다시 쓰는 한국현대사 3》(돌베개, 1992), 136쪽.

97. 〈데모 진압 크게 애먹어〉, 《조선일보》, 1985년 5월 12일, 10면.

98. 〈새 시위용품… 구호 달린 풍선 등장〉, 《조선일보》, 1987년 3월 4일, 10면.

99. 이규태, 〈데모 공방 신무기〉, 《조선일보》, 1987년 5월 16일, 5면.

100. 이규태, 〈삭발 데모〉, 《조선일보》, 1987년 5월 20일, 5면.

101. 김언호, 《책의 탄생 (I): 격동기 한 출판인의 출판일기 1985-1987》(한길사, 1997), 601쪽.

102. 김문, 〈고명승 장군〉, 《격동의 현대사를 주도한 장군들의 이야기 II : 장군의 비망록》(별방, 1998), 199-200쪽.

103. 조선일보사, 《조선일보 칠십 년사 제3권》(조선일보사, 1990), 1853쪽.

104. 안국신, 〈쇠파이프 경제학〉, 《중앙일보》, 2006년 1월 14일, 30면.

105. 〈"각종 시위 소음 공해"/연세대서 대자보 공방〉, 《경향신문》, 1991년 4월 21일, 15면.

106. 〈시위 '민주 불량배' 설친다/명동 등 상주/ '애국 시민' 자처… 폭력 일삼아〉, 《동아일보》, 1991년 5월 31일, 15면.

107. 양기대 · 이명재 · 신치영, 〈PC 통신 이용 지휘 · 서울서 대규모 시위/한총련 '반격' 시도〉, 《동아일보》, 1996년 8월 24일, 31면.

108. 이훈, 〈이젠 '홍보성 시위' 시대〉, 《동아일보》, 1998년 4월 14일, 17면.

109. 이재성, 〈선거공약 채택을 노려라 / 집회 · 시위 봇물〉, 《한겨레》, 2000년 3월 24일, 18면.

110. 2006년 2학기 강준만의 '한국언론사' 과목에 제출한 학생 리포트.

111. 조동진, 〈쇠파이프의 제물이 되고 있는 5만여 전투경찰 · 의무경찰의 항변〉, 《월간조선》, 2006년 2월, 413쪽.

112. 지정용, 〈두 명만 모이면 집시법 위반? 방법이 있지… 시민단체 '나홀로 시위' 묘책〉, 《경향신문》, 2001년 1월 21일, 15면.

113. 박래부, 〈[문화마당] '붉은 띠' 시위 문화〉, 《한국일보》, 2002년 3월 21일, 6면.

114. 안홍욱 · 정유진, 〈인터넷 타고 번진 '反美 촛불시위' -광화문 집회 사흘 만에 조직화〉, 《경향신

문》, 2002년 12월 2일, 19면.

115. 장석정, 〈얼굴 붉히는 한국 사회〉, 《중앙일보》, 2004년 12월 30일, 26면.

116. 전주식 외, 〈혁신도시 유치전 '과열'〉, 《세계일보》, 2005년 8월 26일, 12면.

117. 손호철, 〈삭발의 정치〉, 《한국일보》, 2005년 12월 20일, 31면.

118. 홍권삼, "삭발하실 분 모이세요", 《중앙일보》, 2005년 12월 15일, 15면.

119. 유승삼, 〈노동·농민운동, 전략 바꿔라〉, 《내일신문》, 2005년 12월 27일, 23면.

120. 유승삼, 같은 글.

121. 이주엽, 〈더 이상 촛불을 들지 말라〉, 《국민일보》, 2006년 1월 11일, 26면.

122. 오윤주, 〈청와대에 배달된 '유서 100통'〉, 《한겨레》, 2006년 1월 17일, 11면.

123. 장원재, 〈갈수록 격렬해지는 시위〉, 《동아일보》, 2006년 1월 14일, 9면.

124. 김석, 〈갈등의 주말〉, 《문화일보》, 2006년 9월 8일, 1면.

125. 이창무, 〈집회·시위 이대로는 안 된다〉, 《국민일보》, 2005년 12월 19일, 26면.

126. 양성욱 외, 〈'폭력 시위 언론 탓' 논란〉, 《문화일보》, 2006년 1월 20일, 1면; 정철근, 〈폭력 시위도 언론 책임?〉, 《중앙일보》, 2006년 1월 21일, 4면.

127. 조동진, 〈쇠파이프의 제물이 되고 있는 5만여 전투경찰·의무경찰의 항변〉, 《월간조선》, 2006년 2월, 405-406쪽.

128) 조동진, 같은 글, 411쪽.

129) 조동진, 같은 글, 411-412쪽.

130) 조동진, 같은 글, 412쪽.

131. 조성식, "임기제 청장 내쫓은 잘못된 정치, 내가 바로잡겠다": 허준영 전 경찰청장 격정 토로〉, 《신동아》, 2006년 4월, 85쪽.

132. 조성식, 같은 글, 89쪽.

133. 조성식, 같은 글, 89-90쪽.

134. 박인제, 〈억울한 사람 너무 많다〉, 《동아일보》, 2003년 3월 7일, 6면.

135. 지강유철, 〈[인터뷰] 홍준표 한나라당 국회의원: 좌파, 우파가 아니라 국익이 중요하다〉, 월간 《인물과사상》, 2005년 9월, 41쪽.

136. 기획취재팀, 〈'사법 저울'이 기울었다: 강한 자엔 '솜방망이' 약한 자엔 '쇠몽둥이'〉, 《경향신문》, 2000년 12월 26일, 1면.

137. 이정애, 〈안진걸 희망제작소 팀장 "요즘 집회·시위 감동 없고 짜증"〉, 《한겨레》, 2007년 5월 25일, 12면.

맺음말 을의 반란은 시대정신인가

1. 이동영, 《처음에 반하게 하라: 상대를 내 편으로 만드는 슈퍼을의 법칙》(위즈덤하우스, 2011), 18쪽.

2. 유신재·이정국, 〈민주노총 "표기보다 구조 바꾸라"〉, 《한겨레》, 2013년 5월 10일.

3. 유석재, 〈직장인 80% "나는 乙이다"… SNS · 인터넷으로 甲의 횡포 '고발'〉, 《조선일보》, 2013년 4월 30일.

4. 유석재, 같은 기사.

5. 제임스 밀러, 김부용 옮김, 《미셸 푸꼬의 수난 1》(인간사랑, 1995), 26-27쪽.

6. 강준만, 《한국현대사산책 2000년대 편: 노무현 시대의 명암(전5권)》(인물과사상사, 2011).

7. 정호원, 〈갑과 을의 왜곡된 문화〉, 《디지털타임스》, 2004년 7월 19일.

8. 이성용, 《한국을 버려라: 한국, 한국인이 살아남을 수 있는 길》(청림출판, 2004), 104-108쪽.

9. John F. Love, *McDonald's: Behind the Arches*, 2nd ed.(New York: Bantam Books, 1995).

10. 조용헌, 〈[조용헌 살롱] 885: 乙의 남편은 인터넷이다〉, 《조선일보》, 2013년 5월 6일.

11. 유석재, 같은 기사.

12. 이지은, 〈시계 · 안경으로 도둑 촬영… 음흉한 스파이캠〉, 《조선일보》, 2012년 7월 9일.

13. 〈재벌 편의점의 약탈적 계약 바로잡아야(사설)〉, 《한겨레》, 2013년 4월 3일.

14. 김시현, 〈[기자수첩] 乙의 피눈물, 정부 · 정치권도 자유로울 수 없다〉, 《조선일보》, 2013년 5월 9일.

15. 이가영 · 박민제 · 민경원, 〈갑의 횡포 막아주는 곳 없으니… 을은 여론전에 승부〉, 《중앙일보》, 2013년 5월 10일.

16. 이두걸 · 김양진, 〈전관예우 공화국: 경제 관료 전관예우 실태〉, 《서울신문》, 2013년 3월 2일.

17. 임원기 · 주용석, 〈전관예우 고질병… 로펌 간 공정위 · 국세청 고위직 100여 명〉, 《한국경제》, 2013년 3월 23일.

18. 강도현, 《골목사장 분투기: 자영업으로 본 대한민국 경제 생태계》(인카운터, 2012), 25-26쪽.

19. 강도현, 같은 책, 73-74 · 93쪽.

20. 김종목 정리, 〈"현실 모르는 '반쪽 진보' 권력 못 본 뒤 퇴화": 김헌동 경실련 국책사업감시단장〉, 《경향신문》, 2006년 9월 14일, 6면.

21. 안형영 · 김회경, 〈"영혼이라도 팔아 취직하고 싶었다"〉, 《한국일보》, 2005년 2월 2일, 8면.

22. 〈회사보다 정규직 노조가 더 밉다?〉, 《한겨레21》, 2005년 2월 22일자.

23. 정형기, 《네 인생을 성형하라》(행복에너지, 2013), 189-190쪽.

24. 강수돌 · 홀거 하이데(Holger Heide), 《자본을 넘어, 노동을 넘어: 자본의 내면화에서 벗어나기》(이후, 2009), 205쪽.

25. 강수돌 · 홀거 하이데(Holger Heide), 같은 책, 205 · 428쪽.

26. 김덕한, 〈'시' '분' 전성시대〉, 《조선일보》, 2012년 6월 16일.

27. 임철순, 〈참 이상한 접객어〉, 《자유칼럼그룹》, 2011년 10월 14일.

28. 최항섭, 〈인터넷 시대의 새로운 경제 권력, 프로슈머〉, 김상배 엮음, 《인터넷 권력의 해부》(한울, 2008), 229-231쪽.

29. 최장집, 《민주화 이후의 민주주의: 한국 민주주의의 보수적 기원과 위기》(후마니타스, 2002), 27쪽에서 재인용.

30. 이성용, 같은 책, 180쪽.

31. 강준만, 《지방은 식민지다: 지방자치 · 지방 문화 · 지방 언론의 정치학》(개마고원, 2008).

32. 엄기호, 《이것은 왜 청춘이 아니란 말인가: 20대와 함께 쓴 성장의 인문학》(푸른숲, 2010), 40-42쪽.

33. 윤형중, 〈기자로서 부끄러운 얘기 하나 해도 될까요?〉, 《한겨레》, 2013년 5월 11일.

34. 마이클 프렐(Michael Prell), 박수민 옮김, 《언더도그마: 강자가 말하는 '약자의 본심'》(지식갤러리, 2011/2012), 20-21쪽.

갑과 을의 나라

ⓒ 강준만, 2013

초판 1쇄 2013년 5월 25일 펴냄
초판 5쇄 2014년 9월 26일 펴냄

지은이 | 강준만
펴낸이 | 강준우
기획 · 편집 | 박상문, 안재영, 박지석, 김환표
디자인 | 이은혜, 최진영
마케팅 | 이태준, 박상철
인쇄 · 제본 | 대정인쇄공사

펴낸곳 | 인물과사상사
출판등록 | 제17-204호 1998년 3월 11일

주소 | (121-839) 서울시 마포구 서교동 392-4 삼양E&R빌딩 2층
전화 | 02-325-6364
팩스 | 02-474-1413
www.inmul.co.kr | insa@inmul.co.kr

ISBN 978-89-5906-235-5 03300
값 13,000원

이 책의 국립 중앙도서관 출판시도서목록(CIP)은 서지정보유통지원시스템 홈페이지(http://seoji.nl.go.kr)와
국가자료공동목록시스템(http://www.nl.go.kr/kolisnet)에서 이용하실 수 있습니다.
(CIP제어번호: CIP2013006301)